Für Julian, Noah und Mia:

Mit Euch ist kein Weg zu lang, kein Ziel zu weit…

Mehr über die Autorin erfahren Sie hier:

www.dieselbstversorgerfamilie.com

Nadine Haertl

Nächster Halt: Schweden

Vom Loslassen, Aufbrechen und Ankommen

FSC
www.fsc.org
MIX
Papier aus ver-
antwortungsvollen
Quellen
Paper from
responsible sources
FSC® C105338

Alle Informationen in diesem Buch, die über die bloße Handlung und die Gedanken der Autorin hinausgehen, sind selbst recherchiert. Dennoch ist es nicht auszuschließen, dass sich der ein oder andere Fehler eingeschlichen hat. Die Autorin und alle Mitwirkenden übernehmen keinerlei Verantwortung oder Haftung für Nachteile oder Schäden, die dem geschätzten Leser dadurch wiederfahren könnten. Darüber hinaus können die Informationen von Kommune zu Kommune abweichen bzw. einer Veränderung unterliegen. Einige Personennamen wurden geändert.

Bibliografische Information der Deutschen Nationalbibliothek: Die Deutsche Nationalbibliothek verzeichnet diese Publikation in der Deutschen Nationalbibliografie; detaillierte bibliografische Daten sind im Internet über http://dnb.dnb.de abrufbar.

© *2018 Nadine Haertl*

Herstellung und Verlag: BoD – Books on Demand, Norderstedt

ISBN: 978-3-7528-1192-6

Inhalt

Teil 1: Ja, ich glaub' an Bullerbü

oder 5x Schweden und zurück

„Every new beginning comes from some other beginning's end" (Seneca, römischer Philosoph)

1

Eigentlich wollte ich gar nicht auswandern. Julian hatte schon vor Jahren von Schweden gesprochen. Er wollte schon damals in die Natur, weg aus Deutschland. Ich nicht. Ich war ein mehr oder weniger glückliches Nordlicht und relativ zufrieden mit unserem Leben in unserer Wahlheimat Nordfriesland. Wir hatten einen kleinen Hof in Bordelum gekauft, wovon ich schon als Kind geträumt hatte, damit meine Pferde hinterm Haus stehen konnten. Ich mochte Norddeutschland – die Weite, die Horizonte, die Nähe zum Meer. Mir fehlte nichts. Zugegeben: Die Bundesstraße, die nicht allzu weit an unserem Haus vorbeiführte, trübte meine Zufriedenheit regelmäßig, vor allem LKWs und Motorräder zerrissen die selten aufkommende Ruhe immer häufiger. Aber ich arrangierte mich damit. Zu sehr freute ich mich darüber, meinen Traum, den ich schon seit frühester Kindheit gehegt hatte, hier ausleben zu können: Pferde, Hühner, Hunde. Fast täglich ritt ich in die nahe gelegene Wald- und Heidelandschaft. Dort war es still und idyllisch. Alles war gut.

Meine Gefühle änderten sich allerdings relativ schnell, als unser Sohn Noah zur Welt kam. Plötzlich war die Straße eine Bedrohung. Ich stellte mir vor, wie ich einen zwei Meter hohen Zaun um das gesamte, ein Hektar große Grundstück würde ziehen müssen, um meinen quicklebendigen und abenteuerlustigen Sprössling davon abzuhalten, die Welt jenseits unseres Gartens zu erkunden. Zudem wurde die Straße immer lauter. Wenn ich mit Noah in der Sandkiste saß und Burgen baute, konnte ich oft kaum verstehen, was er mir zu erzählen versuchte. Und das lag nicht ausschließlich am mangelnden Wortschatz meines Kleinkindes. Wir erhöhten unseren bereits aufgeschütteten Lärmschutzwall, pflanzten noch mehr Bäume Richtung Straße an und versuchten uns einzureden, dass es gar nicht so schlimm sei. Da wir aber nun einmal Draußen-Menschen sind und Ruhe lieben, wurde diese Situation immer belastender, wir konnten dem steigenden Lärmpegel nicht ausweichen – und ihn auch nicht weiter verleugnen. Über die Jahre wurde der Verkehr immer stärker und die Unfälle, die sich teilweise beinahe unmittelbar vor unserer Auffahrt ereigneten, mehrten sich. Wir waren hin- und hergerissen und spielten alle Möglichkeiten durch. Als dann unsere Tochter Mia geboren wurde, beschlossen wir endgültig, dass wir mit unseren Kindern unmöglich länger hier leben konnten.

Damals sprach Julian das erste Mal von Schweden. Er war nie dort gewesen. Ich auch nicht. Trotzdem hatten wir beide ein Bild von diesem Land vor unserem geistigen Auge. Dieses wurde höchstwahrscheinlich geprägt von Filmen wie Pippi Langstrumpf, Michel aus Lönneberga und natürlich Bullerbü, die wir seit unserer Kindheit unzählige Male gesehen hatten, und die wir auch jetzt mit Noah zusammen gerne anschauten. Dort schien die Welt in Ordnung zu sein. Julian sprach von unberührter Natur, von Seen, Elchen und unfassbar günstigen Grundstücks- und Immobilienpreisen. Ich lächelte, wenn er mir davon erzählte. Das klang gut. Traumhaft sogar. Aber, um ehrlich zu sein, zog ich keinen einzigen Augenblick auch nur in Erwägung, Deutschland jemals zu verlassen. In meiner

Schulzeit hatte ich von Amerika geträumt, meinem Geburtsland, von Abenteuern in der Ferne. Aber das war 12 Jahre her. Ich war eine Andere geworden: Sesshaft nennt man es wohl. Ich wollte nicht einmal mehr irgendwohin in den Urlaub fahren. Ich wollte bei meinen Tieren bleiben, in meinem Garten arbeiten, kurz: Zuhause sein. Das reichte mir. Der Gedanke, überhaupt umzuziehen, aus dem Haus, das wir zehn Jahre lang liebevoll renoviert hatten, wo wir geheiratet hatten, wo unsere Kinder geboren worden waren, allein das trieb mir den Schweiß auf die Stirn und die Tränen in die Augen. Loslassen war nicht mein Ding. Aber irgendwie schien es keine andere Lösung zu geben, denn das Leben an der Hauptstraße war keine Option mehr.

So machten wir uns auf Häusersuche, genauer gesagt: Resthofsuche, denn wenn wir schon umzögen, könnten wir uns ja auch gleich etwas vergrößern – größeres Haus, wegen der Kinder, größerer Stall, weil wir inzwischen ja nicht nur Pferde und Hühner hatten, sondern auch Ziegen, Galloway-Rinder und Schweine, und natürlich mehr Land, denn inzwischen waren wir ja auch auf dem Weg zur Selbstversorgung, also brauchten wir mehr Gras für Heu und mehr Platz für einen größeren Gemüsegarten, um noch mehr biologisches Gemüse selber anbauen zu können. Es dauerte Wochen und Monate, in denen wir durch ganz Norddeutschland kurvten, um uns diverse Gehöfte und Resthöfe anzusehen. Einige davon waren mehr Rest als Hof, aber unser Budget war natürlich begrenzt, und außerdem wollten wir auch gerne wieder etwas Altes zum Renovieren. Wir wollten dieses Mal ökologisch sanieren, mit Lehmputz und allem Drum und Dran, denn wir waren ja inzwischen Eltern und an einem Punkt im Leben, an dem man sich nicht mehr für unsterblich hält. Darum machten wir uns immer mehr Gedanken über gesunde Ernährung, gesundes Wohnen, Nachhaltigkeit. Es war eine spannende Zeit, aber es wurde immer zermürbender, jedes Wochenende mit zwei kleinen Kindern auf Immobilientour zu gehen, jedes Mal erfüllt von Vorfreude und Hoffnung, dieses Mal unser neues Heim zu finden. Und jedes Mal wurden unsere Hoffnungen zerstreut – keine Alleinlage, obwohl es im Anzeigentext stand, die naturnahe Lage entpuppte sich als Abbild von unserem Hof: mit einer Hauptstraße, Bahnverbindung oder ähnlichem in nächster Nähe. Zu teuer, zu groß, zu klein, zu baufällig, zu weit von der nächsten Stadt, zu dicht am nächsten Nachbarn. Natürlich hatten wir hohe Ansprüche, die mit relativ wenig Geld erfüllt werden mussten, unsere Liste mit Kriterien war lang, denn immerhin wollten wir ja nicht noch einmal umziehen müssen, darum sollte es dieses Mal das endgültig Richtige sein. Ohne Kompromisse.

Es war kurz nach Noahs viertem Geburtstag. Ich hatte die Hoffnung schon fast aufgegeben und mich beinahe wieder mit der Bundesstraße angefreundet. Ohnehin schwankte ich immer wieder hin und her und hatte eigentlich täglich den Gedanken, doch einfach hier zu bleiben, denn so schlimm war es ja vielleicht doch alles nicht. Im Grunde hatten wir es ja gut, wir klagten auf hohem Niveau. Jedenfalls stürmte Julian, der immer deutlich früher aufsteht als ich, eines Morgens ins Schlafzimmer und rüttelte mich buchstäblich wach. „Aufstehen, Schatz! Ich habe unser Haus gefunden! Wir müssen es sofort angucken, es ist erst seit gestern Abend inseriert!" Völlig verschlafen, war ich trotzdem sofort hellwach, was bei mir als klassischem Morgenmuffel nicht oft vorkommt. Wie oft hatte Julian schon perfekte Immobilien im Internet gefunden, die aber bei Anruf beim Makler doch schon verkauft waren. Wir frühstückten also hastig, brachten Noah in den Kindergarten und sausten los. Der angestrebte Resthof war nur wenige Kilometer von unserem Haus entfernt, quasi im Nachbarort. Es war Februar, und es hatte in der Nacht gefroren. Die Sonne schien durch den diesigen Morgen, alles glitzerte. Als wir in die Zielstraße in Högel einbogen, war uns fast schon klar, dass wir hier richtig waren: Es war eher ein asphaltierter Feldweg als eine richtige Straße, und man sah nur ein Paar Autospuren auf der frostigen Fahrbahn. Kein Verkehr hieß das. Ruhe! Und dann, nach etwa 1,5 Kilometern, tauchte der Hof vor uns auf. Ein langgezogenes rotes Backsteingebäude, Stall direkt am Wohnhaus. Obenherum mit grünem Blech verkleidet, eigentlich ein typischer Hof für diese Gegend. Keine Schönheit, aber genau das, was wir wollten. Totale Alleinlage, der nächste Nachbar ungefähr 300 Meter entfernt, inmitten von Wiesen und Feldern, ein kleines Wäldchen nach hinten hinaus. Schon beim Aussteigen aus dem Auto klopfte mein Herz und ich hüpfte auf der Stelle vor Aufregung. Das war es! Ohne es von innen gesehen zu haben, konnte ich mir plötzlich sofort vorstellen, hierher zu ziehen. Alles schien perfekt.

Nachdem wir einige Male um das unbewohnte Haus herumgestromert waren, beschlossen wir, einfach mal bei den Nachbarn zu klingeln und nachzufragen, wer der Verkäufer sei, damit wir eventuell den Makler umgehen könnten. Gesagt, getan, klingelten wir an der weißen Haustür vom Nachbarhaus, und als sich die Tür öffnete, platzte es aus mir heraus: „Hallo, wir sind die neuen Nachbarn!" Das ältere Ehepaar, das vor uns stand, war erstaunt, aber sofort erfreut. Nachdem ich richtiggestellt hatte, dass wir noch nicht ganz die neuen Nachbarn waren, sondern erstmal Kontakt zum Verkäufer aufnehmen wollten, ging alles ganz schnell: Ein Anruf bei einem anderen Nachbarn und bei der Verkäuferin, und wenige Minuten später stand unser neuer Nachbar Hans vor uns. Er hatte einen Schlüssel zum Hof und zeigte uns alles. Wir waren begeistert. Kurz darauf kam auch schon die Verkäuferin dazu, und noch an diesem Vormittag besiegelten wir per Handschlag den Kauf.

Dann überschlugen sich die Ereignisse: Wir machten Fotos und inserierten unser Haus in Bordelum mit einem liebevoll verfassten Text dazu, sortierten aus und packten Kisten, machten Besichtigungstermine mit Kaufinteressenten und waren voller Vorfreude. Was uns allerdings fast die Nerven kostete und sicherlich einige graue Haare bescherte, waren die Verhandlungen mit den Banken, als wir recht schnell Käufer für unser Haus gefunden hatten. Immerhin mussten wir zeitgleich ein Haus verkaufen, um das andere zu kaufen. Jeder, dem wir davon erzählten, schlug entsetzt die Hände über dem Kopf zusammen: „Das macht man so nicht. Das klappt so nicht. Dann habt ihr plötzlich zwei Häuser - oder keines! Ihr treibt euch selber in den Ruin! Das habe ich noch nie gehört, dass jemand so etwas gemacht hat..." So und ähnlich klangen die sicher gut gemeinten, aber nicht sonderlich erbaulichen Meinungen von Freunden, Bekannten und Familie. Aber das konnte uns nicht abhalten. Wir waren, wie schon so oft, vollkommen beratungsresistent und hatten unser Ziel klar vor Augen. Natürlich wurde es nicht leicht, eine Bank zu finden, die dieses Abenteuer mit uns wagte, immerhin war Julian obendrein selbständig. Aber fast zehn Wochen voller aufreibender Verhandlungen, unzähliger Emails, Kopien, Telefonate, privater Gespräche mit verschiedenen Banken und vielen Litern Baldriantee später, war alles in trockenen Tüchern. Unsere Finanzierung stand, die der Käufer für unser Haus ebenfalls. Wir würden das Unmögliche tatsächlich schaffen!

2

Das einzige, was mich zu diesem Zeitpunkt mit Schweden verband, war die Tatsache, dass ich ab und zu gerne mal bei IKEA einkaufte und das Ektorp-Sofa favorisierte. Eine größere Nähe entstand weder räumlich noch emotional. Viel zu viel waren wir mit dem Umzug beschäftigt, mit dem Hier und Jetzt, mit Kindern, Tieren und Selbstversorgerplänen. Ich kann nicht für Julian sprechen, aber ich dachte weiterhin nicht an Schweden. Ich freute mich auf mein neues Leben in Högel. Diese Freude wurde stark gedämpft, als ich ein paar Tage vor dem eigentlichen Umzug meine über alles geliebte Haflingerstute Mimmie einschläfern lassen musste, da sie schwer krank war. Glücklicherweise steckten wir derartig tief in Renovierungsarbeiten und Umzugskartons, dass mir für den Moment nicht allzu viel Zeit zum Trauern blieb. Während ich in Bordelum Koffer und Kisten packte, entkernte Julian mit Hilfe von zwei Freunden und meinem Bruder den Resthof in Högel. Wir hatten fünf Wochen Zeit, bis wir vom alten ins neue Heim ziehen wollten und mussten, weil dann die Übergabe an unsere Käufer verabredet war. Diese hatten zu jenem Zeitpunkt ihre Mietwohnung gekündigt. Es galt also ein strenger Zeitplan, welcher beinhaltete, im neuen Haus unter anderem Wände, Böden, Decken sowie Wasser- und Stromleitungen zu entfernen und zu erneuern. Die Wände bekamen ein neues Kleid aus Lehmputz, die Decken und Böden wurden mit Holz verkleidet. Wir kratzten hunderte von Quadratmetern von übereinandergeschichteten Tapeten von den Wänden, verlegten Rohre und Leitungen für Wasser, Strom und Wandheizungen. Zwischendurch baute ich im Stall Boxen für die Ziegen und rammte hunderte von Zaunpfählen in die Erde, damit die Ziegen und Galloways ebenfalls umziehen konnten. Wenn ich an diese Zeit denke, frage ich mich, wie wir das überhaupt alles geschafft haben, denn zu dieser Zeit war Mia ein gutes halbes Jahr alt, ich stillte sie noch und trug sie den gesamten Tag in einem Tragetuch auf dem Rücken herum. Abends war ich sicherlich einige Zentimeter kleiner, denn dieses kleine Mädchen wuchs schneller, als es ihr Bruder in ihrem Alter getan hatte. So erledigte ich alle anfallenden Arbeiten mit einem zehn Kilogramm schweren Säugling auf dem Rücken. Aber irgendwie schaffte ich es.

Ende Mai war der eigentliche Tag des Umzuges gekommen. Mia war im Stillstreik und unausstehlich, aber zum Glück war meine Mutter gekommen, um die Kinder zu beschäftigen. So konnten Julian und ich zusammen mit Freunden die letzten Möbel ins neue Haus bringen. Die erste Zeit im neuen Heim lebten wir recht spartanisch, wir schliefen auf unserer alten Matratze auf dem Boden, zusammen mit den Kindern. Die meisten Möbel standen auseinandergebaut im Stall, denn die frischen Lehmputzwände waren noch klitschnass. Außerdem war es recht kühl im Haus, denn noch hatten wir es nicht geschafft, den wasserführenden Kaminofen einzubauen, geschweige denn anzuschließen. Somit hatten wir gar keine Heizung, die die Wände hätte trocknen können. Wir stellten Heizstrahler auf und hofften auf gutes Wetter, immerhin stand der Sommer vor der Tür. Als Norddeutsche hätten wir es allerdings besser wissen müssen, denn der Sommer wurde klassisch norddeutsch: kühl und nass. Somit verbrachten wir einige Wochen mit dunkelbraunen, feucht-nassen Lehmputzwänden, die in diesem Zustand auch noch nicht gestrichen werden konnten. Wir lebten also auf einer Dauerbaustelle und nur mit dem Nötigsten aus diversen Kisten. Aber das dämpfte unseren Enthusiasmus kaum. Wir waren ohnehin die meiste Zeit draußen mit den Tieren beschäftigt. Oder im Garten. Mit der Anlage des neuen Gemüsegartens hatten wir bereits beginnen dürfen, bevor wir überhaupt die Schlüssel bekommen hatten. Dort pflanzten wir nun zeitgerecht Spargel und setzten Erdbeerpflanzen, säten Salate, Möhren, Erbsen, Bohnen, Kürbisse und vieles mehr. Die Ziegen bekamen zum ersten Mal Nachwuchs, und ich konnte das erste Mal melken. Was für ein Glücksgefühl das war, neben eigenen Eiern, Gemüse und selbstgebackenem Brot nun auch eigene Milchprodukte zu genießen. Als ich dann noch mein neues Pferd und ein Shetlandpony für Noah gefunden hatte, war alles perfekt. Mit der Zeit baute sich Julian eine Selbständigkeit als Garten- und Landschaftsgärtner inklusive Altbausanierung auf, wir − und auch die Kinder - schlossen viele Freundschaften und Bekanntschaften im Dorf und lebten uns gut ein. Langsam wurde auch das Haus unter unseren Händen mehr und mehr zu einem Schmuckstück. Wir fühlten uns angenommen und Zuhause. Hier wollte ich für immer bleiben, und ich hatte auch keine Zweifel, dass dies so sein würde.

Ich kann nicht genau sagen, wie und wann es genau passierte, aber mit der Zeit kamen wieder Zweifel in uns auf. Das anfängliche Glück bekam nach und nach Risse. Vielleicht begann es mit dem großen Herbststurm „Christian", der Ende Oktober im zweiten Jahr große Teile des Waldes hinwegraffte, von dem wir in unserer Umgebung ohnehin nicht allzu viel gehabt hatten. Zurück blieb eine öde Steppe, die teilweise an eine Mondlandschaft erinnerte und uns als Waldfreunde mehr und mehr deprimierte. Vielleicht war es auch die Tatsache, dass einer der Bauern im Dorf ein konventioneller Agrarwirt mit Schwerpunkt Milchviehhaltung war und ungeheure Mengen Gülle, Kunstdünger und Pestizide um uns herum ausbrachte. Der Hauptgrund für aufkeimende ungute Gefühle aber war die Tatsache, dass, seit wir nach Högel gezogen waren, plötzlich überall und immer mehr Windräder aufgebaut wurden. Wir sind bestimmt keine Querulanten und schon gar keine Gegner von alternativen Energien, die nach einem Haar in der Suppe suchen, bis sie eines gefunden haben, aber wir waren unter großem Aufwand hierher mitten in die Einöde gezogen, um unsere Ruhe zu haben. Dass die Trecker zum Teil tage- und nächtelang an unserem Grundstück vorbeidonnerten, war die eine Sache. Damit allein hätten wir uns wohl abfinden können. Dass aber plötzlich die Weite und der Horizont verbaut wurden durch hunderte von Windrädern, das nahm uns zunehmend die Freude an unserer Umgebung. Dazu kam, dass nun nachts der Himmel blinkte wie die Skyline von New York, und bei West- und Südwestwind bekamen wir mit jedem neuen Windrad mehr Infraschall ab. Wir sind wirklich nicht gegen Windkraft im Allgemeinen, aber das, was um uns herum passierte, war reiner Windwahn, an dem sich einige wenige bereicherten, während andere - wie wir - die Rechnung bezahlten. Wir fühlten uns umzingelt, geradezu bedroht. Und irgendwie streiften mit der Zeit Julians Gedanken wieder häufiger nach Schweden. Dieses Mal war ich offener für seine Ideen, aber ich konnte mir noch immer überhaupt nicht vorstellen, nach Schweden zu ziehen. Immerhin wollte ich doch für immer hierbleiben. Und immerhin konnten wir die Sprache nicht. Und immerhin waren wir ja auch überhaupt noch nie dort gewesen. Und wie sollten wir auch? Wir hatten inzwischen die Pferde, Hund, Katze, eine Herde Ziegen, Schweine, Hühner und Enten - wie sollten wir da mal eben einen Urlaub machen? Und wer sollte die Ziegen melken? Wer sollte die Pflanzen im Gewächshaus gießen und das Unkraut im großen Gemüsebeet in Schach halten? Nicht zum ersten Mal, aber zum ersten Mal erschreckend deutlich, merkte ich, dass die Unabhängigkeit, die uns die zuneh-

16

mende Selbstversorgung einerseits bescherte, auch eine Schattenseite hatte, die es uns nahezu unmöglich machte, auch nur einen Tag, geschweige denn eine Woche, wegzufahren. Doch im Grunde störte es mich nicht, durch unsere Unabhängigkeit abhängig zu sein und nicht weg zu können. Das war es mir wert. Und eigentlich war ich ganz froh, hatte ich doch auf diese Weise genügend Gründe, eben nicht nach Schweden zu fahren. Ich hatte keine Zweifel daran, dass es dort wunderschön war. Wahrscheinlich ahnte ich bereits, dass Schweden mich, einmal dort gewesen, nie wieder loslassen würde. Dem Risiko galt es auszuweichen.

So vergingen noch fast zwei Jahre, bis wir doch das erste Mal nach Schweden fuhren. In dieser Zeit wurden noch mehr Windräder gebaut, immer dichter kamen sie uns. Bei bestimmten Windrichtungen konnten wir nachts oft kaum noch ruhig schlafen, so sehr war die Luft von dem ständigen Brummen erfüllt. Unsere Ohren dröhnten regelmäßig, wir hatten Kopfschmerzen und waren zunehmend gestresst. Die ursprüngliche und so stark ersehnte Ruhe war uns genommen worden. Darüber hinaus führten die sinkenden Milchpreise dazu, dass einer der benachbarten Landwirte seine Flächen noch intensiver bewirtschaftete. Wir machten ihm daraus keinen Vorwurf, er handelte nur nach seinem besten Wissen und Gewissen. Auch er wollte nur überleben. Trotzdem mussten wir uns – wieder einmal - eingestehen, dass wir offenbar noch sensibler waren, als uns eigentlich selber bewusst gewesen war. Das hier hatten wir weder gewollt noch gekauft. Alles hatte sich geändert. Wir sahen ein, dass wir wohl doch in völliger Natur leben müssten, um unseren Seelenfrieden zu finden und endlich zur Ruhe zu kommen. Ein weiteres Indiz hierfür war die Tatsache, dass es mir gesundheitlich immer schlechter ging. Wahrscheinlich stressten mich all die Dinge, die um uns herum passierten, so sehr, dass sich mein Körper ein Ventil suchte. Den letzten Ausschlag, Schweden doch wenigstens einmal anzusehen, gab die Tatsache, dass nun mindestens ein Windrad in unmittelbarer Nähe unseres Hofes gebaut werden sollte. Diese Tatsache traf uns, aber vor allem mich, wie ein Schlag in den Magen. Wir fühlten uns bedroht und enteignet, hatten wir doch diesen Hof damals seiner idyllischen Lage wegen gekauft. Die Illusion von Ruhe und einer gewissen Einsamkeit in der Natur löste sich mehr und mehr auf. Ich war am Boden zerstört. Und ich wollte einfach nur noch weg.

3

Also fuhren wir in den Sommerferien Anfang August nach Schweden. Und das war tatsächlich auch unser allererster gemeinsamer Urlaub seit 16 Jahren! Es brauchte selbstverständlich einiges an Organisation und Timing, aber wir schafften es erstaunlicherweise, alles so hinzudrehen, dass wir uns zumindest vier Tage lang verdrücken konnten. Unsere lieben Nachbarn waren gerne bereit, sich um unsere Tiere und das Gewächshaus zu kümmern. Sie waren schon lange der Meinung, wir müssten doch mal in den Urlaub fahren. Schon mehrfach hatten sie uns angeboten, derweil bei uns einzuhüten. Da ich die eine Ziege gerade abgemolken hatte und die andere noch zwei Lämmer führte, mussten wir nicht einmal eine Melkvertretung finden (was bei Ziegen ohnehin schier unmöglich schien). Und so ergriffen wir die Gelegenheit also am Schopfe. Ich war einigermaßen aufgeregt. Gar nicht mal, weil ich endlich Schweden sehen sollte, sondern vielmehr, weil ich mich fragte, ob Zuhause in der Zeit alles gut gehen würde. Wie immer hatte ich Probleme mit dem Loslassen.

Während der Autofahrt gen Norden grübelte ich immer wieder hin und her, ob ich denn Zuhause wohl auch alles gut genug für die Urlaubsvertretung vorbereitet hatte. An der Öresund-Brücke überkamen mich leichte Kopf- und Halsschmerzen - wie passend - aber dennoch auch ein gewisses leichtes Kitzeln in der Magengegend, das eine heranwachsende Urlaubsstimmung ankündigte. Aus den Augen aus dem Sinn – langsam konnte ich nach vorne sehen und mich auf unsere freien Tage zu viert freuen. Nicht einmal das nach einigen Stunden Autofahrt überfällige Gequengel der Kinder und meine scheinbar aufkeimende Erkältung konnten mir die Laune verderben.

Als wir schließlich schwedisches Festland erreichten und durch Schonen fuhren, hatte ich nur noch Augen für die Landschaft um uns herum. Zwar fand ich auf den ersten Kilometern die Ähnlichkeit zu unserer Heimat recht augenscheinlich – sogar einige Windräder sahen wir, aber je länger wir Richtung Osten fuhren, desto mehr wandelte sich die Umgebung: Tiefgrüne Wälder tauchten auf, niedliche rot-weiße Holzhäuser, endlos lange Natursteinwälle und Elchzäune, all das faszinierte mich zunehmend. Natürlich hatten wir uns vor Reiseantritt einige Höfe aus dem Internet gesucht, die wir rein Interesse halber ansehen wollten. Der erste lag bereits auf dem Weg zu unserer Unterkunft. Unser Navi führte uns von einer der erstaunlich wenig befahrenen Hauptstraßen in eine Seitenstraße, die nicht viel mehr als ein staubiger Sandweg war, den wir mit nur etwa 30 Stundenkilometern entlangfuhren. Zwar hätten wir sicherlich schneller fahren können, aber wir genossen es einfach, all die Bilder, die vor uns auftauchten, langsam an uns vorüberziehen und in unseren Verstand sickern zu lassen. Was ich nun sah, raubte mir buchstäblich den Atem. Der helle sandige Kiesweg schlängelte sind hügelig durch kleine Wälder, durch winzige Wohnsiedlungen mit malerischen Häuschen, vorbei an tiefgrünen Wiesen, die sicherlich noch nie einen Güllewagen gesehen hatten. Links und rechts grasten friedlich Pferde und Ponys, die scheinbar noch niemals Kontakt mit einer Mücke oder Pferdebremse gehabt hatten, und hier und da plätscherte plötzlich ein kleiner Bach fröhlich unter einer hübschen Brücke entlang. Ich konnte gar nicht glauben, dass es das hier tatsächlich gab. Es kam mir vor, als befände ich mich plötzlich in einem der Bücher oder Filme meiner Kindheit, als führe ich durch die Landschaft Astrid Lindgrens - nur noch schöner, noch klarer, noch farbenfroher. Es war eine Landschaft, die ich mir in meinen Träumen nicht schöner hätte ausmalen können. Wir fuhren durch Bullerbü! Ich bekam vor lauter Schönheit einen Kloß im Hals. Und wie es meiner Natur nun einmal entspricht, liefen mir auf einmal unaufhaltsam die Tränen die Wangen hinunter vor lauter Überwältigung. Ich kurbelte mein Autofenster hinunter. Die warme Luft die mir entgegenkam, war derartig mild und würzig, dass ich sie am liebsten in Flaschen gefüllt hätte. Ich sog all die fremden und irgendwie doch bekannten Düfte ganz tief ein, als würde ich zum ersten Mal überhaupt richtig atmen. Und trotzdem konnte ich immer noch nicht begreifen, dass ich nicht träumte. Das hier war echt, kein Film, kein Traum, keine Einbildung meiner blühenden Fantasie. Eine Welt, wie ich sie mir immer erträumt hatte, existierte hier direkt vor meinen Augen. Am strahlend blauen Himmel zog ein Seeadler seine Kreise und verkündete mit seinem Ruf grenzenlose Freiheit. Es mag kitschig klingen, aber es war wie eine Offenbarung. Warum sollte man in Deutschland zwischen Gift und Gülle unter hunderten von lärmenden Windrädern wohnen, wenn es so etwas wie dies hier wirklich gab? Es war um mich geschehen. Von einer Sekunde auf die andere schien ich ein anderer

Mensch. Alle Zweifel über die fremde Sprache oder das Zurücklassen unseres Zuhauses waren auf einen Schlag vergessen. Ich war mir ganz sicher: Schweden würde mich nie wieder loslassen! Julian, der ebenfalls die ganze Zeit staunend die Landschaft in sich aufsaugte, sah mich von der Seite an. Unsere Blicke trafen sich, und ich wusste, dass er wusste, was ich fühlte. Halb gerührt, halb triumphierend tätschelte er mein Bein und sagte: „Siehst du, ich hab' dir doch gesagt, dass Schweden toll ist!" Und sogar die Kinder unterbrachen kurzfristig ihre Streitereien und schauten beinahe andächtig aus den Autofenstern.

Schon der erste Hof, den wir uns ansahen, war einfach wundervoll. Etwas verfallen und verwildert zwar, aber in wunderschöner, dünenartiger Landschaft und in Alleinlage mit etwa drei Hektar Land an einem Wald stand dieses Gehöft in der Nähe von Hässleholm. Das dunkelrote Haupthaus aus Holz leuchtete warm und einladend in der Nachmittagssonne und strahlte trotz oder gerade wegen des leicht maroden Zustandes absolute Behaglichkeit aus. Das Wohnhaus wurde auf beiden Seiten von je einem Nebengebäude flankiert, die ebenfalls aus rotem Holz bestanden. Wir waren begeistert und begannen sofort Pläne zu schmieden, was wir hier alles machen könnten. Leider hatten wir keinen Termin mit dem zuständigen Makler bekommen, so dass wir nur von außen gucken konnten. Aber im Grunde reichte uns das. Ohne es auszusprechen, wussten wir, dass wir den Hof, wenn möglich, kaufen wollten. Dass die Verkäufer es sich kurz darauf noch einmal anders überlegten und den Hof doch selber behalten wollten, konnten wir da noch nicht ahnen. Rückblickend ging es bei diesem Besuch auch nur darum, unsere – vor allem meine – Vorstellungskraft anzukurbeln, dass es noch etwas anderes, etwas viel Besseres gab, als unseren Hof in Högel. Mit klopfenden Herzen und glühenden

Wangen fuhren wir weiter zu unserer Unterkunft, einem kleinen Häuschen direkt am See Longasjönas.

Nachdem wir an der Rezeption eingecheckt hatten, bezogen wir unser Quartier, dass nicht viel größer und luxuriöser war, als ein Campingwagen: vier einfache Betten, eine schlichte Essecke mit schwedischer Küchenbank und eine winzige Küchennische. Das WC, das nicht größer als ein Plumpsklo war, war nur von außen über eine extra Tür zu erreichen, eine Dusche gab es nur im öffentlichen Duschgebäude des anliegenden Campingplatzes. Trotz, oder gerade wegen der absoluten Einfachheit, fühlten wir uns sofort wohl. Wir luden unsere Hündin Luzie und unser Gepäck aus und bezogen die Betten. Anschließend zog es uns direkt an den See, der nur wenige Meter unterhalb unserer Hütte lag. Ich schnappte mir Luzie, die nach der langen Autofahrt ebenso dringend Bewegung brauchte wie wir alle, während Julian mit den Kindern zur Rezeption ging, um ein Ruderboot zu chartern. Ich lief mit Luzie direkt an der Wasserkante entlang. Überall lagen riesige Steine und Felsen am Ufer, die, von der Sonne aufgewärmt, zum Hinsetzen einluden. Aber gesessen hatte ich genug. Etwa zehn Stunden hatte die Autofahrt gedauert, unterbrochen zwar von kurzen Pausen, aber anstrengend genug. Meine Füße kribbelten vor Freude, und ich wollte mich bewegen. Die laue Abendluft roch nach Heide und Sommer, so intensiv und berauschend, wie ich es noch nie erlebt hatte. Ohnehin schien mich hier alles viel tiefer zu berühren, als ich es bisher kannte. Vielleicht zum ersten Mal erreichte mich das, was ich sah, direkt in meiner Seele. Es war, als wäre ein Teil von mir schon immer hier gewesen, und hätte nur auf die Ankunft meines Körpers gewartet. All die Jahre lang. Es war, als wäre ich angekommen. Wieder musste ich schlucken und bekam feuchte Augen. Ein Zustand, der die nächsten Tage anhielt.

Nachdem der Hund bewegt und das Boot gechartert war, fuhren wir zu viert auf den See hinaus, um zu angeln. Immerhin hatten wir noch kein Abendbrot gegessen, ein frischer Fisch würde also gut passen, dachten wir. Die Fische sahen das ganz offensichtlich völlig anders, denn heute fingen wir keinen einzigen. Aber die Stimmung auf dem abendlichen See war trotzdem unvergesslich. Die Natur um uns herum schien die Arme um uns zu legen und uns willkommen zu heißen.

In der ersten Nacht schlief ich schlecht. Oft wachte ich auf, weil draußen jemand vorbeiging oder weil Luzie ihre feuchte Nase in mein Gesicht steckte. Einmal fiel Mia aus ihrem Bett. Außerdem hatte ich noch immer Kopfschmerzen, und die Halsschmerzen wurden sogar noch schlimmer. Um 6 Uhr morgens war die Nacht sowieso vorbei, weil die Frühaufsteher Julian und Noah erwachten und ans Ausschlafen nicht länger zu denken war. Obwohl ich normalerweise keinen Kaffee mehr trank, gönnte ich mir einen Becher voll im Bett, sprang trotz anhaltendem Grippegefühl in meine Laufklamotten, schnappte mir meine Kopfhörer und machte mich auf zu einer Runde um den See. Natürlich wurde es keine komplette Runde, denn schließlich ist der Longasjönas riesig, aber es war eine traumhafte Strecke, immer direkt entlang am Wasser, rechts der See, links ein Ferienhäuschen neben dem anderen. Um diese Uhrzeit war kaum jemand außer mir schon unterwegs, und so konnte ich die aufgehende Sonne über dem Wasser ganz für mich allein genießen. Es war, als wäre dieser Moment nur für mich gemacht, die Musik in meinen Ohren und das Glitzern auf dem Wasser beflügelten meine Füße und Beine, und es war noch nie so schön, zu laufen, völlig eins mit mir selber und der Natur. Ein Magic Moment! Zuhause bestand meine Laufrunde eigentlich nur aus Betonstraße, entlang an Maisfeldern und dem vom Sturm zerstörten Waldstück. Aber daran dachte ich jetzt natürlich nicht. Ich war hier. Ich war jetzt. Ich war glücklich. Glücklich wie selten zuvor, vollkommen zufrieden, frei und geerdet. Ganz neue Gefühle kamen in mir auf, von denen ich bisher nur eine vage Vorstellung gehabt hatte. Ganz neue Wege taten sich in und vor mir auf.

Nach dem Laufen schlüpfte ich in meinen Badeanzug und ging zum See hinunter, um mich abzukühlen. Wie gesagt, eine eigene Dusche hatte unsere Hütte nicht, und nach der öffentlichen Dusche hatte ich nach diesem gefühlsechten Lauf wahrhaftig kein Verlangen. Also blieb nur der See, der um diese Uhrzeit noch recht erfrischend war. Obwohl ich normalerweise eine waschechte Frostbeule bin, überwand ich meine Gänsehaut, ging zügig ein paar Meter ins Wasser und tauchte komplett unter. Normalerweise brauche ich gefühlte Ewigkeiten, um mich Stück für Stück in ein kaltes Gewässer vorzuarbeiten. Aber hier war nicht normalerweise, hier war alles anders. Hier war ich anders.

Beim Frühstück hatten wir einen tollen Blick auf den See, und anschließend wollten wir unser Angelglück auf einem anderen See in der Nähe erneut herausfordern. Wir wanderten also, mit unserer Angelausrüstung bewaffnet, durch den Wald. Überall fiel das Sonnenlicht durch die Blätter und zauberte ein magisches Licht auf den Waldboden. Den See fanden wir schnell, aber es dauerte eine Weile, bis wir auch den Bootssteg gefunden hatten. Wir paddelten ein wenig hin und her, verweilten hier und dort ein Weilchen, warfen immer wieder die Angeln neu aus und genossen die absolute Stille - abgesehen von unseren Kindern, die es natürlich auch in der vollkommensten schwedischen Natur schafften, sich über belanglose Kleinigkeiten zu streiten, und gerade Mia schien mit ihren fünf Jahren einfach nicht begreifen zu wollen, dass es einer gewissen Ruhe bedurfte, um einen Fisch zu fangen. Trotzdem ist dieser Vormittag in meiner Erinnerung still, friedlich und ruhig, weil der See und der Wald herum, so viel Ruhe und Tiefgang ausstrahlten, dass mich alles andere kaum beeindrucken konnte. Einen Fisch fingen wir allerdings wieder nicht.

Nachmittags besuchten wir ein Naturreservat mit anliegender „Naturskolan", einer Schule mitten im Wald, in der die Kinder offensichtlich überwiegend draußen unterrichtet wurden, solange es das Wetter zuließ, mit angrenzendem Gemüsegarten, Hühnern, Ziegen und Kühen. Das Naturschutzgebiet war einmalig schön. Das Wetter war herrlich mild, ganz anders als in Deutschland bei unserer Abreise, wo es sich wieder einmal typisch norddeutsch präsentiert hatte: kühl, windig und regnerisch. Hier aber schien die Sonne von einem ungetrübt blauen Himmel und kaum ein Lüftchen regte sich. Wir wanderten umher, staunten über Unmengen wilder Blaubeeren, naschten von üppig behangenen Brombeersträuchern, und die Kinder kletterten begeistert und unermüdlich auf wohl beinahe jeden der unzähligen riesigen Felsbrocken. Viel zu schnell verging die Zeit, aber wir hatten noch eine längere Rückfahrt zur Unterkunft vor uns und wollten auch noch einige Dinge einkaufen. Im schwedischen Supermarkt staunten wir über das große Sortiment an Bio-Lebensmitteln auf der einen Seite und noch mehr über die Riesenauswahl an Süßigkeiten und Naschwerk auf der anderen Seite. Eine ganze Wand voll Zuckerzeugs in Schubladen lockte Jung und Alt. Die schrillen Farben von Süßigkeiten und Gebäck erinnerten sehr an amerikanische Gaumenfreuden. Zum Glück waren die Kinder so mit anderen Dingen beschäftigt, dass sie dieses wahre Schlaraffenland gar nicht richtig wahrnahmen. Vielleicht interessierte es sie aber auch gar nicht so sehr, da sie ja Zuhause auch recht wenig naschten. Sie bekamen jeder eine Banane und waren für den Augenblick zufrieden. Während Julian und Noah abends noch einmal auf unseren See hinausfuhren, um erneut ihr Glück beim Angeln zu versuchen, gingen Mia und ich mit Luzie, die brav und artig unsere Hütte bewacht hatte, im angrenzenden abendlichen Wald spazieren.

Genauso war es am nächsten Tag: Die Männer verdrückten sich direkt nach dem Frühstück mit ihren Angeln. Sie wollten mit dem Auto ein wenig herumfahren, um vielleicht eine Angelstelle zu finden, die möglicherweise doch noch den einen oder anderen Fisch bereithielt. Nachdem ich das Geschirr abgespült hatte, machten auch Mia und ich uns wieder mit Luzie auf den Weg. Wir stromerten relativ planlos einige Wege entlang und erfreuten uns an der Schönheit des Waldes. Dieses Mal schaffte Mia es sogar, relativ leise zu sein, weil ich ihr in Aussicht gestellt hatte, wir könnten vielleicht einen Elch oder ein Wildschwein sehen, wenn wir nur leise genug wären. Also pirschten wir so leise, wie eine Mutter mit ihrer fünfjährigen Tochter und einem hyperaktiven Berner Sennenhund eben pirschen können, durch das tiefgrüne Unterholz eines dicht bewachsenen schmalen Weges. Ich war wieder einmal erstaunt über mich selbst, denn eigentlich bin ich in solchen Situationen eher ein bisschen ängstlich und würde normalerweise nicht alleine mit einem kleinen Kind in einem fremden Wald herumlaufen, ohne genau zu wissen, wohin der Weg überhaupt führt - mit der Option vielleicht tatsächlich einem grimmigen Elch oder einem wildgewordenen Wildschwein zu begegnen - oder uns zumindest gehörig zu verlaufen. Normalerweise wäre wohl meine Fantasie mit mir durchgegangen. Aber wieder war es anders als sonst: Völlig angstfrei und in der Geborgenheit der Wildnis, folgte ich einfach meinen Sinnen und meiner Laune, bis plötzlich durch das Laub vor uns Wasser blitzte. Mitten aus dem Wald heraus erwuchs auf einmal ein See. Dieser begleitete uns ein ganzes Stück unseres Weges, und wir wurden nicht müde, immer weiterzugehen. Sogar Mia, die normalerweise nach spätestens hundert Metern die Lust am Wandern verliert, hatte offensichtlich ihren Spaß. Hinter jeder Kurve des kleinen Pfades schien ein neues Geheimnis zu liegen, ein neues wundersames Bild, das es zu entdecken und in uns aufzusaugen galt. Hinter der nächsten Kurve, an einer kleinen Böschung im schüchternen Sonnenlicht, das durch das hellgrüne Laub der Bäume fiel, entdeckten wir einen riesigen Steinpilz, den wir natürlich unbedingt mitnehmen mussten, um ihn später Julian und Noah zu zeigen. Mia trug ihn stolz vor sich her und freute sich über diese unverhoffte Beute. Noch immer verspürten wir keinerlei Impuls, umzudrehen. Wir folgten einer inneren Stimme, die uns vorantrieb.

Dann lichtete sich der Wald, und vor uns erhoben sich die silbrigen Mauern einer alten Ruine vor dem indigoblauen Himmel. Riesige übereinander getürmte Natursteinquader erinnerten spontan an eine alte Burg. Ein wilder Bach rauschte laut und eindringlich daran vorbei, und die Sonne schien auf diese Lichtung und tauchte alles in ein überirdisches, grelles Licht, als sei dies alles inszeniert. Vollkommen unwirklich war die Situation, hatte ich hier nun wirklich nicht mit den Überresten einer alten Wassermühle gerechnet. Wieder einmal völlig überwältigt von dem Anblick und eigentlich sprachlos vor Staunen, wollte ich gerade Mia rufen, die mit dem Steinpilz noch ein Stück hinter mir im Wald zurückgeblieben war, um ihr die Entdeckung zu zeigen. Doch in diesem Moment hörte ich Stimmen und sah auf der anderen Seite zwei Personen,

die angelten. Als wäre dieser Moment nicht schon unwirklich und zauberhaft genug, wurde mir klar, dass es
Julian und Noah waren, die dort mit der Fliegenrute in
dem munter plätschernden, im Sonnenschein funkelnden
Bachlauf angelten. Ich war völlig verdattert. Wie konnte
es möglich sein, dass wir vier uns hier, mitten im Nirgendwo, an diesem magischen Ort einfach so treffen
konnten, obwohl wir doch völlig planlos und willkürlich
in vollkommen unterschiedliche Richtungen gestartet
waren. Es schien mir, als habe das Schicksal uns hier zu-
sammengeführt, um uns ein Zeichen zu geben, ein Zeichen, dass hier alles stimmte, dass jeder unserer Schritte
einen tieferen Sinn hatte und dass unsere Zusammengehö-
rigkeit nochmals bestätigte. Diesen Moment im diffusen
Sonnenlicht unter der Ruine an diesem wilden, wunderschönen Bachlauf, diesen Augenblick, der aussah wie
einem impressionistischen Gemälde entsprungen, werde
ich niemals vergessen. Für mich fühlte es sich an wie ein
Wunder!

Abends grillten wir die gefangenen Fische am Lagerfeuer
und saßen noch lange vor der Hütte am See. Es war wunderschön. Umso schlimmer war der nächste Tag, an dem
wir schon wieder abreisen mussten. Nachdem ich noch
einmal am See entlanggelaufen war, durch den Wald,
durch den ich mit Mia und Luzie gepirscht war und vorbei
an „unserer" Ruine, sprang ich zur Abkühlung ein letztes
Mal ins Wasser. Dann fuhren wir ab. Ich glaube, ich habe
die gesamte Rückfahrt nach Deutschland geweint. Dieses
Mal aber nicht aus Rührung oder Faszination, sondern
weil es mir fast das Herz zerriss und die Kehle zuschnür-
te, dieses Land wieder zu verlassen. Ich freute mich nicht
mal richtig auf zu Hause. Kaum waren wir wieder in
Nordfriesland, war nichts mehr von dem Zauber der vergangenen Tage, nichts mehr von unberührter Natur und

Schönheit übriggeblieben. Hunderte von Windrädern verdunkelten den Himmel und drehten unaufhörlich in den Abend. Wir fuhren definitiv in die falsche Richtung!

In den folgenden Tagen konnte ich nur noch an Schweden denken. Wie in Trance verrichtete ich meine Arbeit, versorgte die Tiere, kontrollierte Hausaufgaben und fuhr die Kinder zu Freunden. Nichts war mehr wie vorher. Ich hatte meine Optionen kennengelernt. Högel war nur noch ein Plan auf Zeit. Trotz des Wissens, wo ich, wo wir hingehörten, hatte in Angst vor mir selber. Ich hatte Angst, in gewohnter Manier, nach einiger Zeit wieder das Gefühl für den neuen Weg und die neuen Ziele zu verlieren. Als Meisterin der Verdrängung war ich es von mir selber gewohnt, dass ich Dinge, die ich nicht ständig um mich habe, schnell vergessen kann. Ganz nach dem Motto: Aus den Augen, aus dem Sinn. Ich wollte um keinen Preis in den alten Trott zurück. Und doch merkte ich Tag für Tag, dass das Schwedenfeuer in mir schwächer brannte. Zwar sprach ich nach wie vor begeistert von unseren Erlebnissen, aber die Gefühle verblassten. Irgendwie hing ich zwischen den Welten. Ich wollte nicht weiterleben wie bisher, aber loslassen konnte ich auch noch nicht. Anders Julian: Als treibende Kraft in dieser Mission, durchwühlte er täglich stundenlang den schwedischen Immobilienmarkt im Internet, machte Listen und sprach mehr denn je vom Auswandern. Ihn schien hier wirklich gar nichts mehr zu halten. Äußerlich spielte ich das Spiel mit: Ich begann, Dinge auszusortieren, die wir nicht mehr brauchten, aber das fiel mir auch nicht sonderlich schwer, denn „ausmisten" war schon seit längerer Zeit eines meiner Hobbys. „Nur die wirklich wichtigen und schönen Dinge behalten" war mein Motto, und so wanderten in diesen Tagen wieder einmal etliche Dinge in Flohmarktkisten oder wurden bei Ebay versteigert. Ballast abwerfen tut immer gut! Trotzdem, innerlich haderte ich bereits wieder mit mir selbst.

4

Obwohl oder gerade weil meine inneren Zweifel, all das, was wir uns in Högel aufgebaut hatten, wieder aufgeben zu können, täglich stärker wurden, fuhren wir Ende August noch einmal nach Schweden. Nur Julian und ich. Die Kinder machten ein paar Tage Urlaub bei den Omas. Wir nannten es offiziell augenzwinkernd „unsere Flitterwochen", denn die hatten wir damals nach unserer Hochzeit vor dreizehn Jahren wegen der Tiere und der fehlenden Mittel vertagt, um nicht zu sagen: ausfallen lassen. Dass es natürlich in erster Linie darum ging, für uns geeignete Immobilien anzusehen, war die inoffizielle Version. Aber wir beschlossen, außer unserer Familie und unseren engsten Freunden, vorerst niemandem von unseren Auswanderer-Ideen zu erzählen. Der Dorfklatsch wäre vorprogrammiert gewesen. Das wollten wir uns ersparen, obwohl uns natürlich klar war, dass bereits die Tatsache, dass wir zweimal in einem Monat nach Schweden fuhren, für unsere Dorfmitbewohner mehr als verdächtig wirken musste. Unsere lieben Nachbarn schauten noch einmal nach den Tieren. Wir sagten ihnen, dass Schweden uns so gut gefallen habe, dass wir gerne noch ein paar Tage ohne Kinder dort verbringen wollten. Auch ihnen erzählten wir vorerst, dass wir unsere Flitterwochen nachholen wollten. Die Buschtrommeln wurden sicher trotzdem bereits eifrig geschlagen. Aber im Grunde interessierte uns das nicht weiter. Auch den Kindern verrieten wir vorerst nicht, was in unseren Köpfen vorging. Wir mussten erst einmal alles für uns selber abklären. Wollten wir tatsächlich Deutschland für immer verlassen? Sollte Schweden wirklich unser neues Zuhause werden? Was für eine unglaublich schwerwiegende Entscheidung!

Dieses Mal fuhren wir für fünf Tage nach Schweden. Unser Ziel: Mäseboda am Mäen in Kronobergs Län. Luzie war wieder dabei, und die lange Fahrt verbrachten wir natürlich wesentlich entspannter ohne die gelangweilten Kinder auf der Rückbank. Auch hatten wir dieses Mal keine Platzprobleme mit unserem Gepäck. Nachdem ich früh morgens meine Laufrunde entlang der Maisfelder absolviert hatte, starteten wir nun also in unser Immobilienabenteuer alias unsere Flitterwochen.

Unser Ferienhäuschen lag mitten im Wald auf einer kleinen sonnigen Lichtung. Der Vermieter, ein älterer kleiner Mann, und sein Sohn kamen gleich nach unserer Ankunft, um uns den Schlüssel zu überreichen. Der Besitzer bat uns auf Schwedisch, sparsam mit dem Wasser zu sein, da der Grundwasserspiegel wegen der langen Trockenperiode derzeit sehr niedrig sei. Wie die meisten abgelegenen Ferienhäuser bezog auch diese Stuga ihr Wasser über eine Pumpe, die es aus einem eigenen Brunnen beförderte. Obwohl Julian zu diesem Zeitpunkt erst seit einigen Monaten Schwedisch lernte, schaffte er es trotzdem, sich mit dem Vermieter zu verständigen und fast alles zu verstehen, was dieser uns zu sagen hatte. Mit seinem Sohn unterhielten wir uns noch eine Weile angeregt auf Englisch. Von der schüchternen Zurückhaltung, die man den Schweden gerne nachsagt, war bei diesen beiden zumindest nichts zu merken.

Bei knapp 30 Grad packten wir das Auto aus, bezogen unser Quartier und, wie sollte es anders sein, gingen mit unseren Angeln bewaffnet den Weg hinunter zum nahen See, um wieder einmal unser Anglerglück herauszufordern. Direkt am Ufer gingen wir an einer Gruppe knackiger Birkenpilze vorbei, die verhießen, dass unser Abendbrot auch ohne Angelerfolg gesichert sein würde. Da es gegen Abend schnell deutlich abkühlte und über dem See ein recht starker Wind aufkam, wurde es nur ein kurzer Ausflug mit dem Boot. Und da wir dementsprechend wieder einmal keinen Fisch fingen, machten wir uns abends noch mit Luzie und einer Schüssel auf den Weg in den Wald, um ein paar Pilze zu sammeln. Nun waren wir einigermaßen erfahrene Pilzsammler und fanden in Deutschland im Herbst auch immer einige Kilogramm Pilze. Was wir hier sahen, ließ uns allerdings aus dem Staunen kaum wieder herauskommen: Es wimmelte nur so von Pilzen. Und es handelte sich dabei nicht, wie meist in Nordfriesland, um Maronen, sondern überwiegend um Birken- und Steinpilze. Wir mussten sie gar nicht suchen – sie fielen uns quasi an! Überall links und rechts vom steinigen Sandweg lugten sie zwischen den Blaubeer- und Preiselbeersträuchern hervor, als hätten sie nur auf uns gewartet. Und wir konnten es uns erlauben, nur die schönsten und knackigsten auszuwählen, so viele gab es. Nach kürzester Zeit hatten wir eine große Schüssel voll gesammelt und trugen sie begeistert in unsere Hütte. Sofort zauberte Julian uns daraus eine traumhafte Pilzpfanne, die wir in der Abenddämmerung auf der gemütlichen Terrasse genossen. Dabei unterhielten wir uns aufgeregt über all unsere Gedanken und Pläne, und ich fand auch endlich den Mut, Julian zu gestehen, dass ich noch immer erfüllt von starken Zweifeln war, was unsere Auswanderpläne anging. Das konnte er in seiner scheinbar absoluten Zielstrebigkeit zwar nicht wirklich verstehen, nahm es aber erst einmal so hin. Wahrscheinlich spekulierte er darauf, dass die kommenden Tage mich wieder vom Gegenteil überzeugen würden. Ich aber war erst einmal erleichtert, meine Zweifel ausgesprochen zu haben.

Am kommenden Morgen schien wieder die Sonne, allerdings wurde es bei weitem nicht so warm wie am Vortag. Aber das war uns ganz recht. Wir erkundeten mit dem Auto ein wenig die Gegend und fuhren, wohin uns die Wege und unsere Laune führten, machten Pausen, wann immer uns danach war und ließen uns einfach durch den Tag treiben. Mal hielten wir an einem Bächlein oder See, um die Angeln auszuwerfen, mal gingen wir ein Stück durch den Wald, um beispielsweise den als Sehenswürdigkeit ausgeschilderten Trollträdet zu besichtigen. Wir fragten uns, was es damit auf sich hatte und schlugen uns hunderte von Metern durch den Wald, immer einem schmalen Trampelpfad folgend. Und so gelangten wir irgendwann ans Ziel, das sich als knorpeliger uriger toter Baumstamm herausstellte. Der Trollträdet eben - der Trollbaum. Wer Schwedisch kann, ist klar im Vorteil. Wir lachten, fotografierten uns gegenseitig vor dem durchaus sehenswerten Totholz und schlenderten den gewundenen Weg zurück. Dabei entdeckten wir einen Pfotenabdruck im feuchten Waldboden, der uns mutmaßen ließ, dass er von einem Wolf sein musste. Natürlich konnte er auch von einem großen Hund stammen, aber die Version mit dem Wolf gefiel uns viel besser.

So umherzustreifen wie es uns gerade in den Sinn kam, war ein unbeschreibliches Gefühl der Freiheit, dass wir von Zuhause überhaupt nicht kannten. Dort war alles strikt zeitlich geplant. Schon alleine die Kinder, der Hof mit dem großen Haus und die Tiere gaben uns täglich einen strengen Zeitplan vor, nachdem wir uns stets richten mussten. Dazwischen all die tausend Kleinigkeiten, die man im Alltag so erledigen muss. Da blieb uns selten Zeit für spontanes Genießen und traute Zweisamkeit. Hier fiel mir wieder und noch deutlicher auf, wie gebunden uns unser Leben als Selbstversorger doch eigentlich machte.

Diese Erkenntnis schmerzte, denn natürlich liebte ich all das, was ich Zuhause tat: Vom Brotbacken und Käsemachen übers Ziegenmelken und Pferde versorgen bis hin zur Arbeit im Gemüsegarten. Aber irgendwie war ich doch ständig gestresst, weil ich den vielen Aufgaben kaum hinterherkommen konnte. Vielleicht war es doch alles zu viel? Das Haus zu groß? Zu viele Tiere? Hier jedenfalls genossen wir jeden Moment in vollen Zügen. Auch unsere Zweisamkeit war etwas ganz Besonderes für uns. Da wir in Nordfriesland weit entfernt von Omas und Opas lebten, hatten wir nur selten die Möglichkeit, etwas ganz für uns alleine zu machen. Umso schöner waren die Ruhe und die Unabhängigkeit, die wir nun erlebten, und die unseren, wenn auch kurzen Urlaub tatsächlich zu etwas wie unseren Flitterwochen machten.

Neben unseren Streifzügen durch die nähere und weitere Umgebung sahen wir uns natürlich wie geplant einige Immobilien an, die sich allerdings alle als große Enttäuschung herausstellten. Es war fast wie damals in Deutschland: Die Makler-Exposés hatten das Gelbe vom Ei versprochen, und bei genauerem Hinsehen war eben doch eine größere Straße in der Nähe oder mindestens ein direkter Nachbar. Oder das Haus war eher eine Ruine als ein „renovierungsbedürftiges Liebhaberobjekt mit dem Charme vergangener Zeiten". Aber wir wollten ja ohnehin nur ein paar Eindrücke sammeln.

Das Wetter schlug um: Es wurde kalt und regnerisch. Am frühen Morgen zog sogar ein Gewitter über uns hinweg. Obwohl wir Gewitter normalerweise lieben, war es an diesem Tag etwas unpassend, denn für heute hatten wir einen Wanderritt beim Stall Sonakull im Jönköpings Län geplant. Ich konnte es trotzdem kaum erwarten. Seit wir vor ein paar Wochen per Internet den Ritt bei Ulrika gebucht hatten, und seit ich (ungefähr hundertmal) das wunderschöne Video über den Hof im Internet angesehen hatte, konnte ich kaum noch an etwas anderes denken. Endlich mal wieder richtig reiten. In der Natur! So wie es sein sollte, fernab von Straßen, Maisfeldern und Gülletraktoren - durch einen richtigen Wald. Und das alles noch auf Haflingern und in Westernsätteln! Jedes Mal, wenn ich auch nur daran dachte, kribbelte es in meinem Bauch wie wild. Ein Gefühl, dass ich schon lange nicht mehr gehabt hatte.

Den gesamten Vormittag regnete es in Strömen. Trotzdem stiegen wir natürlich ins Auto und starteten Richtung Sonakull in Kulltorp. Das Autothermometer zeigte heute nur noch 14 Grad an. Was für ein Temperatursturz! Als wäre es nicht anders geplant, hörte jedoch der kalte Dauerregen beinahe in dem Moment auf, als wir die Auffahrt zu dem Pferdehof hinauffuhren und unser Auto vor einem der Paddocks parkten. Ulrika begrüßte uns herzlich. Sofort fingen wir fröhlich an zu plaudern. Wie in unseren vorangegangenen Emails unterhielten wir uns auf Englisch, und die Stimmung war derartig locker und vertraut, als würden wir uns schon lange kennen. Gemeinsam mit Anders, einem weiteren Reiter, holten wir unsere Pferde von der Koppel, putzten und sattelten sie - und dann ging es endlich los. Julian ritt auf dem Wallach „Modig", was mutig bedeutet. Er müsse allerdings - wie Ulrika lachend erklärte - erst noch in seinen Namen hineinwachsen. Ich saß auf dem Rücken von „Safari", einem Haflingerwallach mit wallender schneeweißer Mähne. Mein Traum wurde wahr. Trotz des tristen Wetters war es ein wunderschöner Ritt durch die tiefen Wälder Smålands. Wir ritten durch dichte Tannenhaine, über Lichtungen, vorbei an einem riesigen See, bergauf und bergab durch die unberührte Natur. Dabei unterhielten wir uns über die Pferde, übers Pilze- und Beerensammeln, über Solartechnik und Windräder. Der Ritt dauerte etwa drei Stunden und endete mit einer herrlichen Galoppstrecke über eine weite grüne Wiese an deren Ende es einen Hügel hinaufging. Nicht einmal Fliegen wäre schöner gewesen, denn sowohl wir als auch die Pferde wurden angesichts dieser Weite von wilder Euphorie gepackt. Sowohl der Fahrtwind, der bei dem Tempo durch mein Gesicht streifte, als auch das über mich kommende Glücksgefühl trieben mir wieder einmal die Tränen in die Augen. Mein ganzes Reiterleben lang hatte ich von solch einer Strecke geträumt, und jetzt flog ich mit Safari den Hügel hinauf, als wäre mein gesamtes bisheriges Leben auf diesen einen Moment hin ausgerichtet gewesen. Trotz dieser ungestümen Galoppade blieb alles unter Kontrolle, und wir kamen überglücklich wieder am Stall an. Nachdem die Pferde versorgt waren, verabschiedeten wir uns von Ulrika wie von einer langjährigen Freundin. Kaum saßen wir wieder im Auto, begann es erneut zu regnen. Was hatten wir für ein Glück mit dem Wetter gehabt!

Im Anschluss fuhren wir noch weiter Richtung Nordwesten nach Enesbo, in die Nähe von Svenljunga im Västra Götalands Län. Dort wollten wir uns einen weiteren Hof ansehen. Schon die nähere Umgebung berauschte uns wieder einmal, und ich fragte mich, wieviel unermessliche Schönheit Schweden wohl noch für uns bereithielt. Fast hatte ich das Gefühl, viel mehr könnte ich bald nicht mehr ertragen, da so viel Glück und Euphorie kaum noch Platz in meinem Körper finden könnten. Ich hätte vor Glück platzen können, aber ich entscheid mich doch lieber dafür, weiterhin alle Bilder und Stimmungen aufzusaugen, um sie für immer in mir zu speichern. Der Hof

war ein Traum, der uns spontan wieder einmal an Bullerbü erinnerte: Ein schnuckeliges rotes Holzhaus mit den
typischen weißen Fensterrahmen und Erkerfenstern sowie
einem wunderschönen Wintergarten. Ein hübsches Stall-
gebäude mit Natursteinsockel. Ein kleines Ferienhaus und
eine große Koppel, die sich sanft am Hang zu einem urigen Bächlein hinneigte. Zu zwei Seiten grenzte das etwa
fünf Hektar große Grundstück an einen Wald, und das
Haus war nur über einen eigenen kleinen Zufahrtsweg zu
erreichen. Wir waren vollkommen begeistert. Es schien
perfekt. Leider hatten wir so spontan wieder einmal keinen Maklertermin bekommen, immerhin war heute Sonn-
tag. Voller Begeisterung, Köpfe und Herzen wiederum
erfüllt mit neuen Ideen und Visionen, fuhren wir am späten Nachmittag zurück Richtung Mäseboda. Noch unterwegs telefonierten wir mit dem Makler, der uns anbot,
Kontakt mit den Nachbarn aufzunehmen, damit diese uns
gegebenenfalls morgen Haus und Nebengebäude von innen zeigen könnten. Und obwohl man den Schweden ja
oftmals eine gewisse Trägheit oder Langsamkeit nachsagt, erklärten sich die netten Nachbarn tatsächlich spontan bereit, sich am nächsten Tag mit uns zu treffen, damit
wir das Anwesen auch von innen begutachten könnten.

Also fuhren wir am folgenden Tag noch einmal die etwa
112 Kilometer von Mäseboda nach Enesbo. Wir sprachen
nur noch von „Bullerbü", denn dort schien diese heile
Welt real zu sein. Wir wussten natürlich beide, dass es im
Grunde ein wenig verrückt war, denn kaufen würden wir
den Hof doch sowieso nicht. So schnell würden wir aus
Deutschland nicht wegkommen, und bis wir soweit wären, würden die Verkäufer sicher nicht mit dem Verkauf
auf uns warten. Egal, wir fuhren trotzdem! Und sowohl
die lange Fahrt als auch das Treffen mit den freundlichen
Schweden lohnten sich vollends. Wieder war nichts von

der angeblichen schwedischen Zurückhaltung zu merken. Das ältere Ehepaar war freundlich und aufgeschlossen und zeigte uns mit viel Geduld alle Gebäude von innen und außen, erklärte uns die Grundstücksgrenzen und informierte uns über die Gegebenheiten der Umgebung. Ich unterhielt mich mit der Frau auf Englisch, Julian sprach die ganze Zeit auf Schwedisch mit dem Mann. Natürlich gab es noch große Lücken in seinem Wortschatz, aber trotzdem schaffte er es, sich eine halbe Stunde lang auf Schwedisch zu unterhalten. Ich war mehr als beeindruckt, und ich beschloss, dass ich bei unserer Rückkehr nach Deutschland dringend ebenfalls endlich beginnen musste, Schwedisch zu lernen. Es fühlte sich einfach zu merkwürdig an, dass mein Mann plötzlich eine fremde Sprache sprach, die ich selber nicht verstehen konnte. Außerdem wurde mir immer klarer, dass ich langfristig ums Schwedisch lernen sowieso nicht herumkommen würde. So traumhaft dieser wunderschöne Hof jedenfalls auch war, so perfekt er auch für uns geeignet schien, bei unserer Abfahrt wussten wir beide, dass er nicht unserer werden würde. Das Timing würde es einfach nicht zulassen. Aber wir waren ja auch nicht auf Immobilientour, um jetzt schon tatsächlich etwas zu kaufen. Wir wollten Eindrücke sammeln, Erfahrungen, Land und Leute kennenlernen, Preise vergleichen und herausfinden, was für Optionen wir hatten. Wir trösteten uns damit, dass es in der Nachbarschaft von Enesbo keine anderen Kinder gab, und dass die nächste Schule etwa 20 Kilometer entfernt gewesen wäre. Es wäre trotz aller Vorzüge also sowieso nicht für uns in Frage gekommen, denn andere Kinder sollte es schon in der Nähe geben, und auch Schule und Kindergarten sollten keine Tagesfahrten entfernt liegen. Trotzdem hatten wir nun die Gewissheit, dass es so etwas wie Bullerbü tatsächlich gab.

An unserem letzten Abend in Mäseboda legte sich wieder die schwere Melancholie über mich, die ich schon vom letzten Abschied von Schweden kannte. Gerade war ich angekommen, schon musste ich wieder loslassen. Noch einmal gingen wir Pilze sammeln und schwelgten sowohl im kulinarischen Genuss solch eines Selbstversorgeressens als auch in den Erinnerungen an all das Erlebte. Wir unterhielten uns noch lange und zogen unsere Schlüsse aus den Erlebnissen der vergangenen Tage. Wir beschlossen, dass wir alles langsam angehen würden. Wir wollten und konnten nichts überstürzen und uns nicht selber mit irgendwelchen waghalsigen Hauruckaktionen überrumpeln. Wir hatten eingesehen, dass wir erst die Sprache besser lernen müssten, um uns einen Neustart in Schweden nicht unnötig zu erschweren. Auch die Kinder sollten vorher zumindest einige Grundkenntnisse der schwedischen Sprache erlernen. Wir beschlossen außerdem, dass es das Beste sein würde, wenn wir uns erst einmal ein Ferienhaus in Schweden kauften. Dann hätten wir schon einmal einen Fuß in der Tür, einen Zufluchtsort, an den wir jeder Zeit entkommen konnten. Und bei einer eventuellen Auswanderung hätten wir ein vorläufiges Domizil, wenn wir unseren Hof in Högel verkaufen würden. Von dem Ferienhaus aus könnten wir dann beizeiten ein endgültiges neues Zuhause finden. Auf diese Weise würden wir uns Schweden langsam nähern können, ohne zu radikale Schritte gehen zu müssen. Soweit der Plan. Voller Wehmut und doch voll mit neuen Plänen machten wir uns nun wieder auf den Rückweg nach Deutschland - allerdings nicht, ohne vorher noch einige Kilo Steinpilze gesammelt zu haben, damit wir Zuhause noch ein Stück Schweden würden genießen können.

5

Oft noch dachte ich an Mäseboda, an die geruhsame Zeit, die Julian und ich dort verbracht hatten, an Sonakull, Safari und Ulrika – und an „Bullerbü". Unzählige Male sah ich mir noch die Immobilienanzeige im Internet an und überlegte, ob wir – trotz aller guten Vorsätze – nicht doch einen Weg finden konnten, Hals über Kopf nach Enesbo zu ziehen. Zu verlockend war die Aussicht, dort zu wohnen. Eine dichtergelegene Schule und Spielkameraden für unsere Kinder würden wir schon noch ausfindig machen. In diesen Tagen fiel mir ein Artikel über das sogenannte Bullerbü-Syndrom in die Hände, den ich natürlich begierig las. Dort hieß es, die meisten Deutschen litten an diesem Syndrom, dass auf einer falschen, idealisierten Vorstellung von Schweden beruhe, die oftmals geschürt würde durch die allzeit harmonischen Filme und Geschichten von Astrid Lindgren. Die stereotypen Klischees mit durchweg positiven verklärenden Assoziationen von roten Holzhäusern, grünen Wäldern, endlosen Seen, unberührter Natur, lieblichen Landschaften und majestätisch anmutenden Elchen seien ebenso naiv-romantisch wie die Vorstellung von immer zufriedenen, naturverbundenen Menschen, glücklichen Kindern, endlosen schwedischen Sommern und schnee-erfüllten idyllischen Wintern. Hier werde nur eine heile Welt suggeriert, die keinesfalls der Wirklichkeit entspreche. Außerdem sei die Liebe der Deutschen zu Schweden nicht auf die Begeisterung an Schweden an sich zurückzuführen, sondern auf den Verlust der scheinbar schwedischen Werte und der unberührten Natur im eigenen Land. Im Grunde handle es sich nur um eine Projektion der eigenen Wünsche und nicht um eine wirkliche Sehnsucht nach dem Land Schweden.

Nachdem ich kurz darüber nachgedacht hatte, kam ich zu dem entschiedenen Schluss, dass ich wohl ziemlich eindeutig am Bullerbü-Syndrom litt. Dies empfand ich aber keineswegs als problematisch. Ganz im Gegenteil, ich konnte alle genannten Punkte voll und ganz unterschreiben. Allerdings empfand ich sie nicht als bloße Klischees, Projektionen oder romantische Verblendung, denn ich hatte sie gesehen, die roten Holzhäuser, die unberührte Natur, die lieblichen Landschaften, die endlosen Wälder und die Seen. Und ja: Ich trauerte sehr über den Verlust beziehungsweise das Nicht-Vorhandensein all dieser erstrebenswerten Attribute und hatte eine unendliche Sehnsucht nach wenigstens Teilen einer heilen Welt. Natürlich war ich mir dessen voll bewusst, dass es auch in Schweden Schattenseiten geben musste, wie sollte es auch anders sein. Wo Licht ist, ist auch Schatten. Aber dort schien es die Möglichkeit zu geben, zumindest deutlich mehr von den uns wichtigen Dingen zu bekommen, mehr lang gehegte Wünsche und Träume zu verwirklichen, als wir es in Deutschland jemals könnten.

Während ich mir also selber das Bullerbü-Syndrom attestierte, fiel mir eine Begebenheit vom vergangenen Frühjahr ein: Ich hatte im April einen Internisten aufgesucht, um ihn zu meinen gesundheitlichen Problemen, insbesondere zu meiner chronischen Müdigkeit zu befragen. Nachdem er mich eingehend untersucht und eine Reihe von Nahrungsmittelunverträglichkeits-Tests an mir durchgeführt hatte, kam er zu dem Schluss, dass ich einfach ein bisschen überarbeitet sein musste. „Überlegen Sie doch mal, was sie alles leisten - die Kinder, ihr Selbstversorgerhof, der Garten, die Tiere, der Haushalt... Natürlich sind Sie manchmal müde!", versuchte er mich zu beruhigen. Aber damit wollte ich mich nicht zufriedengeben. Unwillig konterte ich, dass ich aber - bitteschön! - mit

Mitte Dreißig noch mehr Kraft und Energie haben wolle, um mich mit Elan und Freude um meine Kinder zu kümmern. Daraufhin lachte er fast ein wenig mitleidig und sagte: „Frau Haertl, Sie glauben wohl noch an Bullerbü, was?" Ohne lange zu überlegen antwortete ich aus tiefstem Herzen: „Ja, das tue ich!" Und so war es auch: Ich glaubte an Bullerbü!

6

Knapp drei Monate später, Ende November, waren wir wieder unterwegs gen Norden, wieder zu zweit, diesmal sogar ohne Hund. Meine Mutter hütete Haus, Hof, Hund und Kinder. Auf unserer Liste standen acht Ferienhäuser, die wir in drei Tagen besichtigen wollten. Bei einigen konnten wir Maklertermine vereinbaren, bei einigen würden wir leider nur von außen gucken können, aber bei einigen würden die Schlüssel sogar hinterlegt sein. Das war doch unglaublich - waren wohl alle Schweden so vertrauensselig? Diese netten Menschen legten uns – wildfremden Menschen, Deutschen noch dazu – einfach die Schlüssel vor die Haustüren, in vollem Vertrauen, dass wir dort keinen Blödsinn machen oder etwas mitgehen lassen würden. So etwas würde es doch in Deutschland nie geben.

Gleich zu Beginn unserer Reise erblickten wir am Nachmittag kurz vor der Ankunft am ersten Ferienhaus, das wir ansehen wollten, unseren allerersten Elch! Einen ganz kleinen, der fast direkt neben der Straße in einer jungen Baumschonung äste. Es störte ihn nicht im Geringsten, dass wir ein paar Mal mit dem Auto an ihm vorbeifuhren, um ihn eingehend zu betrachten. Was für ein Gefühl. Noch lange war ich ganz aufgeregt und irgendwie total ergriffen. Ob nur Touristen diese überschwänglichen Gefühlsausbrüche haben, wenn sie einem Elch begegnen? Und warum eigentlich? Was lösen diese schattenhaften Geschöpfe in uns aus, dass wir vollkommen die Fassung verlieren, wenn uns einer von ihnen begegnet? Möglicherweise haben wir das Gefühl, dass uns eine Begegnung mit einem Elch ein kleines bisschen mehr zu einem Schweden macht, zu einem Eingeweihten, der durch diese Sichtung einen besonderen Status der Naturverbundenheit erlangt. Was auch immer der Grund ist, irgendwie macht so ein Elch glücklich. Mich zumindest. Und so wurde es zu einem doppelten Glückstag, als wir abends im Dunkeln einen weiteren Elch sahen. Dieses Mal handelte es sich um ein ausgewachsenes Exemplar, das auf einer Wiese neben der Straße stand. Gespenstisch leuchteten seine Augen im Scheinwerferlicht unseres Autos.

Den ersten Abend und die Nacht verbrachten wir in Älmhult in einem winzigen Ferienhaus auf einem Campingplatz, auf dem wir uns für eine Nacht eingemietet hatten. Das Häuschen maß etwa vier mal vier Meter, verfügte aber doch über eine winzige Küche und ein Badezimmer mit Dusche. Wie uns der freundliche deutschsprechende Schwede an der Rezeption mitteilte, sei Älmhult quasi die IKEA-Hauptstadt Schwedens, denn, so erklärte er uns, sei hier 1958 das erste IKEA eröffnet worden. Sogar ein IKEA-Museum gäbe es hier, das wir uns unbedingt ansehen müssten. Wir zogen einen Besuch im Möbelhaus vor. Da wir quasi den ganzen Tag im Auto verbracht hatten, kam uns die Möglichkeit, uns dort die Beine zu vertreten, gerade recht, denn draußen war es ja schon stockdunkel. Während unseres Spazierganges durch die hellen IKEA-Ausstellungsräume setzten wir uns auf eines der vielen Ektorp-Sofas, und plötzlich bekam dieses Sofa eine ganz andere Bedeutung für mich. Anschließend kauften wir noch etwas zu essen ein und fuhren dann müde in unser Minihaus. Der Einfluss von IKEA war auch hier nicht zu übersehen: Jedes einzelne Teil der nagelneuen Einrichtung, von Besteck und Geschirr über Matratzen und Bettwäsche bis hin zu Sofa und Esstisch, entstammte unübersehbar dem Sortiment des Möbelgiganten.

Am nächsten Morgen ging die Reise früh weiter in Richtung der nächsten Immobilien. Aber wie am Vortag stellten sich die Ferienhäuser, laut Internet natürlich allesamt totale Volltreffer, wie gewohnt als keine besonderen Highlights dar. Entweder war die Lage total nichtssagend und langweilig, sie lagen direkt an einer Straße oder waren gar nicht erst auffindbar. Die meisten hatten weder Strom, noch fließend Wasser, verfügten weder über eine Dusche noch ein richtiges Klo. Alles Dinge, die wir schon gerne gehabt hätten. Als wir am zweiten Tag insgesamt nur noch drei Häuser vor uns hatten, machte sich leise Resignation und Mutlosigkeit bei uns breit. Sollte es etwa doch nicht so leicht sein, ein schnuckeliges Ferienhäuschen zu einem annehmbaren Preis zu finden? Waren unsere Ansprüche – wieder einmal – zu hoch, unser Budget vielleicht zu niedrig? Ein wenig missmutig machten wir uns zu unserem letzten Termin an diesem Tag auf Richtung Vetlanda im Jönköpings Län. Dort angekommen führte uns unser Navi auf einem der berühmten Sandwege mitten in einen riesigen Wald hinein. Meine Stimmung stieg, denn das verhieß eine gute Lage der Immobilie. Auch der Preis war unschlagbar günstig. Was wohl der Haken sein würde? Das Navi dirigierte uns etwa zwei Kilometer über Buckelpisten, durch Schlaglöcher, vorbei an Felsen, Böschungen und Abhängen. Ich war schon jetzt begeistert. Endlich verkündete es, wir hätten unser Ziel erreicht. Etwas verwundert stiegen wir aus, denn neben dem kleinen roten Holzhäuschen, das mitten auf einer großen Waldlichtung stand, gab es noch eine relativ große Scheune und ein weiteres Nebengebäude. Davon hatte doch nichts im Internet gestanden. Oder doch? Wir konnten uns nicht erinnern und hatten auch nur die jeweiligen Adressen, die Telefonnummern der Makler und einige Stichpunkte aufgeschrieben. Aber wir dachten uns nicht weiter etwas dabei. Wir waren etwa 90 Minuten vor dem verabredeten Termin mit dem Makler angekommen. So hatten wir es bei den anderen Immobilien auch gemacht. Denn so konnten wir schon vorher gucken, ob das Haus überhaupt für uns in Frage kam. Da dies bei den anderen Objekten durchweg nicht der Fall gewesen war, hatten wir die jeweiligen Makler vor dem Termin angerufen, um ihnen abzusagen. So ersparten wir ihnen unnötige Fahrten zu oftmals weit entfernten Objekten.

Bei diesem schnuckeligen Häuschen sehnten wir die Ankunft des Maklers allerdings sehnlichst herbei. Wir liefen auf der Lichtung herum, sahen durch die Fenster, lugten in das Nebengebäude und die Scheune - und waren sehr angetan. Da wir noch so viel Zeit hatten, beschlossen wir, einen kleinen Spaziergang zu machen und uns den Wald etwas genauer anzusehen. Schon der erste Weg, in den wir einbogen, führte offensichtlich zu einem Haus. Vorsichtig näherten wir uns, denn trotz Jedermanns-Recht wollten wir ja niemanden belästigen. Bei näherem Hinsehen entpuppte sich dieses Haus jedoch als verlassen. Die Haustür stand offen, und die Fenster waren eingeworfen. Ein richtiges Geisterhaus! Gerne wären wir hineingegangen, aber das trauten wir uns dann doch nicht. Also drehten wir um und gingen einen der anderen vielen Wege. Obwohl die Natur im November bekanntlich am unattraktivsten ist, zeigte sich Schweden trotzdem von seiner schönsten Seite: Vom abendroten Himmel fiel die tiefstehende Sonne durch die immergrünen Tannen und erleuchtete das ebenfalls ewiggrüne Moos, das überall den Waldboden, die Steine und Baumstümpfe bedeckte. Die Farbe Grün fehlte mir in Nordfriesland immer von November bis mindestens Ende März oder Anfang April, weil ohne sie die düsteren Wintermonate noch grauer und trister waren. Hier war tiefes und saftiges Grün offensichtlich allzeit vertreten. Das machte doch jeden Winter viel erträglicher, dachte ich. Da langsam die Dämmerung einbrach und unser Maklertermin näher rückte, gingen wir zurück zum vermeintlichen Treffpunkt. Es wurde 16 Uhr und immer dunkler, aber der Makler tauchte nicht auf. Schließlich riefen wir ihn an. Er war sehr erstaunt und wartete seinerseits in seinem Büro in Vetlanda auf uns. Offensichtlich hatten wir uns missverstanden, was den Treffpunkt anging.

Die weitere Wartezeit zu vertreiben, fiel uns nicht schwer: Wir nahmen einige Maße - die Fenster müssten teilweise erneuert werden - und genossen weiterhin die friedliche Abendstimmung auf der spätherbstlichen Lichtung. Ich streifte herum und fand sogar einen Haufen Elch-Losung. Dieser Haufen Kot ließ mein Herz höherschlagen, verriet er doch, dass an diesem Ort die Welt soweit in Ordnung war, dass es Elche hierherzog. Auch Spuren von Wildschweinen fanden wir. Ich war so angetan, dass ich gleich überlegte, ob wir nicht ganz hierherziehen sollten, nicht nur als Übergangslösung. Die Lichtung schien groß genug zu sein für die Pferde, eine Scheune gab es auch, die Umgebung war traumhaft zum Reiten und Spazierengehen. Julian aber schüttelte den Kopf, er wollte Wasser vor der Haustür haben, einen Fluss oder einen See. Ein Haus ohne Wasser kam für ihn nicht in Frage. Endlich kam der Makler, und schon aus dem Auto rief er uns über die Lichtung zu: „This is not the house!" Wir sahen uns verdattert an.

Das sollte nicht das richtige Haus sein? Wie konnte das sein? Das Navi hatte uns doch hierhergeführt, und es hatte sich doch noch (fast) nie geirrt. Außerdem waren wir doch sämtliche Wege im nahen Umkreis abgegangen. Wo sollte denn hier noch ein anderes Haus stehen? Der Makler lud uns mit einer Handbewegung ein, in sein Auto zu steigen, um uns zu dem richtigen Haus zu bringen. Zielsicher steuerte er kurz darauf in einen der schmalen Waldwege, die wir kurz zuvor gegangen waren, und die definitiv nicht zu einem Ferienhaus führten. Als er seinen Irrtum bemerkte, versuchte er, seinen schicken Saab rückwärts wieder aus dem Weg heraus zu manövrieren. Dies schien ihn vor einige Schwierigkeiten zu stellen, denn mehrmals rutschte er beinahe links die schlammige Böschung hinunter oder drohte rechts gegen einen der großen Steine zu fahren, die den Weg begrenzten. Geländefahrten dieser Art schienen nicht zu seinem Spezialgebiet zu gehören. Auf Englisch gaben wir ihm nach besten Kräften Rangierhilfe und schafften es endlich gemeinsam, wieder festen Boden unter die Reifen zu bringen.

Inzwischen war es fast dunkel. Und unsere Hoffnung schwand, das Haus noch halbwegs bei Tageslicht zu sehen zu bekommen. Kurz darauf, nur wenige hundert Meter von der anderen Hütte entfernt, jedoch vollkommen versteckt auf einer viel kleineren Lichtung am Ende eines winzig schmalen Weges, den wir uns vorhin nicht getraut hatten, mit dem Auto zu befahren, erreichten wir endlich das richtige Häuschen. Nun erkannten wir es auch wieder. Den Schuppen und das Nebengebäude mit den drei senfgelben Türen hatten wir im Internet schon gesehen. Dort waren Plumpsklo, Gartenmöbel, Rasenmäher und Werkzeug untergebracht, erklärte der Makler. Das Ferienhäuschen an sich stand etwas traurig und verloren da in der aufkommenden Dunkelheit. Das erkerartige Vordach war abgestürzt und lag gestrandet neben der Haustür, die morschen hölzernen Gartenmöbel standen mit abblätternder Farbe auf der ungepflegten von Grünspan überzogenen Holzterrasse daneben. Ein altes Fahrrad lehnte hinterm Haus an der Wand, als hätte sein Besitzer es nur kurz dort abgestellt und würde jeden Moment um die Ecke kommen. Am Ende des Grundstückes, das etwa 1400 Quadratmeter groß war, zeichneten sich die Umrisse eines alten verfallenen Holzschuppens gegen die dunklen Silhouetten der Tannen ab. Viel mehr konnten wir im Dunkeln nicht erkennen. Als würde er jeden Tag nichts anderes tun, holte der Makler nun zwei riesige batteriebetriebene Flutscheinwerfer aus seinem Kofferraum und ließ die Lichtung kurz darauf in hellem Licht erstrahlen. Dann schloss er die Haustür auf und bat Julian und mich herein. Im Haus war es eiskalt und natürlich stockdunkel. Elektrisches Licht gab es nicht. Mit dem Makler aber kamen auch seine Scheinwerfer ins Haus. Hier war offensichtlich lange niemand mehr gewesen. Niemand außer Heerscharen von Mäusen, wie deren Hinterlassenschaften überall eindrucksvoll bewiesen. Auf dem weißen Holzboden, auf dem Esstisch, dem Sofa, ja sogar in den Regalen sahen wir überall unzählige kleine schwarze Ködel. Erstaunlicherweise beeindruckte uns die Tatsache, dass hier offensichtlich wahre Mäuseorgien gefeiert worden waren, kein bisschen. Wir waren sofort verliebt in dieses kleine Hexenhäuschen. Fast erwarteten wir, dass wir Schneewittchen oben im Bett liegend finden würden. Sogar Julian sagte entzückt: „Ach, ist das süß!" Die winzige taubenblaue Küche aus Holz präsentierte uns neben zwei alten, kleinen weißen Beistelltischen und einem Büffetschrank aus Kiefernholz unsere lang ersehnte Küchenhexe, einen alten schwedischen Holzofen, mit dem man sowohl kochen und backen konnte, als auch nebenbei heizen. Auch die tote Maus im Waschbecken hielt uns nicht davon ab, begeistert und mit Hilfe der Flutscheinwerfer in alle Ecken zu spähen. Über der Esse der Kochnische auf einem Bord standen cremefarbene Krüge, Töpfe und eine alte Küchenwaage aus Emaille. Fröhliche blau-weißkarierte Vorhänge hingen am Küchenfenster, und ließen trotz der dunklen Winterkälte Fantasien vom Sommer wach werden. Im Wohnzimmer sahen wir ein altes braunbeige-gestreiftes Sofa mit dazu gehörigem Sessel, zwei weiße Holzregale, einen kleinen Couchtisch, unter dem sich zahlreiche Magazine stapelten, und einen großen schwarzen Kaminofen, der oben eine Platte aufwies, damit man auch auf ihm kochen konnte. Daneben befand sich die Essecke bestehend aus kiefernfarbigem Tisch, vier weißen Stühlen mit weiß-blauen Kissen, einer alten schwedischen Küchenbank mit blauem Polster und einem weiteren Büffetschrank, beides ebenfalls aus Kiefernholz. Sämtliche Wände waren weiß verputzt oder mit weißem Profilholz verkleidet, was dem Häuschen trotz der Dunkelheit, eine freundliche Atmosphäre verlieh. Trotz der Tatsache, dass jede Ecke vollgestopft war mit irgendeinem Nippes, trotz des Mäusedrecks und der chaotischen Verlassenheit dieser Hütte, spürte man sofort die potenzielle Gemütlichkeit, die sich hier mit ein bisschen Zeit und Liebe entfalten lassen würde. Zu dritt, mit den Lampen bewaffnet, stiegen wir die schmale Raumspartreppe ins Obergeschoss empor. Oben links am Abschluss der Treppe, begrenzte ein ebenfalls in taubenblau gestrichenes Holzgeländer die Ebene. Geradeaus stand ein Bett in einer gemütlichen Nische, die sich mit einem weißen halbtransparenten Vorhang zuziehen ließ. Schneewittchen fanden wir hier nicht, dafür aber wieder tausende von Mauseködeln. Neben dem Bett stand ein kleiner weißer Tisch mit einem mehrarmigen Kerzenständer. Auch hier hatten die Mäuse, ebenso wie unten, sämtliche Kerzen-dochte abgefressen, das Wachs überall verteilt, Kissen und Bettdecken angefressen und ihre Hinterlassenschaften verstreut. Die dicken, uralten halbierten und weißgestri-chenen Blockbohlenwände ließen mein Herz höherschla-gen, ebenso wie der alte, von Spuren des Lebens gekenn-zeichnete dunkle Holzfußboden. Im hinteren Teil, der sich nach links anschloss, befand sich das Elternschlafzimmer. Um das große Doppelbett aus schwarzem Metall scharte sich eine Vielzahl von im Grunde nicht zusammenpas-senden Nachtschränkchen, Kommoden und anderen Ge-genständen, die wir in der aufsteigenden Aufregung und aufgrund der Vielzahl an Eindrücken gar nicht alle richtig wahrnehmen konnten. Jeder andere wäre wohl angesichts des offensichtlichen Chaos und der Tatsache, dass hier die Mäuse nachts regelmäßig buchstäblich auf den Tischen tanzten, schreiend davongelaufen. Umso erstaunter blick-te mich der Makler an, als ich ihm, wieder draußen vor der Hütte angekommen, sagte, dass es uns gefallen wür-de. „Really?!" fragte er und war augenscheinlich ver-blüfft. Damit hatte er wohl nicht gerechnet, dass er jemals jemanden finden würde, der diese Bude kaufen würde. Auf der Rückfahrt sagten wir schon, dass wir großes Inte-resse hätten und fragten, wie sich der Kauf für uns aus Deutschland würde am besten abwickeln lassen. Der Makler erklärte, dass wir alles problemlos über Post und Internet regeln könnten.

Nachdem wir wieder alleine neben unserem Auto auf der anderen Waldlichtung standen, sprudelten die Worte nur so aus uns heraus. Wir waren total aufgeregt ob der Aus-sicht, doch noch ein Ferienhaus gefunden zu haben. Trotz aller Widrigkeiten hatte der Charme dieser Immobilie unsere Herzen im Sturm erobert. Nicht einmal das Fehlen von Strom und Wasser oder einem Badezimmer waren mehr von Bedeutung. Außerdem wollten wir uns ausschütten vor Lachen über die Verwechselung der Hütten, darüber dass wir zwei Stunden lang das falsche Häuschen favorisiert, ja sogar die Maße der Fenster genommen hatten. Zum Glück war der Besitzer nicht vorbeigekommen, als die seltsamen Deutschen gerade mit Zollstock, Stift und Zettel dabei waren, sein Haus zu vermessen.

Auf dem Weg in unsere nächste Bleibe für diese Nacht in Blekinge geschah etwas, wovon wir schon so oft gehört und gelesen hatten: Plötzlich tauchte vor uns auf der einsamen, stockdunklen Straße ein riesiger Schatten auf. Bevor ich überhaupt realisieren konnte, woher der Schatten rührte, hörte ich mich nur schreien: „Elch!" Julian ging in die Eisen, und der kapitale Elchbulle kreuzte dicht vor unserem Auto die Straße. Um ein Haar verfehlten wir seinen mächtigen Körper und entgingen so nur knapp einer Kollision. Was für ein Schreck! Kurz nachdem ich meine Sprache wiedergefunden hatte, begann ich - leicht hysterisch - zu lachen. „Wow! Drei Elche an zwei Tagen ist aber eine gute Leistung, oder?!", fragte ich. Julian sagte: „Allerdings. Ich dachte eben nur: Was macht das Pferd auf der Straße?!" - An ein Pferd hatte ich nicht gedacht. Obwohl ich ja nun wirklich keine Erfahrungen mit Elchen hatte, war für mich irgendwie sofort klar gewesen, dass es sich um einen dieser Giganten gehandelt hatte. Wir hatten wirklich Glück gehabt, das hätte auch anders ausgehen können. Immer noch mit Herzklopfen fuhren wir weiter Richtung Süden. Ich deutete diese dritte Begegnung mit einem Elch als sicheres Zeichen dafür, dass die kleine Hütte in Vetlanda sicher unser Ferienhaus werden sollte.

Unsere nächste Unterkunft lag in der Nähe vom Longasjönas, also dort, wo wir vor etwa vier Monaten unseren ersten kurzen Sommerurlaub verbracht hatten, dort, wo ich mich in Schweden verliebt hatte. Darum war es eine Selbstverständlichkeit, dass wir am nächsten Morgen als erstes zu „unserer" Ruine fuhren. In der Nacht hatte es gefroren, und alles lag unter einer pudrigen weißen Frostschicht. Selbst in der kalten Winterstimmung war der Zauber dieses Ortes ungebrochen. Sofort riss der kleine wildgurgelnde Mühlbach wieder mein Herz mit sich und zog mich ganz in seinen Bann. Meine Gefühle wurden übermächtig als ich taumelnd neben der Ruine stand und in den rauschenden Strom des Flusses sah. Sollte ich je wieder Zweifel daran bekommen, ob wir nach Schweden gehen sollten, müsste ich nur an diesen Ort denken. Als kleines Mahnmal nahm ich einen kleinen im gefrorenen Gras liegenden Granitstein, der von der Ruine abgesplittert war, und steckte ihn in meine Tasche.

Obwohl wir unser Ferienhaus ja eigentlich schon gefunden hatten, wollten wir uns die zwei verbliebenen Objekte auf unserer Liste auch noch ansehen. Man konnte ja nie wissen. Außerdem liebten wir es, durch Schweden zu fahren und einfach durch die Autofenster die Landschaften an uns vorbeiziehen zu lassen und deren Anblick zu genießen. Ganz in der Manier echter Roadtrips genossen wir unsere temporäre Freiheit und das Gefühl, alles einfach auf uns zukommen zu lassen. Unsere Köpfe wurden frei, und unsere Herzen wurden erfüllt von all den Wäldern, Felswänden und spiegelglatten Seen, die draußen vorbeizogen. Nur der Moment zählte.

Um die nächste Immobilie am Pukaberg überhaupt zu finden, brauchten wir sicherlich zwei Stunden. Unser Navi kam offensichtlich an seine Grenzen oder war noch beleidigt, weil es uns gestern zum falschen Ziel geführt hatte. Wir sprachen mit netten Einheimischen, zogen Google Maps am Handy zu Hilfe und fuhren kreuz und quer in der näheren Umgebung herum. Diese Verzögerung störte uns nicht im Geringsten. Einen Maklertermin hatten wir ohnehin nicht, und das Wetter war ebenso traumhaft wie die Natur in dieser Gegend. Wir genossen, was wir zu sehen bekamen. Als wir das Haus endlich doch noch fanden, kamen wir jäh in ziemliche Konflikte, denn auch diese Immobilie war wirklich bezaubernd. Auf einem kleinen sonnigen Hügel lag sie an einem netten Sandweg, der nach ein paar hundert Metern zu einem See führte. In dem kleinen Gärtchen standen sogar einige Obstbäume. Und auch von innen schien es sehr gemütlich zu sein, soweit wir das durch die Fenster spähend beurteilen konnten. Sogar Strom und Abwasser gab es, zumindest teilweise. Auch hier war in einem Extragebäude ein Plumpsklo untergebracht. Zwei Nachteile gab es allerdings: Es gab einige recht dicht stehende Nachbarhäuser. Und der Kaufpreis war beinahe doppelt so hoch wie der unserer Waldhütte. Hin und her überlegten wir während wir zu unserer letzten Immobilie fuhren. Einsamkeit gegen die Nähe zum See, niedriger Preis gegen mehr Komfort.

Das letzte Haus hakten wir schnell ab, es lag zwar ebenfalls schön im Wald, hatte aber weder Strom noch Wasser, weder Klo noch Dusche. Der gewünschte Preis war im Verhältnis dazu viel zu hoch angesetzt. Trotzdem fiel uns die Abfahrt schwer, denn sie bedeutete: Rückweg nach Deutschland. Etwas leichter war es dieses Mal trotzdem, denn wir wussten ja, wir würden bald wiederkommen. Immer klarer wurde es uns, dass wir schon im kommenden Jahr auswandern würden, ob wir nun der Sprache mächtig waren, oder nicht. Zu sehr zog es uns nach Schweden, als dass wir noch Jahre würden verstreichen lassen können, bis der Zeitpunkt für eine Auswanderung irgendwann vielleicht perfekt zu sein schien. Genauso wie fürs Kinderkriegen, gab es offensichtlich auch keinen perfekten Zeitpunkt, um auszuwandern, so viel stand fest. Irgendetwas würde immer unpassend erscheinen.

Die gesamte lange Heimfahrt und die kommenden zwei Tage noch überlegten wir hin und her, welches der beiden Häuser wir kaufen sollten. Der Verstand sagte Pukaberg, denn das würde man sicher aufgrund der Nähe zum See später besser vermieten können. Trotzdem siegten Herz und Geldbeutel, und so riefen wir den Makler aus Vetlanda an und sagten fest zu, das Knusperhäuschen im Wald zu kaufen. Ich weinte vor Glück.

7

Gefühlt dauerte es ewig, aber im Grunde ging alles ganz schnell und unkompliziert: Nach nur zwei Wochen hatten wir bereits das Geld für unser Ferienhaus überwiesen! Ganz ohne für die Formalitäten noch einmal nach Schweden fahren zu müssen und ganz ohne Notar. Für uns war das eine ganz neue Erfahrung, denn von Deutschland waren wir anderes gewöhnt. Sobald das Geld beim Makler eingegangen war, gehörte uns ein Stück Schweden! Mehrere Emails und Briefe mit Verträgen und Unterlagen wurden vom Makler zu uns und zu der Verkäuferin geschickt, unterschrieben und wieder zurückgesendet. Der Makler schrieb, er werde noch einmal mit der Verkäuferin zur Hütte fahren, weil diese ihre persönlichen Gegenstände holen wolle. Danach würde die Hütte dort stehen und auf uns warten. Noch wussten wir nicht, wann wir zur Schlüsselübergabe hinfahren würden. Ich träumte davon, Weihnachten in unserer Holzhütte im romantisch verschneiten Wald zu verbringen. Natürlich war mir selber klar, dass das nur eine Illusion war, denn viel Arbeit wartete auf uns, bevor wir dort auch nur halbwegs gemütlich sitzen, geschweige denn schlafen können würden. Gegen Weihnachten in Schweden sprach außerdem die Tatsache, dass es voraussichtlich unser letztes Weihnachten in Deutschland sein würde. Das sollten wir vielleicht doch in diesem Bewusstsein in unserem Haus verbringen. Außerdem waren unsere Reisepässe noch nicht fertig. Julian und ich könnten natürlich auch nur mit unseren Personalausweisen über die Grenze fahren, aber die Kinder sollten bei der nächsten Überfahrt zur Sicherheit ihre Reisepässe haben. Wahrscheinlich ginge es auch ohne, aber wir wollten unser Glück nicht noch einmal herausfordern. Immerhin waren wir schon im Sommer mit ihnen ohne irgendeine Form von Dokument einfach losgereist, denn darüber hatten wir uns überhaupt keine Gedanken gemacht. Das war typisch für uns: Für den Hund hatten wir vorher alle nötigen Papiere vom Tierarzt besorgt. Sogar chippen lassen hatten wir Luzie. Aber dass die Kinder auch Ausweise brauchen könnten, das war uns nicht eine Sekunde in den Sinn gekommen. Schließlich waren wir doch innerhalb der EU gereist, da brauchten die Kinder doch keine Pässe, so hatten wir gedacht. Unwissenheit schützt vor Schaden nicht, aber dem waren wir im Sommer zum Glück entgangen, denn weder der Hund noch die Kinder hatten sich damals an der dänischen oder schwedischen Grenze ausweisen müssen. Das Vorzeigen unserer Personalausweise und ein freundliches Lächeln hatten den netten Kontrolleuren als Einreisegenehmigung ausgereicht.

Zwar waren die heiß ersehnten Reisepässe schnell und noch kurz vor Weihnachten fertig, und es konnte theoretisch losgehen. Wir beschlossen allerdings in Anbetracht der nahenden Feiertage, erst Anfang Januar nach Schweden zu fahren, um die Schlüssel abzuholen, alles davor wäre unnötiger Stress. Ein letztes Mal würden wir Weihnachten in unserem Haus in Högel verbringen. Ein seltsames Gefühl. Melancholie wollte sich breitmachen. Vielleicht hoffte ich auch deshalb, dass Weihnachten und Silvester schnell vorübergehen würden, denn ich wollte nicht wieder in meinen Gefühlen verloren gehen. In erster Linie aber wollte ich nach Schweden fahren. In unser eigenes Haus. Andererseits freute ich mich auch auf Weihnachten. Und auf Silvester, denn fast unsere komplette Familie hatte sich angekündigt, um gemeinsam den Jahreswechsel bei uns zu feiern. Das würden wertvolle Tage werden. Und vor allem würde es wohl das letzte Mal sein. Zwar wussten wir noch immer nicht genau, wann wir nun konkret auswandern würden, aber der Zeitpunkt war doch wieder näher gerückt, als wir uns eigentlich vorgenommen hatten. Immer häufiger datierten wir unseren geplanten Aufbruch auf den kommenden Sommer. Wir wollten unsere Zeit nicht sinnlos in einer Warteschleife in Deutschland verbringen, obwohl wir doch wussten, dass wir hier nicht mehr bleiben wollten. Sprachkenntnisse hin oder her, wir mussten Nägel mit Köpfen machen, nichts überstürzen, aber doch die ersten Schritte für unseren Weg ins neue Leben einleiten.

Silvester war unser Haus voller Gäste. Es herrschte ein wildes Getümmel - auch in meinem Kopf. Es war ein komisches Gefühl zu wissen, dass wir das letzte Mal Weihnachten hier gefeiert hatten. Und ebenso seltsam fühlte es sich an, dass wir nun auch den Jahreswechsel zum letzten Mal hier feiern würden. Mit der Familie, mit den Nachbarn. Wir gingen Rummelpott laufen wie all die Jahre zuvor. Sonst war ich oft ein bisschen genervt von dieser nordfriesischen Tradition gewesen, obwohl sie sich doch jedes Mal aufs Neue als wirklich spaßig herausgestellt hatte. Doch dieses Mal versuchte ich dieses Ereignis und die damit verbundene gemeinschaftliche, fröhliche Atmosphäre in allen Einzelheiten und die vertrauten Gesichter der Freunde und Nachbarn aufzusaugen, um sie für immer in mir zu speichern. Das Warten, bis sich alle versammelt hatten mit ihren lustigen Kostümen, das Böllern der Kinder während wir von Haus zu Haus gingen, das gemeinsame Aufsagen der Rummelpott-Gedichte an jeder einzelnen Haustür, die kleinen Gespräche zwischendurch, einfach die gesamte Stimmung, die so typisch war für dieses gemeinsame Ritual am Silvesterabend, hatten dieses Mal eine ganz besondere Bedeutung. Irgendwie war es für mich ein symbolischer Abschied vom alten Leben und von unserem Leben in Nordfriesland.

Als das obligatorische traditionelle Raclette-Essen und das anschließende gemeinsame Kartenspiel beendet waren, verabschiedeten wir uns vom alten Jahr. Wir ließen zum letzten Mal die Raketen über unserem Gemüsegarten in den Himmel steigen, hinauf ins Ungewisse, wo sie ihren bunten Lichterglanz in der Nacht versprühten und von einem Neuanfang kündeten. Ich begrüßte das neue Jahr voller kribbelnder Vorfreude, aber auch voller Unsicherheit. Wie würde es wohl in einem Jahr sein? Wo würden wir dann Silvester feiern? Würden wir schon neue Freunde gefunden haben? Oder würde es ein Silvester zu viert werden? Und die wichtigste Frage: Würden wir dort glücklich sein?

8

Schon zwei Tage nach Neujahr packten wir das Nötigste zusammen und starteten das Auto Richtung Vetlanda. Dieses Mal kamen die Kinder natürlich wieder mit, und wir waren sehr gespannt, was sie wohl zu unserer Wahl sagen würden? Das Auto platzte aus allen Nähten. Selbst für zwei Übernachtungen - länger konnten wir Haus und Hof unbeheizt nicht alleine lassen - mussten wir unendlich viel einpacken: Bettwäsche, Taschenlampen, Wasser- und Essensvorräte und viele dicke Klamotten. Sogar Geschirr, Besteck, Pfannen, Schüsseln und Töpfe hatten wir eingepackt, denn wir wussten ja nicht, was im Haus alles vorhanden war. Im Kofferraum saß Luzie und nahm die Hälfte des Stauraumes in Anspruch. Glücklicherweise hatten wir kurz vorher noch einen geschlossenen Dachgepäckträger günstig erstanden, sonst hätten wir wirklich ein Problem gehabt. Voll beladen näherten wir uns also unserem Stückchen Schweden. Wir waren alle aufgeregt und voller Vorfreude. Das erste Mal würden wir nun unser Häuschen ohne Makler in aller Ruhe unter die Lupe nehmen können. Was würden wir wohl noch alles entdecken? Gutes wie Schlechtes konnte noch ans Tageslicht kommen, denn beim letzten Besuch war es ja immerhin schon dunkel gewesen. Der erste Eindruck hatte ausgereicht, um alles andere in Kauf zu nehmen, komme, was da wolle. In den Ecken und Schränken steckten sicherlich noch jede Menge Überraschungen.

Als wir am späten Nachmittag den Schlüssel beim Makler in seinem Büro in Vetlanda abholten, dämmerte es bereits. Ohnehin war es eigentlich den gesamten Tag nicht richtig hell geworden. Gleichmäßige triste Wolkenbänder ließen ab und zu Regen auf uns prasseln. Die Welt sah grau und unerfreulich aus. Ich bekam ein bisschen Angst, ob die Lichtunterschiede zwischen Nordfriesland und Småland vielleicht doch gravierender ausfallen könnten, als wir berechnet hatten. Sämtliche Zeitvergleiche von Sonnenaufgang und Sonnenuntergang, die wir im Internet vorgenommen hatten, und auch unsere Beobachtungen im November hatten uns eigentlich zu dem Schluss kommen lassen, dass es keine großen Unterschiede in Bezug auf die Helligkeit in Schweden geben dürfte. Heute schien sich diese Hoffnung jedenfalls nicht zu bewahrheiten, denn bereits um halb drei Uhr nachmittags schien die Dämmerung einzusetzten. Vielleicht lag es auch am Wetter, und richtig dunkel wurde es auch erst gegen vier oder halb fünf. Als wir jedenfalls endlich den langersehnten Schlüssel für unser Häuschen in den Händen hielten, hellte sich unsere Stimmung merklich auf. Der Schlüssel steckte in einem Briefumschlag auf dem „Nadine & Julian" stand. Nicht unser Nachname oder ähnliches, nein, unsere Vornamen. Das erschien uns fast wie ein kleiner Willkommensgruß. Es war nett und persönlich. Wir waren nicht nur irgendwelche anonymen Deutschen, sondern wurden als neue schwedische Ferienhausbesitzer offensichtlich freudig akzeptiert. Jedenfalls fühlte es sich so an.

Bei der Hütte angekommen sprangen wir alle aus dem Auto und liefen wie aufgescheuchte Hühner hin und her. Luzie und die Kinder flippten völlig aus, teils vor Begeisterung über das Haus, Wald und Lichtung, teils vor Erleichterung, dass die etwa neunstündige Autofahrt endlich vorüber war. Wir luden Auto und Dachgepäckträger aus und schleppten alles hinein. Drinnen war es natürlich eiskalt. Draußen waren etwa zwei Grad, und dementsprechend war es auch in der Hütte nicht wärmer. Wir machten schnell die Öfen in der Küche und im Wohnzimmer an sowie sämtliche Kerzen, die wir auf die Schnelle fanden, und Julian fing an zu kochen. Ich stürzte mich in einen Rausch aus provisorischem Putzen, Aus-, Auf- und Umräumen, in Schränke, Kisten und Kartons gucken und bemühte mich gleichzeitig, die Kinder halbwegs in Schach zu halten. In erster Linie war ich aber bestrebt, die Massen an Mäuseködeln vor allem von den Sitzmöbeln, Tischen und Betten zu bekommen – und das ohne fließendes Wasser, bei Kerzenschein und ohne Strom. Dabei wurde mir selbst in der Kälte recht schnell warm. Es war schon eine Herausforderung, in den dunklen vollgerumpelten Nischen Betten ab- und wieder neu zu beziehen. Nur mit Taschenlampe und Besen bewaffnet kämpfte ich gegen Mäusedreck, Spinnenweben, Staub und andere Dinge, die zwischenzeitlich durchaus leichte Ekelgefühle und Zweifel in mir weckten, wie wir hier überhaupt heute Nacht schlafen sollten. Irgendwann aber hatte ich alles zumindest so weit unter Kontrolle, dass wir alle erschöpft in die Betten fallen konnten.

Innerhalb von zwei Stunden hatten die Öfen die Hütte von fast null auf 20 bis 30 Grad im Untergeschoss aufgeheizt. Eine reife Leistung. Damit hatte ich nicht gerechnet. Aber es war eben doch etwas anderes, knapp 200 Quadratmeter Resthof mit einem wasserführenden Kaminofen oder 50 Quadratmeter Holzhaus mit einem Dauerbrandofen zu heizen. In diesem Moment stellte sich weniger Wohnraum als so viel energiesparender heraus. Trotz der Wärme, vor allem im Wohnzimmer, war es oben noch recht kühl, als wir unter die Bettdecken in die eiskalten fremden Betten krochen. Mia lag zwischen Julian und mir im Doppelbett, Noah hatte das kleine Bett in der gemütlichen Nische bekommen. Um uns herum brannten einige Kerzen und warfen einen heimeligen Schein an die weißen Holzbohlenwände und die schrägen Decken, unten hörte man das Knacken des Feuers im Kamin. Alle schliefen schnell ein. Nur ich nicht.

Ich war vollkommen überdreht vom ganzen Autofahren, Aufräumen und Putzen, von der fremden Umgebung und der absoluten Stille, die uns hier umgab. Keine Windräder, kein Elektrosmog zehrten an unseren Nerven. Trotzdem war die Stille so laut und ungewohnt, dass die Gedanken in meinem Kopf scheinbar die doppelte Lautstärke erreichten und mich vom Einschlafen abhielten. Außerdem lag ich in Habacht-Stellung, weil ich darauf wartete, dass die Mäuse kommen würden. Ich hatte zwar keine Angst vor Mäusen, erwartete aber wahre Heerscharen, die sicher keine Rücksicht auf unsere Anwesenheit nehmen und wie gewohnt in die Betten springen würden. Darauf hatte ich nun doch keine Lust. Aber wider Erwarten blieb der Überfall der Nager aus. Nicht einmal ein leises Rascheln oder Piepsen war zu hören. Was mich noch vom Einschlafen abhielt war der plötzlich in mir aufkeimende Gedanke, dass die Öfen und der Schornstein vielleicht nicht in Ordnung waren, und wir alle - ohne es zu bemerken - an einer CO_2-Vergiftung hinweggerafft werden könnten. Ich sah schon die Schlagzeilen vor Augen: „Deutsche Familie in schwedischem Ferienhaus ums Leben gekommen", und der Untertitel: „Der stille Tod kam nachts". Immer aufgeregter wurde ich, so dass ich gegen halb vier Uhr nachts pinkeln musste. Eigentlich musste ich schon vorher, aber ich hatte immer noch versucht, den Drang zu unterdrücken, denn ich konnte mir wirklich Schöneres vorstellen, als nachts draußen auf der Waldlichtung im Stockdunkeln durch die Eiseskälte zum Plumpsklo zu wandern. Irgendwann aber machte ich mich dann doch auf den Weg, denn einschlafen würde ich so bestimmt gar nicht mehr.

In Erwartung frostiger Kälte an meinem Allerwertesten traute ich mich kaum, mich auf das düstere Loch des Plumpsklos zu setzten. Umso überraschter war ich, wie warm die Klobrille aus hellblauem Styropor dann doch war. Und so wurde der nächtliche Besuch dieses ganz besonders stillen Örtchens in dunkler Waldesnacht zu einer durchaus faszinierenden Erfahrung. Im Licht der Taschenlampe lächelte mich der schwedische König Carl

Gustaf von einer gerahmten Fotografie an der Wand des Klohäuschens an. Offensichtlich freute er sich über den nächtlichen Besuch.

Als ich am nächsten Morgen trotz der nächtlichen Odyssee relativ früh erwachte - offensichtlich war ich nicht an einer CO2-Vergiftung zu Grunde gegangen - hatte es tatsächlich geschneit. Trotz Kopfschmerzen und einem regelrechten Kater von der halbdurchwachten Nacht schälte ich mich selig aus dem Bett und sah glücklich den leise vom Himmel rieselnden Schneeflocken zu, wie sie sich still an die einfachverglasten Fensterscheiben schmiegten und alles mit einer lieblichen Puderzuckerschicht überzogen. In Deutschland hatten wir seit Jahren keinen richtigen Winter mit Schnee mehr erlebt, und kaum waren wir eine Nacht in Schweden, bekamen wir romantischen Winterzauber beschert. Die Kinder waren begeistert und stürzten sofort hinaus in die klare Luft, um im Schnee zu spielen. Sogar einen alten schwedischen Schlitten, bei dem man sich auf die Kufen stellt und mit dem Fuß Schwung gibt, fanden sie außen am Schuppen. Damit schlitterten sie stundenlang den Weg, der sanft vom Haus weg abfiel, rauf und runter. Trotz Winterzauber machte ich mich nach dem Frühstück freudig ans weitere Sortieren von all den Habseligkeiten, die die Vorbesitzer hier angesammelt hatten. Und das war nicht gerade wenig. Immer wieder schüttelte ich lachend den Kopf und stellte mir die Frage, wozu um Himmels Willen man sich eine Hütte ohne Strom und Wasser, ohne Badezimmer und ohne jegliche Form von Luxus anschaffte, um diese dann mit kistenfüllenden Mengen von Tupperware, Bergen von Tellern, Bechern, Gläsern und Bestecken, Stapeln von Kissen, Sitzauflagen und sonstigen Textilien vollzustopfen. Minimalismus schien ein Begriff zu sein, der hier noch nie Erwähnung gefunden hatte. Vor allem die Massen an wirklich ganz offensichtlich unnützen Dingen brachten mich immer wieder zum Staunen: Sachen wie verstaubte Kunststoffblumen, unzählige Vasen diverser Farben und Formen und Tonnen von weiterem unbrauchbaren Nippes konnte ich eigentlich nur noch wegschmeißen, weil sie entweder von den Mäusen misshandelt worden oder derartig hässlich waren, dass nicht einmal eine eingefleischte ressourcenschonende Flohmarktverkäuferin wie ich sie für aufbewahrenswert hielt. Ein Müllsack nach dem anderen füllte sich. Analog dazu wuchs auch der Stapel mit Flohmarktartikeln stetig an. Bis auf die Mahlzeiten und einen Waldspaziergang im Schnee packte und räumte, sortierte und entsorgte ich den gesamten Tag die Altlasten der Vorbesitzer. Trotzdem war ich bis zum Abend noch immer nicht ansatzweise fertig geworden. Es war einfach unglaublich, welches Fassungsvermögen dieses winzige Hüttchen doch hatte – und wie sehr diese Kapazität bis an die Obergrenze ausgeschöpft worden war. In die Nebengebäude hatten wir bisher nur flüchtige Blicke geworfen. Auch in diesen stapelten sich Gartenmöbel, Sitzauflagen und wer weiß was noch alles bis unter die Decke. Die Bergung all dieser Schätze würde bis zum Frühling warten müssen.

In der kommenden Nacht schlief ich ruhiger. Trotzdem fehlte mir – uns allen - eine Menge Schlaf, und so wurde die Rückfahrt eher anstrengend. Die Kinder nörgelten, ich war in Gedanken vertieft und auch Julian sagte nicht viel, weil er sich aufs Fahren konzentrieren musste. Ich spürte zwar Zufriedenheit über unsere Fortschritte in der Hütte, aber auch Bedauern darüber, dass wir in der kurzen Zeit kaum Gelegenheit gefunden hatten, um unser neues Glück als schwedische Ferienhausbesitzer auch zu genießen. Bis auf die kurze Stippvisite durch den leicht verschneiten Wald hatten wir dieses Mal nicht viel Zeit für sinnliche Genüsse gehabt. Die Tage hatten ganz im Zeichen der Entrümpelung gestanden. Wir hatten viel geschafft und doch erst an der Spitze des Eisberges gekratzt. Wann würden wir wiederkommen? Wie würde es jetzt weitergehen? Und wann würden wir kommen, um für immer zu bleiben? Wir wussten es nicht.

9

Einige Wochen später - ohne besonderen Grund und ohne einleitende Vorankündigung, quasi aus heiterem Himmel - offenbarte Julian mir plötzlich, dass er starke Zweifel an unserem Auswandern nach Schweden bekommen hatte. Ich fiel aus allen Wolken. Während er in den vergangenen Tagen ein Buch über eine Auswandererfamilie gelesen hatte, hätten sich all meine Zweifel, die ich in den vergangenen Monaten immer wieder einmal schüchtern vorgetragen hatte, nun auch für ihn bestätigt: Die schwedische Sprache sei eigentlich kaum erlernbar, da sie in jeder Region, aber vor allem auf dem Lande, vollkommen unterschiedlich sei. Schweden würden stets Schweden vorziehen, wenn es darum ginge, geschäftliche Aufträge zu vergeben. Deutsche hätten kaum Chancen, an gute Jobs zu kommen. Außerdem seien die Winter so dunkel, dass man es kaum aushalten könne. Nachdem er nun das Buch fertiggelesen hatte, verkündete er mir völlig ungerührt, dass wir uns vielleicht besser nach Bayern orientieren sollten als nach Schweden. Da wäre besseres Wetter, die Immobilien seien auch nicht so teuer wie er immer gedacht habe (recherchiert hatte er diesbezüglich also auch schon!) und außerdem würden wir schon aufgrund unseres Nachnamens perfekt dorthin passen. Mir fiel angesichts dieser Aussagen fast mein Abendessen aus dem Mund. Hatte ich richtig gehört? Mir wurde ganz schwindelig. Seit Monaten hatte dieser Kerl mich nahezu bombardiert mit seinen Vorträgen über die Vorzüge Schwedens - damit, dass das „unser Land" sei, dass wir nahezu keine andere Möglichkeit hätten, als genau dorthin zu gehen. Nur dort könnten wir glücklich werden. Nirgendwo sonst. Schon gar nicht in Deutschland. Nirgendwo in Deutschland.

Ich sah ihn nur an, und mir wurde schlecht. Ich bekam Herzrasen und Schweißausbrüche. Sollte all die innere Arbeit an meiner Gefühlswelt der letzten Wochen und Monate umsonst gewesen sein? Gerade hatte ich mich beinahe innerlich von Deutschland allgemein und von unserem Zuhause in Högel insbesondere gelöst. Was hatte mich das an inneren Dialogen, an stundenlangen Grübeleien und Tränen gekostet? Und nun zog er, der Erfinder des Auswanderns, den Schwanz ein, nur weil er so ein dämliches Buch gelesen hatte? Ich hatte schon einige solcher Berichte gelesen, hatte wiederholt genau diese Argumente vorgebracht und meine Zweifel diesbezüglich hundertmal angedeutet. Und nun, nun da ich mich selber unter größter Anstrengung vom Gegenteil überzeugt hatte, nun wollte dieser unglaubliche Mann nach Bayern ziehen? Ich versuchte in meinem Gedanken-Karussell einen Fixpunkt zu erhaschen, einen klaren Kopf zu behalten und keinen hysterischen Anfall zu bekommen. Ich versuchte mir vorzustellen, wie es wäre, alle Schwedenpläne fallen zu lassen, und mir uns in Bayern vorzustellen. Bestimmt hätte es viele Vorteile: Wir müssten keine andere Sprache lernen (wobei Norddeutsche ja doch irgendwie eine andere Sprache sprechen als Bayern). Wir würden im uns bekannten, wenn auch ungeliebten deutschen System bleiben (aber genau *das* wollten wir doch nicht!). Und wir würden weiterhin in der Nähe wohnen (Halt: Das stimmte nicht, denn eine Autofahrt nach Bayern dauert von Nordfriesland tatsächlich länger als nach Schweden!).

Irgendwie wollte es mir nicht gelingen, mich für Bayern zu erwärmen, vielmehr konnte ich aber den Gedanken an Schweden nicht loslassen. Unaufhörlich liefen mir plötzlich die Tränen über die Wangen. *Mein* Schweden sollte plötzlich wieder nur ein grauer Fleck auf der Landkarte sein? „Und was ist mit Vetlanda?", fragte ich den ruhig kauenden Mann neben mir. „Wir haben doch gerade vor vier Wochen ein Ferienhaus gekauft! War das nun alles umsonst?" Während ich vor Schluchzen kaum noch sprechen konnte, antwortete er seelenruhig: „Ach, dann verkaufen wir das eben wieder, das ist doch keine große Sache." Da fing es in mir deutlicher an zu rebellieren, als ich es mir selber erklären konnte: „Auf keinen Fall!" sagte ich lauter als es nötig gewesen wäre. „Das kann doch nicht dein Ernst sein! Seit Wochen stelle ich mir unser Leben dort vor. Ich bin quasi schon dort!" – „Ach Schatz! Sei doch nicht immer so materialistisch. Das ist doch nur ein Haus. Ich habe doch letztes Mal gemerkt, dass es dir dort nicht gut ging. Du wirst dich dort niemals zuhause fühlen, das habe ich nun eingesehen."

Das ließ mich aufhorchen. Stimmte das etwa? Richtig war, dass es mir nicht so besonders gut gegangen war, als wir neulich die drei Tage zum ersten Mal unser Häuschen in Beschlag genommen hatten. Aber das war rein körperlich. Ja, ich hatte ziemliche Kopfschmerzen gehabt, aber das hatte nur an meiner quasi durchwachten Nacht gelegen. Bei Schlafmangel bekomme ich schnell Kopfschmerzen. Und trotz Kopfweh und Schlafmangel hatte ich begeistert weiter die Schränke durchforstet und all die überflüssigen Dinge, die die Vorbesitzer dort gehortet hatten, aussortiert. Ich war dort glücklich gewesen, hatte mir vorstellen können, dort ein paar Monate zu leben, bis wir unser endgültiges Haus gefunden haben würden. Und trotzdem hatte ich offensichtlich den Eindruck erweckt, mich dort nicht wohlzufühlen. Vielleicht hatte es daran gelegen, dass ich wenig gesprochen hatte, denn das hatte ich. Dies hatte aber ausschließlich daran gelegen, dass ich so sehr in Gedanken und in meinem Aufräumrausch vertieft gewesen war, dass ich gar nicht recht zum Sprechen gekommen war. Auch auf der Autofahrt war ich offensichtlich zu ruhig gewesen, um Freude zu vermitteln. Dass das an meiner Müdigkeit gelegen hatte, hatte mein Mann offensichtlich fehlinterpretiert. Also trug ich offensichtlich einen Teil der Schuld an diesem Gefühlschaos, das aber scheinbar nur mich überrumpelte. „Du klingst, als hättest du dich schon entschieden", sagte ich. „Nein", erwiderte Julian. „Ich habe noch gar nichts entschieden, aber lass' uns doch Bayern einmal ansehen!" Damit war das Thema, zumindest für heute Abend und zumindest für meinen Mann erledigt. Für mich nicht. Ich konnte kaum einschlafen, weil mir immer wieder die Tränen übers Gesicht liefen. Dabei wunderte ich mich schon über mich selber: Vor Wochen wäre ich Julian bei diesen Worten wahrscheinlich freudestrahlend um den Hals gefallen vor lauter Erleichterung. Denn immerhin hatte ich doch eben genau die Zweifel gehegt, die nun das Buch auch in ihm geweckt hatte. Warum konnte ich mich nicht freuen, dass all der Stress mit dem Erlernen der fremden Sprache und all das Fremde, das uns dort erwartete, plötzlich ausradiert werden könnten. Aber nach all den Wochen, die ich innerlich losgelassen und mich mental auf Schweden eingestimmt hatte, nach all den Traumreisen zu den schönen Orten, die ich im Kopf immer wieder und wieder besucht hatte, konnte ich mich nicht freuen. Ich wollte Schweden nicht aufgeben, dazu bedeutete es mir inzwischen zu viel.

Zu viele glückliche Momente hatte ich dort jetzt schon gehabt, um plötzlich auf Bayern umzusatteln. Trotzdem beschloss ich, am nächsten Tag mal einen Blick per Internet auf dieses südliche Bundesland zu werfen, um dieser Option zumindest gedanklich eine Chance einzuräumen.

Also recherchierte ich im Internet. Ich sah mir Videos und Bilder an, und ich versuchte, Gefallen an dem zu finden, was ich dort sah. Aber es wollte mir einfach nicht gelingen. Ich sah nur überall geranienüberhangende Protzbauten, riesige Berge und tiefe Täler. Alles schien mir zu übertrieben, zu extrem. Sicher hatte es auch seinen Reiz, aber in meinem Herzen fühlte ich, dass ich dort vergeblich nach bescheidenen roten Holzhäusern suchte, nach sanften Hügeln, bemoosten Steinwällen und den unendlichen Wäldern Smålands. Also verkündete ich Julian, dass ich nicht nach Bayern wollte. „Ich liebe Schweden!" brach es aus mir heraus, und wieder fing ich an zu heulen. Und in diesem Moment wurde mir klar, dass seine Zweifel an unserem Vorhaben kein Hindernis sein sollten, sondern nur eine Prüfung. Eine Prüfung meiner Gefühle. Ich hatte plötzlich die Chance, die ich mir lange Zeit ersehnt hatte, das ganze Projekt abzubrechen und in Deutschland zu bleiben. Aber ich wollte nicht mehr. Ich wollte nach Schweden, und im Angesicht seiner Zweifel und Ängste, die auch meine gewesen waren, bekam ich plötzlich die Sicherheit, dass alles seine Richtigkeit hatte. Es beruhigte mich, nun zu wissen, dass ich mit meinen Gedanken und Ängsten nicht mehr länger alleine war. Nun wusste er, was mich zurückgehalten hatte. Und ich wusste, dass es mich nun nicht länger zurückhalten würde. Julians Tatendrang und eiserner Wille, nach Schweden zu gehen, und meine Angst vor dem Unbekannten und davor, alles Bekannte und Geliebte loszulassen, schienen sich nun jeweils auf den anderen übertragen und dadurch ausgeglichen zu haben. Dieser kurze Einbruch in der Klarheit unserer Ziele war nötig gewesen, um den Weg endgültig frei zu machen.

10

Ein entscheidender Schritt auf dem Weg nach Schweden war das Verkaufen eines Großteiles unserer Besitztümer. Nicht nur das Haus mussten wir verkaufen, sondern auch viele andere vergleichsweise kleine Dinge, die wir nicht mitnehmen wollten: Möbel, Hausrat, überflüssige Kleidung, Spielsachen, Werkzeuge und vieles mehr. Also plante ich seit längerer Zeit mal wieder eine Teilnahme am örtlichen Hallen-Flohmarkt. Seit Wochen hatte ich bereits in Kisten und Kästen verpackt, was ich verkaufen wollte. Nach unserem kurzen Zweifels-Intermezzo aber ging es erst richtig los. Noch nie war mir Loslassen so leichtgefallen. Selbst Dinge, die mir wirklich am Herzen lagen, konnte ich freigeben für den Flohmarkt. Sämtliche Deko, die ich über Jahre mühevoll selber auf diversen Flohmärkten zusammengetragen hatte, packte ich nun ein, um sie wiederum auf dem Flohmarkt zu verkaufen. Und entgegen meiner Erwartungen machte es mich nicht traurig, sondern nahezu euphorisch. Wir hatten beschlossen, nur das wirklich Nötigste mit nach Schweden zu nehmen. Und so stellte ich mir bei jeder Sache, die ich mitnehmen wollte, die Frage: „Brauche ich dich wirklich in meinem neuen Leben?" Und meistens war die Antwort schlicht und ergreifend „Nein!"

Am Flohmarktsonntag hatte ich so viele Kisten dabei, dass der Flohmarkt-Veranstalter mich zweifelnd ansah und mir sagte, dass er nicht glaube, ich würde all diese Dinge auf meinem drei Meter langen Stand unterbringen können. Aber er hatte sich getäuscht. Denn bereits während des Aufbaus, wurden mir meine Schätze quasi aus den Händen gerissen. Und so war es, wie ich es schon so oft zu Julian gesagt hatte, als ich in den vergangenen Jahren für sein Empfinden sinnlose alte und verbeulte Töpfe, Kannen und ähnliches Gerümpel zu Schnäppchenpreisen auf Trödelmärkten erstanden hatte: Es war wie meine Spardose. Was ich günstig erbeutet hatte, konnte ich nun für einen oftmals vielfachen Preis wieder abgeben. Meine Standnachbarin kam aus dem Staunen gar nicht mehr heraus, wie die Leute über meine Kartons herfielen, um schnell zu ergattern, was kein anderer bekommen sollte. Und obwohl der Flohmarkt insgesamt eher weniger besucht war, konnte ich am Ende einige leere Kisten mit nach Hause nehmen und hatte ein dickes Plus für unsere Auswandererkasse erwirtschaftet. Was sich aber noch besser anfühlte als der Gewinn, war die aus dem Verkauf resultierende Befreiung von Ballast. All das würden wir nicht länger mit uns herumschleppen müssen. Ich merkte die Befreiung und Erleichterung beinahe körperlich. Es stimmte wohl tatsächlich: Es reist sich besser mit leichtem Gepäck!

Der Flohmarkt hatte mich in eine Art Rausch versetzt. Jeden Tag sortierte ich ab jetzt irgendetwas aus. Dabei teilte ich die ausgemisteten Dinge in unterschiedliche Rubriken ein: Verschenken, wegwerfen, Flohmarkt und Ebay. Zum Glück hatten wir eine sogenannte Geben-und-nehmen-Hütte in Högel, wo man Dinge hinbringen konnte, die man nicht mehr brauchte. Dafür durfte man sich etwas anderes aus der Hütte mitnehmen, was einem gefiel. Wöchentlich brachte ich nun Dinge dorthin, von denen ich wusste, dass sie auf dem Flohmarkt kaum mehr etwas bringen würden, die aber zum Wegwerfen zu schade waren. Und obwohl ich sonst auch jedes Mal etwas von dort mit nach Hause nahm, was ich glaubte gebrauchen zu können, war dieses Bedürfnis plötzlich vollkommen verschwunden. Ich wollte nichts Neues mehr anschaffen, ich wollte nur noch Dinge loswerden. Da der nächste Flohmarkt noch fast zwei Monate entfernt war, und ich fürchtete, dass meine Abstellkammer bis dahin aus allen Nähten platzen würde, brachte ich hin und wieder auch Dinge in die Geben-und-nehmen-Hütte, die ich eigentlich mit auf den Trödelmarkt genommen hätte. Aber ich wollte vieles einfach nur noch schnellstmöglich loswerden. Und immer wieder wunderte ich mich, wie viele Dinge wir noch besaßen. Oder sie uns. Und das, obwohl wir doch immer schon alles sofort verkauft und weggegeben hatten, was wir nicht mehr brauchten. Bisher war ich dabei immer nach dem Prinzip vorgegangen „In meinem Haus sollen sich nur Dinge befinden, die ich liebe, schön finde und brauche!" Diese Maxime hatte mir und uns sicher schon einen großen Vorsprung im Vergleich zu anderen Haushalten gebracht, was Ordnung und das Besitzen oder vielmehr das Nicht-Besitzen unnötiger Dinge anging, sehr minimalistisch war sie aber offensichtlich noch nicht. Also verschärfte ich das Motto nun in „Ich werde nur Dinge behalten, die ich liebe und tatsächlich brauche!" Das bedeutete, ich durfte zwar weiterhin ein oder zwei alte Emaille-Kannen besitzen, sie durften auch dekorativ und schön sein, aber eben nur, wenn ich sie auch benutzte. Schönheit alleine reichte nicht mehr länger aus, um in meinem Leben zu bleiben. Und als wäre es eine Art neuer Sucht, schien ich nicht mehr wirklich viel zu benötigen. Es hatte etwas wirklich Spirituelles an sich, Dinge loszulassen. Gelesen hatte ich das natürlich schon tausendmal. Und im Grunde hatte ich es ja auch jedes Mal gefühlt, wenn ich bisher etwas weggegeben hatte, dass dadurch keine Lücke in meinem Leben entstand, sondern Raum für Neues, für Freiheit. Aber dieses

Mal hatte das Loslassen und Ausmisten eine neue Dimension angenommen. Jedes Teil, das ich verabschiedete, schien mich mir selber näher zu bringen. Mit jedem Abschied von einer materiellen Sache, entdeckte ich ein Stück meiner alten Seele wieder, die sich schon immer nach der absoluten Freiheit gesehnt hatte. Mir wurde klar, dass ich mit dem Besitzen vieler Dinge, und schienen sie noch so nötig und wichtig, immer auch ein Stück mehr mich selber blockiert und behindert hatte, verhindert hatte, frei zu sein und dass zu tun, was ich wirklich wollte. Dinge, die unveränderbar zu mir zu gehören schienen, sortierte ich jetzt aus − zumindest für den Moment -, um einmal meines Pudels Kern freizulegen. Dinge, die mir jahrelang lieb und teuer waren, die meinem Zuhause eine heimelige Atmosphäre und mir ein Gefühl von trauter Sicherheit gegeben hatten, durften nun gehen, ohne dass es besonders schmerzte. Schweden in seiner natürlichen, ungeschminkten Schönheit schien keinen weiteren Schmuck, keine künstliche Dekoration zu brauchen. So vieles, von dem ich immer geglaubt hatte, es wäre wichtig für mich, erschien plötzlich überflüssig oder sogar belastend. Dabei schien sich dieser Prozess selbst zu verstärken, denn je mehr ich weggab, umso weniger wollte ich besitzen. Hatte es mich früher scheinbar glücklich gemacht (zumindest für den Augenblick), Dinge anzuschaffen, war jetzt das Gegenteil der Fall. Mein neues Motto war: Wer loslässt, hat die Hände frei.

11

Während ich also unseren Hausstand auflöste und Julian damit beschäftigt war, neben der Arbeit seine Schwedisch-Kenntnisse zu vertiefen und bürokratische Dinge zu organisieren, die so eine Auswanderung zwangsläufig mit sich bringt, vergingen die Wochen wie im Flug. Ich versuchte, mir hier und da eine Lücke zu verschaffen, um endlich Schwedisch zu lernen, aber irgendwie kam mir ständig das Leben in die Quere und vereitelte meine Pläne. Aber ich hatte ja noch viel Zeit, sagte ich mir. Ende Januar rief Julian plötzlich aus unserem Büro: „Komm' mal her, Schatz, das musst du dir unbedingt angucken!" Auf dem Computer war eine Immobilienanzeige bei Ebay-Kleinanzeigen geöffnet. „Haus am Fluss, Blankan / Dalhem", stand dort in der Überschrift, und weiter: „5 Hektar Grundstück mit Wald und Wiesen, etwa 30 Meter Flusslinie am Emån, eigenes Jagd- und Fischereirecht, mehrere Nebengebäude wie Scheune, eigenes Sägewerk und zwei Ferienhäuser, der nächste Nachbar ist ein Reiterhof, der nächste Ort mit Schule, Kindergarten und Einkaufsmöglichkeit etwa 10 Kilometer entfernt". Die Fotos waren zwar nicht spektakulär, aber gemeinsam mit dem Text versetzten sie uns in helle Aufregung. Dort stand im Grunde Punkt für Punkt unsere Wunschagenda für unseren neuen Hof. Und der Verkäufer war ein Deutscher. Das würde einen eventuellen Kauf sicher deutlich erleichtern.

Sofort versuchten wir, den Verkäufer zu kontaktieren, aber sowohl unzählige Telefonanrufe als auch Emails und SMS-Nachrichten blieben zunächst unbeantwortet. Wir wurden immer ungeduldiger und hatten die Hoffnung auf eine Rückmeldung fast schon aufgegeben, als sich der Verkäufer nach einigen Tagen doch noch meldete. Er war offensichtlich ein vielbeschäftigter Geschäftsmann und hatte vorher keine Zeit gefunden, sich bei uns zu melden. Außerdem sei er erstaunt über unsere Anfrage gewesen, denn eigentlich hatte er es sich anders überlegt und wollte den Hof gar nicht mehr verkaufen. Er war der Meinung gewesen, dass er die Anzeige bei Ebay-Kleinanzeigen wieder gelöscht hatte. Zwar habe er noch diverse andere

Immobilien in Schweden und wolle sich eigentlich verkleinern, weil ihm alles über den Kopf wachse, aber
Blankan, so hieß der Ort, an dem das Objekt unserer sich
steigernden Begierde stand, sei ihm doch besonders ans
Herz gewachsen. Während des Telefonats konnte Julian
Hans dann aber doch davon überzeugen, uns noch ein
paar mehr Informationen und Bilder zu schicken und noch
einmal darüber nachzudenken. Nur wenige Minuten später kamen drei Videos auf Julians Handy an. Auf dem
ersten lief gleich zu Beginn eine Gruppe Pferde im Trab
über die tiefgrüne, von im Sommerwind wallenden Bäumen umsäumte Koppel am glitzernden Fluss entlang. Im
Grunde reichte diese Sequenz. Wir waren hin und weg.
Nachdem wir auch den Rest der Videos angeschaut hatten, gab es keine Zweifel mehr: Wir mussten uns den Hof
ansehen, und zwar bald. Sehr bald!

Das Schicksal kam uns dabei zur Hilfe, denn Julians Mutter hatte sich fürs Wochenende angesagt und wurde noch
am gleichen Abend kurzerhand dazu verdonnert, bei uns
einzuhüten, damit wir schon am kommenden Tag zu einem Spontantrip nach Blankan aufbrechen konnten. Auch
Hans schien sich wieder mit einem möglichen Verkauf
angefreundet zu haben, denn er organisierte, dass sein
Freund Marcus uns vor Ort alles zeigen sollte. Auch der
Mieterin, die derzeit dort wohnte, sagte er Bescheid, dass
wir kommen würden.

Von unserer eigenen Spontanität mehr oder weniger überrascht, packte ich am Morgen des nächsten Tages eilig die
Dinge zusammen, die wir für unsere Hauruck-Aktion
brauchen würden, versorgte die Tiere und rannte wie wild
hin und her wie ein aufgescheuchtes Huhn. Als meine
Schwiegermutter mittags eintrudelte, gaben wir ihr quasi
die Klinke und die Kinder in die Hand und rauschten los.
Ein anstrengender Tripp stand uns bevor, denn am Nach-

mittag des folgenden Tages müssten wir schon wieder zurück sein, da meine Schwiegermutter dann ihrerseits wieder nach Hause fahren musste. Unsere bisherigen Schwedenfahrten waren zwar alle eher kurz gewesen, aber die Hin- und Rückfahrt in zwei Tagen zu absolvieren, war unser neuer Rekord. Mit Kindern an Bord wäre es nicht möglich gewesen. In Gedanken lobpreiste ich meine Schwiegermutter, die uns so spontan und ohne zu murren wieder einmal den Rücken freigemacht hatte. Trotzdem wurde die Fahrt anstrengender als alle bisherigen Touren - und sie fühlte sich länger an als alle bisherigen. Das lag sicherlich einerseits an unserer Aufregung, denn natürlich konnten wir es kaum erwarten, Blankan live zu sehen. Andererseits lag es an den winterlichen Straßenverhältnissen mit Nieselregen um den Gefrierpunkt und die früh einsetzende Dunkelheit. Stunden um Stunden fuhren wir durch die Dunkelheit und konnten uns dieses Mal nicht einmal die Zeit damit vertreiben, aus dem Fenster zu sehen und die schwedische Natur anzubeten. Nachts um ein Uhr kamen wir in unserem Ferienhaus an. Völlig übermüdet, aber trotzdem total überdreht machten wir uns mitten in der Nacht einen prachtvollen Salat mit Räkör, den schwedischen Garnelen, die wir noch schnell aus einem ICA-Markt geholt hatten, heizten unser Häuschen so gut es in der kurzen Zeit ging mit dem Ofen ein und fielen irgendwann nach zwei Uhr in die eiskalten Betten. Früh am Morgen sprangen wir wieder auf, denn bevor wir uns um halb zehn auf den Weg nach Blankan machen wollten, wollte ich weitere Flohmarktsachen einpacken. Das Auto war quasi leer, und ich wollte die Chance nutzen, so viel wie möglich aus der Hütte und nach Deutschland zu schaffen, um es dort verkaufen zu können. Wann, wie und ob ich hier in Schweden dazukommen würde, war ungewiss, und was weg war, war weg. Also packte und räumte ich wieder aus Schränken in Kartons, in Kisten und Kästen. Als wir abfuhren, war unser Kombi vollgestopft bis unters Dach. Über Nacht hatte es wieder geschneit, und der Zauber von etwas ganz Großem lag in der kalten Morgenluft. Etwa 70 Kilometer schlichen wir mehr als wir fuhren von Vetlanda durch die winterliche Landschaft Richtung Osten nach Blankan. Müdigkeit und Aufregung vermischten sich in meinem Kopf zu einem Cocktail, der mich komplett unter Strom stellte.

Kurz bevor wir das Ortschild Blankan passierten, sahen wir rechts den Emån durch ein felsiges Wasserwerk rauschen. Trotz des trüben Wetters gefiel uns die Gegend sofort. Wir kamen an dem Reiterhof vorbei, den wir von dem Video kannten, das Hans uns vor zwei Tagen geschickt hatte, und bogen rechts in einen schmalen Sandweg ein, der sich mehrere hundert Meter bis zum Haus „Dalhem" schlängelte. Vor nicht einmal 48 Stunden hatten wir die Videos angesehen – und jetzt waren wir tatsächlich hier! Hinter einer Kurve erhaschten wir den ersten Blick auf das Grundstück, auf den Fluss, auf das Haupthaus. Vor dem roten Gebäude auf dem Parkplatz stand ein alter Bundeswehr-Pickup und mehrere seltsam anmutende Gefährte, ein alter Traktor ohne Bereifung, ein Wohnwagen, ein alter rostiger Pferdepflug und eine Art Amphibienfahrzeug. Auf den ersten Blick war klar: Dieser Hof gehörte einem Sammler. Aus dem in Tarnfarben gemusterten Pickup stieg ein Mann mit dicker Wollmütze und rauschigem Ziegenbart. Das musste Marcus sein. Freundlich und offen begrüßte er uns. Er war uns sofort sympathisch.

Marcus erzählte uns, dass er vor etwa acht Jahren ebenfalls von Deutschland nach Schweden ausgewandert sei. Bisher habe er es nicht bereut. Sogar seine gesamte Familie sei inzwischen hinterhergekommen. Als er erwähnte, dass seine beiden Kinder, fünf und sieben Jahre, hier ebenfalls zur Schule gingen, legte sich eine Art Seelenfrieden über mein aufgewühltes Gemüt. Der potenzielle Hof unserer Träume lag vor uns, und ein deutscher Auswanderer würde ihn uns gleich zeigen. Und seine deutschsprachigen Kinder, die im gleichen Alter waren wie unsere, würden die gleiche Schule besuchen wie Noah und Mia. Ein Sicherheitsnetz spannte sich unter mir. Ich atmete auf. Zwar würde ich mich natürlich nicht auf eine einzige Familie stützen und verlassen wollen, vielleicht wollte sie ja auch gar keinen dauerhaften Kontakt zu uns, vielleicht würden die Kinder sich überhaupt nicht verstehen, aber es war ein Anfang, ein Anhaltspunkt, ein Rettungsanker.

In der eisigen feuchten Kälte führte Marcus uns über den Hof, zeigte uns Scheune, Sägewerk und die Ferienhäuser. Wie sich herausstellte waren diese vor einigen Jahren ohne Baugenehmigung errichtet worden. Daraufhin hatte es Ärger mit dem Bauamt gegeben, und Hans hatte sie von den extra angelegten Fundamenten wieder entfernen und daneben auf provisorischen Stützen aufbocken lassen. Seitdem hatten sie dort gestanden, was für ihren Zustand nicht gerade förderlich gewesen war, wie sich zeigte, als wir die Türen öffnen wollten. Beide klemmten, denn die kleinen Holzhütten hatten sich auf ihren provisorischen Punktfundamenten drastisch verzogen. Auch von innen waren sie recht verwahrlost, denn durch die nur noch halb schließenden Türen hatten offensichtlich irgendwelche Tiere den Weg nach innen gefunden und dort überall ihre Hinterlassenschaften verteilt. Stirnrunzelnd nahmen wir es hin, denn das war aus der Anzeige nicht hervorgegangen. Aber im Grunde war es auch nicht weiter schlimm, denn was für uns entscheidend war, war hauptsächlich die

Lage, die Nähe zum Fluss, die Abgeschiedenheit und die gleichzeitige Nähe zum nächsten Dorf. Alles andere konnten wir ändern und dank Julians allumfassenden handwerklichen Fähigkeiten in Ordnung bringen. Und in Ordnung zu bringen würde es jede Menge geben, denn der Hof war zwar nicht gerade verwahrlost, aber doch in einem überarbeitungsbedürftigen Zustand. Vor allem müsste - wieder einmal - viel aufgeräumt, aussortiert und weggeschmissen werden. Aber das kannten wir ja schon. Offensichtlich gehörte es zu unseren Aufgaben in unserem Leben, die Altlasten von anderen Leuten zu bereinigen. „Täglich grüßt das Murmeltier!", dachte ich halb lächelnd, halb seufzend und folgte Marcus und Julian ins Wohnhaus.

Die Mieterin war ausgeflogen, damit wir in Ruhe das Haus besichtigen konnten. Über einen kleinen Flur kam man direkt ins geräumige Wohnzimmer. Auf den ersten Blick sah alles gepflegt und ordentlich aus. Hier schien tatsächlich vor nicht allzu langer Zeit renoviert worden zu sein. Im Wohnzimmer stand das pompöse, dunkelrote Chesterfield-Ledersofa, dass wir schon vom Video kannten. Ein alter weißer Kachelofen, weiße Fuß- und Deckenleisten und die weißen Sprossenfenster bildeten einen hübschen Kontrast zu einer dunkelroten Wand und dunklem Laminat. Die Küche stammte schätzungsweise aus den 70ern oder 80ern und war in ihrem Apfel-Grünton nicht gerade eine Schönheit. Trotzdem: Der Blick auf Garten und Fluss durch ein großes dreiflügeliges Fenster sowie der alte große Küchenofen und die Größe der Küche glichen diesen Umstand wieder aus. Auch im Schlafzimmer gab es einen Kamin, und das Bad besaß – ganz Schweden-untypisch – eine gefliese Dusche. Eine schmale Treppe führte ins Obergeschoss. Dort fanden wir zwei etwa gleichgroße Zimmer mit Dachschräge, die sich idealerweise als Kinderzimmer nutzen lassen würden. Etwa 100 Quadratmeter hatte das Wohnhaus, also ungefähr die Hälfte der Wohnfläche von unserem Hof in Högel. Ob das reichen würde? Aber immerhin wollten wir ja sowieso nicht so viele Dinge mitnehmen. Und schließlich wollten wir uns doch auch räumlich verkleinern.

Wieder draußen vor dem Haus angekommen, unterhielten wir uns noch eine Weile mit Marcus und sahen uns noch einmal um, versuchten die Atmosphäre auf uns wirken zu lassen und die Stimmung in uns aufzunehmen. Viel Arbeit würde einmal wieder auf uns zukommen, wenn wir diesen Hof kaufen würden. Obwohl alles ideal für uns zu sein schien und mein Herz vor Freude Purzelbäume hätte schlagen müssen, fühlte ich mich plötzlich irgendwie erschöpft und müde. Meine Füße waren eiskalt, was natürlich auch an den eisigen Temperaturen und meinen nassen Schuhen liegen konnte. Julian hingegen sprudelte fast über vor Begeisterung. Für ihn schien es keinen besseren Ort zu geben, um ein neues Leben anzufangen. Warum war ich plötzlich so skeptisch? Lag es wieder einmal am Schlafmangel, oder war das trübe Wetter schuld an meiner gedämpften Freude. Ich schob es auf den nachlassenden Adrenalinspiegel nach all der Aufregung der vergangenen Tage und Stunden und vertagte meine überschäumende Freude auf später. Ich musste alles erst einmal sacken lassen, bevor ich irgendwelche Entscheidungen treffen konnte.

Teil 2: Wer loslässt, hat die Hände frei

oder Zwischen den Welten

„Das Geheimnis des Vorwärtskommens besteht darin, den ersten Schritt zu tun." (Mark Twain, US-amerikanischer Schriftsteller, 1835 - 1910)

12

Eine Woche nach unserem Besuch in Blankan schienen wir an einem neuen Punkt angelangt zu sein, an einer neuen Dimension von Entscheidung. Sollten wir Hans zusagen? Dies würde alles mit einer Endgültigkeit überziehen, die die bisherige Offenheit und ungerichtete Zielsetzung unserer Pläne schlagartig beenden würde. Wir würden viel eher einen Hof kaufen als eigentlich geplant. Einerseits erschien es wie ein Wink des Schicksals, dass wir Blankan im Internet entdeckt hatten, obwohl Hans es eigentlich gar nicht mehr hatte verkaufen wollen. Andererseits nahm es uns vielleicht die Möglichkeit uns in Schweden von unserem Ferienhaus aus in Ruhe nach anderen passenden Immobilien umzusehen. Natürlich drängte sich die Frage auf, ob wir überhaupt etwas Vergleichbares noch einmal finden würden. Und dann zu einem so unschlagbaren Angebot, wie Hans es uns unterbreitet hatte. Zwar waren die Immobilienpreise in Schweden im Vergleich zu Deutschland immer noch günstig, aber auch hier wurden die Preise zum Teil drastisch angezogen. Sollten wir uns also lieber sofort festlegen und die Freude an der weiteren Suche damit im Keim ersticken? Ich merkte, wie sich eine innere Abwehr in mir breitmachte. Ich wollte mich noch nicht festlegen. Ich wollte den Moment schwereloser Freiheit in unserem Ferienhaus erleben, auf den ich mich seit dem Moment freute, als wir unser Hüttchen im Wald gekauft hatten. Ich wollte eine Phase besitzloser Unabhängigkeit erfahren, um zu entdecken, was das in mir auslösen würde. Einmal ohne viel Land, ohne großes Haus, ja sogar einmal ohne Pferde, Hühner und andere Tiere wollte ich mich nur auf das Nötigste reduzieren, um zu erspüren, welche Dinge in meinem Leben wirklich unabdingbar für mich waren. Blankan jetzt zu kaufen, erschien mir wie das kopflose Springen von einer unglücklichen Beziehung in die nächste. Und trotzdem drangen immer wieder die Bilder von diesem Haus am Fluss in mein Herz, baten mich zuzugreifen, diese vielleicht einmalige Gelegenheit nicht ungenutzt an mir vorbeiziehen zu lassen. Alles hat einen Sinn, dachte ich immer wieder. Wir waren nicht ohne Grund Hals über Kopf nach Schweden gefahren, um Blankan zu sehen. Alles hatte ineinandergegriffen wie eine Maschinerie aus schicksalsgelenkten, einander bedingenden Schritten. Immer wieder flüsterte eine innere Stimme „Blankan!". Unaufhörlich bat sie um Erhörung.

Aber ich konnte meine innere Stimme nicht beruhigen. Hatte ich doch scheinbar endlich das Entscheidungsduell Deutschland gegen Schweden zugunsten von Schweden beendet, war ich unfähig nun die nächste Entscheidung zu treffen. Mein Entscheidungsmuskel brauchte eine Verschnaufpause, auch wenn Julian das Gegenteil behauptete. Aber ich kannte ihn lange genug, um zu wissen, dass er trotz seiner Begeisterung auch noch nicht abschließend überzeugt war. In einer nervenzermürbenden Endlosschleife wog ich Vor- und Nachteile von Blankan ab. Die Vorteile lagen auf der Hand. Dort würden wir all unsere Träume ausleben können. Wir konnten ein relativ kleines, energiesparendes Haus auf einem großen Grundstück am Wasser zu einem unschlagbar guten Preis in hervorragender Lage erwerben. Dort würden wir unseren Strombedarf überwiegend durch Solar decken können. Es gab einen relativ neuen, 160 Meter tiefen Brunnen, der uns in Bezug auf die Wasserversorgung komplett unabhängig machen würde. Wir könnten im Emån fischen, und Julian würde dank Eigenjagdrecht einen Großteil unseres Fleisches selber erbeuten können, ohne dass wir dafür viele Nutztiere halten müssten. Außerdem würden wir große Teile unserer Nahrung durchs Beeren- und Pilze sammeln beschaffen können. Da ein Teil des Grundstückes Dalhem dicht mit Wald bewachsen war, wäre auch die Frage nach eigenem Brennholz ein für alle Mal vom Tisch. Hier würden wir endlich einen echten und richtigen Selbstversorgerhof aufbauen können, der uns zudem viele Möglichkeiten offenbarte, nicht auf allzu viele Nutztiere angewiesen zu sein, die uns wieder zu abhängig machen würden. Wir könnten dort Ferienhäuser bauen, die unser Einkommen zum Großteil sichern und Julian aus der Zange seiner schweren körperlichen Arbeit im Garten- und Landschaftsbau entlassen würden. Im Grunde war alles besser, als wir es uns zu träumen gewagt hatten. Trotzdem, auch hier gab es Punkte, die mir zu denken gaben: Der Hauptgrund meiner Zweifel war die Stromleitung, die an einem Ende der Wiese das Grundstück überquerte. Nach meinen Problemen mit den Windrädern war ich mir und der Stromleitung gegenüber mehr als misstrauisch, ob wir miteinander auskommen würden. Die Trasse würde in dieser Beziehung wahrscheinlich keine Probleme haben. Aber was war mit mir? Optisch war die Leitung nicht sonderlich störend, da sie vom Haus und den anderen Gebäuden aus kaum zu sehen war. Ich sorgte mich eher um irgendwelche Strom- oder Magnetfelder oder um knackende Geräusche, die mir nach anfänglicher euphorischer Toleranz wieder auf die Nerven gehen würden. Da ich offensichtlich einen feinen Draht für äußere Einflüsse und Störungen hatte, wollte ich diesen Aspekt nicht auf die leichte Schulter nehmen, um dann später noch einmal fluchtartig den Hof verlassen zu müssen. Ich versuchte also im Internet irgendwelche Studien zum Leben unter Stromtrassen zu finden. Aber wie in jedem Bereich stritten sich die Experten und Anwohner und warfen einander Ignoranz und Unwissenheit vor. Was den einen gesundheitlich fertig machte, wollte der andere überhaupt nicht bemerken. Es war das Gleiche wie mit den Windrädern. Ich würde meine Erfahrungen selber machen müssen, um hierzu eine Meinung zu bekommen.

Ein weiteres Haar in der Suppe war die Tatsache, dass Marcus auf meine Frage nach der Existenz von Mücken, Bremsen und Kriebelmücken beziehungsweise Knott, diese bestätigt hatte. Klar gebe es die hier auch. Als ich fragte, wie es denn im Sommer im Wald diesbezüglich sei, hatte er gelacht und gesagt: „Oh, der Wald gehört im Sommer den Tieren!" Das waren ja schöne Aussichten. So sehr hatte ich gehofft, den nervtötenden und blutsaugenden Plagegeistern in Schweden zu entkommen. Sicher hatte ich in vielen Erfahrungsberichten in Internetforen vom Gegenteil gelesen. Allerdings schien sich das Knott-Problem doch eher auf nördlichere Gegenden zu beziehen. Und auch während unserer kurzen Aufenthalte im Juli und August des vergangenen Jahres hatten wir kaum eine Mücke gesehen, geschweige denn eine Bremse. Nicht einmal bei unserem Ausritt in Sonakull hatten wir irgendwelche dieser schwirrenden Biester zu Gesicht bekommen. Aber auch hier schien es, als sei ein Versuch unvermeidlich. Schlimmer als in Högel konnte es kaum sein. Oder etwa doch? Noch immer träumte ich von sommerlichen Ausritten durch die wunderschöne Natur. Immerhin war doch der Wunsch nach traumhaften Ritten durch idyllische Landschaften eine meiner Haupttriebfedern, überhaupt auszuwandern.

Zweifel und Zukunftsträumereien kamen und gingen und wurden von anderen Zweifeln und Zukunftsträumereien abgelöst. Ich würde um eine Entscheidung in dieser Sache nicht herumkommen, wenn ich das chronische Gemurmel meiner Gedanken endlich beenden wollte. „Eine schlechte Entscheidung ist besser als keine Entscheidung!", sagte Julian. Wahrscheinlich hatte er Recht.

13

Langsam lernte ich mit meinen ständigen Gefühlsschwankungen umzugehen, denn ich wusste nun aus Erfahrung, sobald ich Deutschland hinter mir gelassen, sobald ich in Schweden sein würde, würden alle Zweifel verschwinden. Denn so war es bisher jedes Mal gewesen: Kaum war ich in Schweden, wollte ich nirgendwo anders mehr sein. Und so hieß ich meine regelmäßig immer wieder in mir aufwallenden Unsicherheiten und Ängste an manchen Tagen willkommen wie ungebetene Gäste: Ich ließ sie hereinkommen und sagen, was sie zu sagen hatten, ohne dem allzu große Bedeutung beizumessen, denn ich wusste, sie würden auch wieder verschwinden. An manchen Tagen war es schwieriger, und die Zweifel hatten mehr Macht über mich, als ich es zugeben mochte. Aber ich hatte mich an das Auf und Ab meiner Gedanken und Gefühle gewöhnt, und ich war sicher, all diese Gedanken gehörten zu meinem Abnabelungsprozess. Ich erlaubte mir, zu zweifeln, Angst zu haben, zu trauern um das, was ich zurücklassen würde und was sich auch durch das größte minimalistische Denken nicht einfach aussortieren und wegrationalisieren ließ – nämlich wunderbare

Menschen, Freunde – vor allem die Freunde der Kinder - und auch einfach nur bekannte Gesichter, die mir täglich ein Gefühl von Vertrautheit gaben. Kurz: Alles, was mir suggerierte, hier bin ich Zuhause. Ich war mir im Klaren darüber, dass es lange dauern würde, bis wir wieder ein Zuhause haben würden. Ich war mir sicher, dass es beinahe egal war, wo wir wohnten. Wir konnten uns fast überall wohl fühlen, solange es genug Natur gab – und keine Windräder, Güllefabriken und Bremsen. Aber ein richtiges Heimatgefühl und eben auch Freundschaften brauchen eben einige Jahre, um heranzuwachsen. Ebenso verhielt es sich mit unseren Tieren und meinem Garten: Auch diese waren für mich schwer zurückzulassen, eben weil ich ganz genau wusste, wie viele Jahre es dauern würde, bis auch unser neuer Hof wieder zu dem herangewachsen sein würde, was wir uns sowohl in Högel, als auch bereits davor in Bordelum schon aufgebaut hatten. Dieser Verlust, nämlich das vorübergehende Aufgeben unserer Selbstversorgung, und sei sie auch noch so zweifelhaft und anstrengend, war einer der größten für mich. Jetzt, da quasi die Früchte unserer Arbeit geerntet werden könnten, jetzt, da alles einfacher werden würde, weil die groben Arbeiten getan waren und vorwiegend nur noch Routinearbeiten anfielen, jetzt verließen wir wieder das Feld, brachen wieder alle Zelte ab und gingen. Und ich fragte mich, ob es wohl dieses Mal wirklich das letzte Mal sein würde, oder ob wir in ein paar Jahren wieder an diesen Punkt kommen würden. Vielleicht wollten wir gar nicht ankommen? Vielleicht waren wir Nomaden, Pilger auf einem Weg, der bereits unser Ziel war? Vielleicht würden wir immer auf der Suche sein, nach etwas Besserem, nach 100 Prozent. Und dabei wussten wir doch ganz genau, dass es keinen Ort gibt, der makellos ist. Genauso, wie es keinen perfekten Menschen gibt. Vielleicht handelte es sich eigentlich nur um die Suche nach uns selbst? Wir entwickelten uns noch immer mit so rasanter Geschwindigkeit weiter in unseren Ansichten, Werten und Zielen, dass mir manchmal selber schwindelig wurde. Möglicherweise mussten wir uns alle paar Jahre häuten, einfach weil die alte Haut zu eng geworden war, weil es nicht die Umgebung war, die nicht stimmte, sondern wir, die einfach immer wieder aus dem momentanen Leben herauswuchsen? Und wenn es so wäre, wäre das dann gut oder schlecht? Ich wusste es nicht. Im Grunde stellte ich mir nichts schöner vor, als einfach endlich anzukommen, zur Ruhe zu kommen, Wurzeln zu schlagen. Manchmal träumte ich davon, einfach durchzuatmen, endlich zu *sein*, anstelle davon, immer nur zu *werden*, zu schaffen, zu kämpfen. Andererseits langweilte mich nichts mehr als Stillstand. Zwar lechzte ich nahezu nach einem routinierten ruhigen Leben, in dem alles einfach seinen normalen Gang ging, gleichzeitig aber bekam ich Beklemmungen, wenn ich mir vorstellte, wir würden doch hierbleiben und alles bliebe wie es war. Denn abgesehen von den äußeren Umständen hatte ich das Gefühl, dass wir hier auf der Stelle traten und nicht weiterkommen konnten im Umsetzen und Erreichen unserer Träume, Pläne und Ziele. Das alte faustische Prinzip schien hier zu wirken, denn auch in meiner Brust schlugen zwei Herzen, die sich gegenseitig das Leben zur Hölle machten. Ich schwankte zwischen Verweilen und Aufbrechen, zwischen dem Wunsch nach Ruhe und der Lust nach Abenteuern, und obwohl doch eigentlich alles entschieden war, wollte dieses Wechselbad der Gefühle nicht nachlassen. Zwar gelang es mir an manchen Tagen, die alten Gefühle einfach durchziehen zu lassen, aber an anderen Tagen hatte ich fast den Eindruck, von vorne anfangen zu müssen. Würden die Zweifel wirklich erst in dem Moment verschwinden, wenn ich in Schweden angekommen sein und wissen würde, dass es kein Zurück mehr gab? Irgendwie wartete ich noch immer auf ein Zeichen, auf eine Bestätigung, dass die Entscheidung, ob wir wirklich nach Schweden gehen sollten, irgendwo außerhalb von mir lag. Vielleicht musste ich auch hier wieder loslassen, die Kontrolle abgeben und einfach vertrauen, dass der Weg, der sich gerade vor uns auftat, der richtige sein würde. Und dieser Weg musste gegangen werden, um zu erkunden, ob er uns an unser Ziel führte.

14

Wir würden Blankan kaufen! Nach kurzem Hin und Her kamen wir zu dem Schluss, dass wir totale Idioten wären, wenn wir diese Gelegenheit nicht beim Schopfe ergriffen. Wir verabredeten mit Hans, dass wir den Hof im Sommer übernehmen würden. Solange würden wir brauchen, um unseren Hof zu verkaufen, unseren restlichen Haushalt aufzulösen und unsere Sachen zu verpacken. Anfang der Osterferien würden wir dann auswandern. In Schweden angekommen würden wir vorerst in unserem Ferienhaus wohnen und unsere Personennummern beantragen. Ohne Festanstellung muss man dafür einen Eigenkapitalnachweis liefern, um zu zeigen, dass man dem schwedischen Staat nicht auf der Tasche liegen wird. Durch den Verkauf unseres Hofes würde das kein Problem darstellen, aber mit dem endgültigen Kauf von Blankan würden wir abwarten müssen, bis wir die Personennummern bekommen hätten. Denn wie wir gelesen hatten, könne es durchaus passieren, dass das Skatteverket, das schwedische Finanzamt, mehrfach nach dem Eigenkapitalnachweis fragte, um sicher zu gehen, dass die Summe nicht nur vorübergehend geliehen sei oder ähnliches. Sobald wir die Personennummern in der Tasche haben würden, würden wir den Kauf abwickeln können, denn dann wäre kein Eigenkapitalnachweis mehr nötig. Hans war einverstanden, er hatte es nicht eilig, und da Blankan ja ohnehin noch vermietet war, war es kein Problem für ihn. Weiterhin griff alles reibungslos ineinander.

Kurz nach unserer Zusage, hatte Hans die Pläne über die Grundstücksgrenzen geschickt. Dazu hatte er eine Aufstellung gemacht, was er damals für Grundstück, Sägewerk, Ferienhäuser, Brunnenbau und andere bauliche Maßnahmen ausgegeben hatte. Bei dieser Aufführung wurde uns bewusst, dass er im Grunde bei dem Kaufpreis, den er uns angeboten hatte, draufzahlen würde. Am Ende seiner Mail schrieb er: „Trotzdem freue ich mich so sehr, Blankan an euch zu übergeben!" Rührung mischte sich daraufhin mit meiner allzu treuen Skepsis, wo denn wohl der Haken an der Sache sein könnte. Denn immerhin verkaufte doch wohl niemand etwas ohne Grund unter Wert. Aber Julian sagte, ich solle einfach mal etwas mehr Vertrauen haben. Er glaubte, Hans sei es wirklich in erster Linie wichtig, *wer* sein Haus kaufte. Da er wohl finanziell recht gut situiert war, versuchte ich also, es als nette menschliche Geste aufzufassen und entschied mich, Rührung und Vorfreude überwiegen zu lassen. Bei der Gelegenheit schauten wir nach, was „Dalhem" eigentlich bedeutet. Und es war so einfach wie einleuchtend: Es bedeutet „Talheim". Unser Heim im Tal des Emån. Wunderschön! Warmes Glück durchflutete mich, während ich darüber nachdachte und mir ausmalte, wie wir tatsächlich in etwa einem halben Jahr dort wohnen würden. Es war und blieb kaum vorstellbar, so überwältigend waren die Bilder, die da in mir aufstiegen. Am liebsten wollte ich sofort losfahren.

Nun war endgültig der Zeitpunkt gekommen, dass wir auch Noah und Mia einweihen mussten. Vielleicht hatten wir schon zu lange gewartet, aber wir mussten ja selber erstmal Sicherheit über unsere Gefühle und Pläne erlangen. Natürlich hatten sie mitbekommen, dass wir viel von Schweden sprachen, und sicherlich ahnten sie auch schon, was wir vorhatten. Unsere Begeisterung und unsere Fahrt nach Blankan waren ihnen nicht entgangen. Wir hatten kaum eine Gelegenheit verpasst, ihnen schon vor Verkündung unserer Zukunftspläne, ein gutes Bild von Schweden zu vermitteln. Trotzdem traf die Nachricht, dass wir auswandern wollten, sie natürlich wie ein Schock. Beide fingen an zu weinen und schluchzten bitterlich, dass sie ihre Freunde nicht zurücklassen wollten. Zwar teilten die Kinder unsere Liebe zu Schweden schon zu einem gewissen Teil, aber eine richtige Vorstellung konnten sie sich natürlich nicht davon machen, dort zu leben, eine fremde Sprache zu lernen, in einen fremden Kindergarten und eine neue Schule zu gehen – und neue Freunde kennen zu lernen. Sich das vorzustellen, fiel sogar uns schwer. Nachdem sie den Schreck erst einmal verdaut hatten, wurden ihre Gesichter wieder fröhlicher und wir merkten, dass sie versuchten, sich mit dem Gedanken anzufreunden. Auch sie liebten die scheinbar unberührte Natur in Schweden, auch sie hassten die Windräder und die intensive Landwirtschaft um uns herum. Als wir ihnen erzählten, dass wir Blankan kaufen könnten und wollten, waren sie Feuer und Flamme, denn die Videos, die Hans uns geschickt hatte, hatten auch bei ihnen Begeisterung ausgelöst. Wir erklärten den beiden, dass wir vorerst weiterhin nicht mit anderen Leuten darüber sprechen wollten, um uns die letzten Monate in Högel nicht unnötig zu erschweren, vor allem die Kinder sollten in Schule und Kindergarten keine Nachteile dadurch haben. Noah und Mia versprachen, das Geheimnis für sich zu behalten. Julian und ich hatten daran allerdings unsere

Zweifel, denn natürlich war es sehr viel von unseren Kindern verlangt, über diese großen Neuigkeiten, die ihr Leben komplett verändern würden, nicht mit ihren Freunden zu sprechen. Wahrscheinlich würde es sich innerhalb von Tagen wie ein Lauffeuer verbreiten, dass wir nach Schweden auswandern wollten. Aber das Risiko mussten wir eingehen, denn die Kinder würden ihre Zeit brauchen, sich auf diese neue Situation einzustellen. Wir konnten sie nicht ein paar Tage vorher vor vollendete Tatsachen stellen, immerhin hatten auch wir Monate gebraucht, um unsere Gedanken und Gefühle zu sortieren. Diese Chance mussten auch die Kinder bekommen. Dazumal sie natürlich mitkriegen würden, dass wir immer weiter unseren Hausstand auflösen würden. Auch sie würden – neben ihren Freunden - manches zurücklassen müssen.

Vorher gab es aber noch einiges zu tun. Erst einmal stand Noahs neunter Geburtstag ins Haus. Wie ein aufgedrehter Kreisel schwirrte ich durchs Haus und über den Hof und wusste gar nicht, wohin mit meinen Gefühlen. In meinem Kopf summierten sich endlose To-do-Listen mit gefühlten 999 Punkten die „als erstes" abgehakt werden mussten. Um etwas Ruhe und Ordnung in mein inneres Chaos zu bringen, begann ich nicht nur die To-do-Listen niederzuschreiben, sondern ich fing auch an, Tagebuch zu führen. Am 14. Februar schrieb ich: *Noahs Geburtstagsfeier ist in vollem Gang, und obwohl so ein Kindergeburtstag für mich sonst eher eine stressige Angelegenheit ist, bin ich heute überraschend tiefenentspannt, was die lauten Spiele und Raufereien, die neunjährige Jungs nun mal mit sich bringen, angeht. Stattdessen versuche ich, jedes Detail dieser wilden Bande, die mich sonst oft an den Rand des Wahnsinns getrieben hat, in mir aufzunehmen und zu speichern, in dem Wissen, dass dieses der wohl letzte Geburtstag ist, den wir hier in Högel mit diesen ungestümen, aber liebenswerten Jungs, mit Noahs besten Freunden, feiern werden. In Bezug auf die Kindergeburtstage im Allgemeinen und auf die Kinderfreundschaften insbesondere, bricht es mir heute wieder einmal das Herz, wenn ich mir vorstelle, dass wir unsere armen Kinder schlicht und einfach ihrer Heimat entreißen, ihren Freunden, ihrer Verwandtschaft - ja irgendwie ihrem ganzen Leben. Mit welchem Recht tun wir das? Rechtfertigen Gift und Gülle, Windräder und Infraschall und das Fehlen von einem Wald, See oder Fluss vor der Haustür tatsächlich die Entwurzelung unserer Kinder aus ihrem Zuhause? Oder sind wir womöglich egozentrische Rabeneltern, die ihre Sprösslinge einfach aus dem Land ihrer Ahnen verpflanzen an einen völlig fremden Ort im Nirgendwo? Nehmen wir ihnen nicht viel mehr als nur das Haus, in dem sie aufgewachsen sind, ihre Freunde, die sie seit dem Kindergarten kennen und ihre Muttersprache? Dürfen wir sie einfach ins kalte Wasser schmeißen, dass unser neues Leben in Schweden nun einmal zwangsläufig mit sich bringen wird?*

Wenn ich diese eingeschworene Gemeinschaft von Jungs dort draußen auf dem Trampolin springen sehe, alle im gleichen Takt, im gleichen Rhythmus, in völliger Vertrautheit, eine pulsierende Einheit aus Ausgelassenheit, Freundschaft und gemeinsamen Erfahrungen, dann komme ich in Versuchung all mein Glück und all meine Euphorie, all meine Träume und Visionen in den Hintergrund zu stellen und zu sagen: „Wir müssen bleiben! Das können wir unseren Kindern nicht antun!" Wenn ich Julian von meinen Gedanken erzähle, dann winkt er ab und sagt: „Ach Schatz, meinst du denn nicht, dass die Kinder in Schweden genauso Freunde finden werden wie hier?" Ich kann darauf nicht antworten. Ich weiß es nicht. Wahrscheinlich schon. Aber wie lange wird das dauern?

Was wäre, wenn ich die Kinder fragen würde? Was würden sie mir antworten? Noah scheint inzwischen begeistert davon zu sein, nach Schweden zu gehen. Er stellt sich sicher vor, dass er dort den ganzen Tag in unserem Fluss in Dalhem Forellen und Lachse fangen wird, dass er Baumhäuser bauen und mit uns die Natur erkunden wird, denn genauso haben wir es ihm ja verkauft. Er vertraut uns, er denkt in Schweden wird alles besser, denn so haben wir es ihm gesagt. Und natürlich ist das auch unsere Vision. Dass das wahre Leben aber eben noch mehr für uns bereithalten wird, vielleicht auch Schwierigkeiten, von denen wir wenig und Noah zum Glück gar nichts ahnt, das scheint er zu verdrängen. Wie würde er entscheiden, wenn er eine ehrliche Wahl hätte zwischen unserer Illusion und seinen Freunden?

Mias Antwort meine ich zu kennen. Zwar malt sie viele farbenfrohe Bilder, die uns in verschiedenen Situationen in Schweden darstellen, und manchmal wirft sie auch optimistische Fragen ein, wie: „Mama, in Schweden können wir ja auch viel besser zusammen ausreiten, weil da nicht so viele Trecker fahren, oder?" Das zeigt mir, dass sie auch positive Gedanken hat zu all dem großen Unbekannten, von dem sich eine Fünfjährige sicher noch viel weniger ein Bild machen kann, als Julian und ich oder Noah. Trotzdem sagt sie mir fast täglich zwischen den Zeilen, dass sie sich hier wohl fühlt, dass sie Angst hat, in Schweden in den Kindergarten zu gehen, weil sie kein Schwedisch kann, dass sie nicht von ihrer allerbesten Freundin Zora weg will... Oder projiziere ich meine Gedanken und Gefühle in meine kleine Tochter? Vielleicht wird es ihr und auch Noah viel leichter fallen, in Schweden neuen Anschluss zu finden, als ich mir momentan vorstellen kann – und vielleicht auch viel schneller als ich es tun werde. Versuche ich möglicherweise meine Kinder als Alibi zu benutzen, um nicht selber die Verantwortung für ein eventuelles „Nein, wir bleiben doch in Deutschland" übernehmen zu müssen?

Obwohl unser Plan vom Auswandern äußerlich immer konkretere Formen annimmt, weiß ich, dass für mich innerlich doch noch nichts endgültig entschieden ist. Müsste ich all diese Bedenken dann nicht lachend von mir abschütteln können? Langsam wird die Zeit knapp. In einer Woche wollen wir unser Haus inserieren. Und dann ist es endgültig. Dann gibt es kein Zurück mehr! Ich brauche ein Zeichen!

Im Grunde aber lagen die Zeichen, die meinen inneren Aufbruch endgültig absichern sollten, und auf die ich nach wie vor wartete, die ganze Zeit vor mir: Wir hatten Süd-Westwind, und die Windräder rauschten Tag und Nacht. Wir hatten Frost, und der emsige Landwirt aus dem Dorf fuhr mit nicht enden wollendem Frohsinn seit Tagen wieder einmal tonnenweise Gülle auf die umliegenden Wiesen. Aber ich regte mich nicht mehr darüber auf, denn ich hatte eingesehen: Ich konnte und würde es nicht ändern. Im Grunde war ich sogar dankbar, dass er es tat: Er gab mir mein ersehntes Zeichen. Immer und immer wieder! Bei jeder Runde mit dem Hund vermisste ich Wald und Natur, und ich wusste: Bald würden hier wieder die Monokulturen aus Maisfeldern für die Biogasanlagen wachsen. Die Pferde standen missmutig auf dem matschigen Paddock und langweilten sich, denn ich hatte keinerlei Verlangen mehr, in dieser Umgebung, durch diese Agrarwüste zu reiten. Ich konnte es drehen und wenden, wie ich wollte und so oft ich wollte: Wir konnten nicht hierbleiben, es ging nicht, es funktionierte nicht. Wir würden hier nicht mehr glücklich werden. Ich musste es endlich akzeptieren. Ich durfte mich nicht mehr dagegen wehren und versuchen durch Verdrängung der Tatsachen mein Zuhause vor der Realität zu verteidigen. Der Kampf war längst verloren, und ich wusste es. Ich machte mir selbst das Leben schwer, in dem ich immer wieder alte Wunden aufriss und Melancholie hineinschüttete. Egal, was ich hier versuchte zu tun, wir mussten weiterziehen! Wir mussten nach Schweden gehen, um herauszufinden, ob dieses Land unsere Erwartungen tatsächlich erfüllen und die Versprechungen, die es uns gemacht hatte, halten konnte. Sonst würden wir immer wieder an diesen Punkt kommen und uns immer wieder fragen „Was wäre, wenn...?" Selbst, wenn wir eines Tages zurückkehren sollten, dann hätten wir wenigstens alle Erfahrungen gemacht, die wir offensichtlich machen mussten, um zur Ruhe zu kommen. Wo auch immer. Hier und jetzt würden wir es jedenfalls nicht. - Alles hatte seine Zeit, und unsere Zeit in Högel war vorbei. Unwiderruflich. Unsere Tage hier waren gezählt. Ich musste meine Komfortzone verlassen und auf Risiko setzen, alles auf eine Karte. Ziel, Satz und Sieg!

15

Am 21. Februar feierten wir wie jedes Jahr mit unseren Nachbarn das in Nordfriesland traditionelle Biike-Brennen. „Biike" bedeutet Feuerzeichen. Dazu wurden wie immer in allen Dörfern die Tannenbäume und geschnittenes Knickholz zu riesigen Haufen aufgeschichtet und angezündet. Das hatte nicht nur den praktischen Vorteil, dass man das alte Gestrüpp loswurde, laut den Überlieferungen aus der Vergangenheit sollte es vor allem dazu dienen, sowohl den Winter als auch böse Geister zu vertreiben. Auch hatte das Biike-Brennen auf den nordfriesischen Inseln zur Verabschiedung der Walfänger ge-

dient. Die Frauen hatten Feuer entlang der Strände angezündet, um den abfahrenden Seemännern ein langes, sicheres Geleit zu bescheren. Im Angesicht dieser bedeu-
tungsschweren Traditionen und im Feuerschein, der unsere Nachbarn und Freunde in ein nahezu unwirkliches
Licht tauchte, jagte mir dieser Abend eine Gänsehaut
nach der nächsten den Rücken hinauf und hinunter, denn
er war auch für uns nun symbolisches Zeichen für Aufbruch und Neuanfang. Das Leitfeuer leuchtete in den
dunklen Winterhimmel und würde hoffentlich auch für
uns ein Geleit sein für einen sicheren Weg in die Zukunft.
Ein kalter Westwind kündete davon, dass es Zeit war,
weiterzuziehen. Es war aber auch der Abend, bevor alles
endgültig werden würde. Scheinbar zufällig fiel diese
Veranstaltung auf den Vorabend des Tages, an dem alles
offiziell werden würde. Morgen würden wir unser Haus
im Internet inserieren. Ich hatte bereits im vergangenen
Sommer einer inneren Eingebung folgend viele Fotos von
unserem Gehöft im strahlenden Sommerglanz gemacht,
die wir nun dem von uns selber liebevoll verfassten Expo-
sé hinzufügen konnten. Immer wieder hatte ich den Text
gelesen und die wunderschönen Fotos minutenlang ange-
starrt. Wir verkauften ein Traumhaus! Und wir mussten
total irre sein, all das aufzugeben. So viel Herzblut, Zeit
und Geld steckten in jeder Ecke des Hauses und des
Grundstückes. So viele Erinnerungen.

Der eine Mausklick, der die Anzeige freischaltete und
damit sowohl die Vergangenheit beendete, als auch die
Zukunft einläutete, durchzuckte mich wie ein Strom-
schlag. Jetzt gab es keinen Weg mehr zurück. Wie ein
Eimer mit eiskaltem Wasser ergoss sich eine Flut aus
Schock und Erleichterung über mir und weckte mich aus
meiner Erstarrung. Endlich erhielt ich durch diesen Schritt
meine endgültige innere Klarheit, wenngleich diese noch

immer schmerzte. Aber durch die Tatsache, dass unser Entschluss nun öffentlich war, fiel endlich die Zweigleisigkeit meiner Gedanken weg. Endlich war aus den beiden Wegen, die ich in Gedanken tausend Mal auf und ab gegangen war, um herauszufinden, welcher wohl der richtige sein könnte, einer geworden – und der führte nach Schweden!

Wie ein Lauffeuer verbreitete sich die Neuigkeit bei den Nachbarn und im Dorf. Man fühlte quasi, wie die Telefonleitungen über Högel glühten und wie die Buschtrommeln auf Hochtouren wummerten. Es kam uns fast vor, als hätten sämtliche Leute nur darauf gewartet, dass die Anzeige endlich online ging, als hätten sie vor ihren Computern darauf gelauert, dass sich die heimlich dahingetuschelten Gerüchte endlich bestätigten. Vielleicht täuschten wir uns auch. Was uns aber Recht gab, war die Tatsache, dass unser Telefon nicht mehr stillstand. Sowohl Nachbarn als auch diverse Kaufinteressenten meldeten sich auf die Anzeige. Die Nachbarn erkundigten sich nach unseren Plänen, die Interessenten überschlugen sich vor Euphorie und Begeisterung. Innerhalb von nicht einmal 24 Stunden hatten sich bereits zwölf potenzielle Käufer für eine Besichtigung angemeldet und teilweise bereits am Telefon oder per Email beteuert, dass sie den Hof auf jeden Fall kaufen wollten. Immerhin konnte ich noch einige wichtige Freunde und Bekannte, die noch nichts von unseren Plänen gewusst hatten, persönlich erreichen, bevor sie die Neuigkeiten aus zweiter, dritter oder gar vierter Hand erfuhren. Erstaunlicherweise waren die Reaktionen durchweg positiv: Freude, Verständnis und Respekt vor dieser großen Entscheidung mischten sich mit totaler Überraschung und auch ein bisschen Wehmut.

Nach nur zwei Hausbesichtigungen hatten wir zwei Zusagen von zwei Kaufinteressenten! Dazu noch eine dritte telefonische – selbst ohne Besichtigung. Sogar überbieten wollten sich die potenziellen Käufer. Weitere zwanzig sehnsüchtige Interessenten standen noch auf unserer Warteliste. Julian war darüber total perplex. Mich wunderte es hingegen überhaupt nicht, dass das Interesse an unserem Hof so groß war, denn Resthöfe wurden immer rarer, und wir hatten hier ein wirklich schönes Domizil geschaffen. Wieder ging mir durch den Kopf, dass man schon wirklich sehr verrückt sein musste, um so einen Hof, so ein wunderschönes Zuhause zu verkaufen. Aber wir wussten warum, die Gründe gerieten nur in Anbetracht all der schönen, liebevollen Details schnell immer wieder in Vergessenheit. Die Begeisterung der Menschen, die unseren Hof besichtigt und sich sofort darin verliebt hatten, spiegelte auch unseren Traum, den wir für diesen Ort gehabt hatten. Es war schwer, den Blick nicht weiterhin in diesen Märchenspiegel zu richten, um seinem Zauber nicht wieder zu verfallen. - Sogar Makler hatten uns angerufen, um uns die Zügel aus der Hand zu nehmen oder vielmehr, um sich an einer möglichen saftigen Provision zu laben. Natürlich hatten wir lächelnd abgelehnt. An dem Hinweis, wir hätten den Hof viel zu günstig angeboten, war aber offensichtlich ein Funken Wahrheit, denn die Leute rannten uns buchstäblich die Bude ein.

Der eine Kaufinteressent war ein alternder Junggeselle und schien tatsächlich bereits unser Käufer zu sein, denn er hatte noch am Tag der Besichtigung einen Kapitalnachweis geliefert und einen Notartermin anberaumt. Er hatte offensichtlich tatsächlich das gesamte Geld für den Kauf bereits auf seinem Konto. Ein zusätzliches Plus aber war die Tatsache, dass er sogar das komplette Inventar für einen saftigen Aufpreis dazu kaufen wollte. Das würde uns nicht nur zusätzliches Geld in unsere Auswanderer-kasse bringen, sondern uns auch viel zeitintensive Arbeit abnehmen, die wir ansonsten aufbringen mussten, um alles einzeln zu verkaufen, auseinanderzubauen und abholen zu lassen. So könnten wir tatsächlich bis zu unserem letzten Tag in Deutschland in einem komplett möblierten Haus in unserer gewohnten Umgebung wohnen, anstatt in einer leeren Bude ohne jegliche Gemütlichkeit. Das wäre eine Riesenerleichterung. Zwar fragten wir uns ehrlich, was ein Junggeselle allein mit so einem großen Haus und Hof wollte – er hatte nicht einmal Tiere -, aber im Grunde ging uns das doch gar nichts an.

Die anderen Interessenten, ein junges Paar mit Kind, waren uns schon durch die Tatsache sehr sympathisch, dass auch sie zwei Haflinger besaßen und den Hof quasi zumindest in Ansätzen in unserem Sinne weiterführen würden. Wahrscheinlich würden sie das große Haus voll nutzen und mit Leben füllen können, und außerdem würden sie bestimmt gut in die Nachbarschaft passen. - Aber würden sie das wirklich? Wie sollten wir das nach nur einer Stunde Unterhaltung beurteilen? Und war das überhaupt unsere Aufgabe? Lag es tatsächlich in unserem Ermessen, einschätzen zu können oder zu müssen, ob die potenziellen Käufer hierher passten oder nicht? Wäre es nicht anmaßend und unfair, den einen Vorrang zu geben, nur weil sie vielleicht auf den ersten Blick passender erschienen? Musste nicht jeder die gleiche Chance erhalten? - Wir entschieden uns, demjenigen das Haus zu verkaufen, der am schnellsten und problemlosesten alles abwickeln konnte. Wir mussten auch ans uns denken. Ob jemand hierher passte oder nicht, dass würde erst die Zeit zeigen. So war es doch auch bei uns gewesen: Es hatte sich lange so angefühlt, als würden wir perfekt hierher passen - und taten es langfristig eben doch nicht.

Nach einigen Telefonaten und Emails stand fest: Der Junggeselle würde unser Käufer werden. Er kam noch einmal, um die Sache mit den Möbeln zu besprechen und beteuerte, er wolle tatsächlich alle Möbel, das komplette Inventar übernehmen. Wir müssten uns dann quasi nur noch darum kümmern, die Schränke leer zu machen und unsere Koffer und Umzugskisten zu packen. Was für eine Erleichterung! Ebenfalls erleichternd für mich war der Anruf des jungen Paares, das uns mitteilte, dass es wider Erwarten doch keine Finanzierung für unser Haus bekommen hatte. Dieser Umstand nahm mir das schlechte Gewissen, dass die jungen Leute das Haus vielleicht mehr verdient hätten. Ob dieser Gedanke nun irrational war oder nicht. Und er nahm mir die Verantwortung, irgendwelche Entscheidungen zu treffen, die außerhalb meines Sichtfeldes lagen. Der Notar jedenfalls setzte bereits einen Vorvertrag auf. Wenn alles glatt lief, konnten wir schon nächste Woche den Notartermin machen. Dass alles so schnell ging, überraschte mich nun doch. Und die Vorstellung, dass dieser fremde Mann demnächst in unser gemachtes Nest einziehen würde, war schon mehr als merkwürdig. Allerdings schmerzte es weniger als erwartet. Trotz aller Erleichterung über endgültig getroffene Entscheidungen und die schnelle Entwicklung, über die offensichtlich spielend leichte Abwicklung des Verkaufes und die verringerte Last durch wegfallende Organisationen was die Möbel betraf, trotz allem mochte ich nicht an den Tag unserer Abfahrt denken, an den Morgen, an dem ich zum allerletzten Mal in unserem Schlafzimmer aufwachen und wissen würden: Hier werde ich nie wieder aufwachen.

Obwohl er Feuer und Flamme gewesen war und das Haus unbedingt hatte haben wollen, trotz stehender Finanzierung und trotz Notartermin, sprang der Junggeselle plötzlich ab. Nachdem wir kurz etwas geschockt, in erster Linie aber total überrascht waren, sahen wir es aber positiv. Wir hatten ja ohnehin gefunden, dass er hier nicht so richtig reingepasst hätte – wahrscheinlich hatte er es selber nun auch gemerkt und besser spät als nie eingesehen, dass er auf dem Holzweg gewesen war. Wir machten ihm keine Vorwürfe. Was hätte er auch alleine mit diesem riesigen Hof machen wollen? Gut, dass er es noch eingesehen hatte. Für uns bot sich nun die einmalige Gelegenheit, den Preis für unseren Hof noch etwas anzuziehen und Menschen, die unser Haus weiterhin mit Leben füllen konnten, eine neue Chance zu geben. Das freute mich, denn auch, wenn es mir im Grunde egal sein konnte, fühlte ich mich besser, wenn das große Haus nicht durch einen einsamen Junggesellen blockiert werden würde, der dazu noch nicht einmal Tiere hatte. Viel schöner wäre es doch, wenn eine junge Familie mit Tieren hier einziehen würde.

Es folgten zwei weitere Besichtigungstermine, beide mit jungen Paaren, alle total sympathisch und voller Begeisterung. Die einen kamen sogar aus Högel. Beide Pärchen wollten das Haus unbedingt, darum sagten wir ihnen, wer zuerst eine Finanzierung auf die Beine stellen und einen Notartermin machen würde, der würde es bekommen. Die Möbel verkauften wir nun einfach mit, denn die Option und das Gefühl, sich darum nicht mehr kümmern zu müssen, war einfach zu schön gewesen, um es wieder aufgeben zu wollen. Beide Paare waren außerdem begeistert von unserer Einrichtung und freuten sich über die Möglichkeit, die Möbel mitzukaufen. Nach nur einem Tag stellte sich heraus, dass unser Haus offensichtlich in Högeler Hand bleiben sollte, denn in Windeseile hatte das junge Paar aus dem Dorf tatsächlich bereits den Notar beauftragt. Die beiden schienen sich ihrer Finanzierung also sicher zu sein. Falls es doch nicht klappen sollte, wussten wir, standen die anderen schon Schlange. Der geplante Notartermin für die kommende Woche blieb also trotz einer Absage weiterhin bestehen.

16

Zwar hatte ich in all dem Trubel noch immer nicht die Zeit gefunden, mich aufs Schwedisch lernen zu konzentrieren, aber nun kam ich immerhin dazu, zu klären, was wir noch unternehmen mussten, damit unsere Tiere mit nach Schweden reisen durften: Luzie brauchte nur eine Auffrischung ihrer Tollwutimpfung, Chip und Heimtierausweis besaß sie ja schon. Unser Kater Findus musste noch gechippt, gegen Tollwut geimpft und entwurmt werden. Ich bekam einen Termin beim Tierarzt für die kommende Woche. Das war schon fast ein wenig knapp, denn die Tollwutimpfung gilt erst nach vier Wochen als aktiv – und dieser Termin kam unserem geplanten Abreisetag schon bedrohlich nahe. Unsere beiden Pferde sollten voraussichtlich erst einmal einige Wochen oder gar Monate bei meiner lieben Freundin Anke unterkommen. Wir würden sie nachholen, wenn wir unser endgültiges Domizil in Schweden bezogen haben würden. Dann, zwei Tage vor der Überfahrt, müssten sie von einem Amtstierarzt begutachtet und für gesund und transportfähig erklärt werden. Ich stellte den Kontakt zum Amtstierarzt her, und er schickte mir die nötigen Formulare per Email.

Auch unsere letzten fünf Hühner mussten geschlachtet werden. Zwar wären sie aufgrund der seit Monaten andauernden Stallpflicht ohnehin dran gewesen, aber der leere Auslauf machte mir trotzdem schmerzlich bewusst, dass sich hier alles endgültig in Auflösung befand. Seit 14 Jahren hatten wir immer Hühner gehabt, nun würde es Monate dauern, bis wir wieder welche haben würden. Traurig sah ich einige Federn die leere Stallgasse entlang wehen. Andererseits fühlte ich mich auch erleichtert, da ich nach und nach alle Boxen im Stall ausmisten konnte. Nun suchten nur noch unsere beiden letzten Ziegen, Lisa und Nelly, ein neues Zuhause. Hoffentlich würde sich bald jemand finden, der sie übernehmen wollte, denn auch hier drängte plötzlich die Zeit. Hier im Dorf wurde ich inzwischen „die Ziegenfrau" genannt, und obwohl ich den Begriff anfangs etwas befremdlich gefunden hatte, war ich inzwischen stolz darauf. Umso schwerer fiel es mir jetzt, mich von meinen Ziegen zu trennen. In knapp fünf Wochen würde die Stalltür, durch die ich wohl mehrere tausend Male gegangen war, um hier meine Tiere zu versorgen, für immer hinter mir zuschlagen. Würde ich je wieder Ziegen haben? Im Gegensatz zu all den materiellen Dingen, die mit ihrem Verschwinden Freiraum in mir wachsen ließen, verursachte die Trennung und der Abschied von meinen Tieren eine schmerzende Lücke.

Knapp fünf Wochen waren eine verdammt kurze Zeit, um noch all die Dinge zu erledigen, die erledigt werden mussten. Ich rief beim örtlichen Flohmarktveranstalter an, um einen Standplatz für den nächsten Hallenflohmarkt in einer Woche zu buchen. Leider erreichte ich aber niemanden, und trotz meiner Bitte um Rückruf meldete sich tagelang niemand zurück. Langsam wurde ich unruhig, denn ich befürchtete, dass es womöglich keinen freien Platz mehr geben könnte. Und dabei hatte ich doch so viele Sachen, die ich dort verkaufen wollte − und musste! Ich hatte diesen Termin fest eingeplant und keine Sekunde daran gezweifelt, einen Platz zu bekommen. So oft schon war ich auf diesem Flohmarkt gewesen, und noch nie hatte ich Probleme gehabt, einen Platz zu bekommen. Was sollte ich denn bloß mit den ganzen Sachen machen, wenn ich dort nicht würde verkaufen können? Das wäre eine mittelschwere Katastrophe. Ich rief nach Julian: „Schatz, wir können leider nicht auswandern, ich kann nicht zum Flohmarkt!"

Wie erwartet, war der Flohmarkt tatsächlich ausgebucht. Wir beschlossen also, Ende des Monats einen Stallflohmarkt bei uns zu veranstalten. Vorher aber mussten wir den Notartermin hinter uns bringen. Als befände ich mich in einer Seifenblase, nahm ich an diesem Tag nur verschwommen wahr, was um mich herum passierte. Ich hatte mich offenbar mental ausgeklinkt, um diesen folgenschweren Termin etwas abzudämpfen. Kaum ein Wort drang zu mir durch, als der Notar den seitenlangen Vertrag mit all seinen unverständlichen Klauseln und schlüpfrigen Paragrafen verlas. Unentwegt starrte ich auf das riesige Bild an der Wand: Eine überdimensionale Schwarzweiß-Fotografie eines Maisfeldes. Darüber die drohenden Rotoren von sechs Windrädern. Falls ich noch irgendwelche Zweifel gehegt hatte, ob ich hier und heute tatsächlich den Verkauf unseres Hofes im wunderschönen Nordfriesland mit meiner Unterschrift besiegeln sollte, dieses Werk mit seiner als Kunst getarnten Endzeitstimmung, seine bedrohliche Überheblichkeit hätte mir ohne Zweifel den letzten Tritt verpasst.

17

Auf einmal passierte etwas Seltsames. Es war der Samstag nach unserem Notartermin, als Julian und ich am Frühstückstisch plötzlich mitten in einem hitzigen Gespräch über den Kauf eines Wohnwagens steckten. Keiner von uns konnte genau sagen, wie es dazu gekommen war, aber wir hatten auf einmal beide das Gefühl, wir müssten noch einmal durch Deutschland fahren, um uns dort umzusehen. Die meisten unserer Bilder von Deutschland stammten aus dem Internet. Natürlich waren wir als Kinder und Jugendliche im Harz und in der Pfalz gewesen, Julian auch in Bayern. Aber das schien Ewigkeiten her zu sein, und als Kinder hatten wir die Welt aus einem völlig anderen Blickwinkel betrachtet. Jetzt schien es plötzlich unausweichlich wichtig für unseren Weg zu sein, eine für alle unerwartete Kehrtwendung einzulegen und anstatt nach Norden nun vorerst in den Süden aufzubrechen. Wir wollten uns die verschiedenen Bundesländer ansehen, Immobilien besichtigen und Deutschland eine allerletzte Chance geben, uns vielleicht doch noch davon zu überzeugen, unser Heimatland nicht zu verlassen. Am nächsten Tag sprachen wir bereits von Europa. Auch Italien, Österreich und die Schweiz wollten wir uns ansehen, wenn wir schon unterwegs waren. Vielleicht sogar Frankreich, Spanien und Portugal. Wir lachten über unsere verrückte Idee, und jeder der uns kannte, schüttelte sicherlich den Kopf über so viel scheinbar planlose Unentschlossenheit. Im Grunde aber rechneten wir gar nicht damit, eine Immobilie in Deutschland zu finden, wahrscheinlich war das nicht einmal unser Bestreben. Aber ein höherer Plan schien diese Reise einzufordern. Wir müssten diesen Weg gehen, daran hatten wir beide keine Zweifel. Und plötzlich überkam mich eine schwebende Leichtigkeit, die mich von allen Bedenken und Ängsten befreite. Alle Verbindlichkeiten traten aus unserem Leben, alle Pflichten, alle Pläne lösten sich in Wohlgefallen auf, nichts war mehr in Stein gemeißelt, alles wieder offen. Wir würden das Geld vom Hausverkauf auf unserem Konto haben, den Wind im Rücken und vor uns die offene Straße. Alles war plötzlich möglich. Wir würden frei sein.

Also kauften wir einen Wohnwagen. Und irgendwie erschien mir alles andere plötzlich nebensächlich. All meine Träume und Hoffnungen ballten sich plötzlich in diesen neun Quadratmetern, konzentrierten sich nur noch auf den Weg ins Ungewisse, einen Weg ohne Ziel. Noch leichter fiel es mir nun, Materielles loszulassen, denn im Wohnwagen würden wir noch weniger Platz für Unnützes haben.

Mein Drang, alles hinter mir zu lassen, erreichte seinen Höhepunkt, als einer meiner Nachbarn eines Tages vor unserer Tür stand und mich fragte, ob ich ihm nicht unsere Pferde verkaufen wollte. Genau solche Pferde bräuchte er für seine Frau und seine kleine Tochter. Ich winkte lachend ab, aber ich merkte, dass die Frage durchaus berechtigt war und auch schon ab und zu schüchtern in mir genagt hatte. Zwar hatte ich den Gedanken, die Pferde zu verkaufen, immer sofort verdrängt, beinahe empört, dass ich überhaupt darüber nachdenken konnte, aber ich wusste, dass das eigentlich der ultimative Befreiungsschlag wäre. Wir wussten nicht, wie lange wir mit dem Wohnwagen unterwegs sein, wohin es uns verschlagen würde. Wie lange konnte ich es meiner Freundin Anke zumuten, auf meine Pferde aufzupassen, während ich die Luft der großen weiten Welt inhalierte? Und wieviel freier würde ich mich fühlen, wenn ich nicht immer im Hinterkopf die Frage hätte, wie es wohl meinen Pferden ging? Was, wenn sie in meiner Abwesenheit krank werden würden? Es wäre definitiv einfacher, all diese Gedanken gemeinsam mit den Pferden in gute Hände abzugeben. Die Anfrage meines Nachbarn schien doch wie ein Wink des Himmels zu sein, nahezu schicksalhaft. Also sagte ich nach zwei Tagen zu. In einer Woche würde ich meinem Nachbarn die Pferde bringen, solange würde er brauchen, um alles vorzubereiten. Ich war zwar schockiert über meine Entscheidung, gleichzeitig aber fühlte ich, wie ich immer leichter wurde. Nahezu schwerelos machte ich einen letzten Ausritt mit meiner Stute Nasti. Reitend verabschiedete ich mich von meiner alten Reitstrecke und von dem vertrauten Schunkeln meines Pferdes. Überzeugt, dass Richtige zu tun, aber doch mit einem etwas mulmigen Gefühl, stieg ich ab und hängte zum letzten Mal meinen Sattel an seinen Platz an der Wand.

In den kommenden Tagen ging es ans Eingemachte. Jeden Tag kamen Menschen vorbei, um irgendwelche Dinge bei uns abzuholen, die wir bei Ebay-Kleinanzeigen inseriert hatten. Spielzeug, Hausrat, Pferdezubehör und vieles mehr verließ unseren Besitz und wechselte seinen Aggregatzustand von fest zu schein- oder münzförmig. Freundinnen kamen mit leeren Autos, um einen Tee mit mir zu trinken, und fuhren mit Kofferräumen, gefüllt mit meiner über die Jahre angesammelten Gartendeko: alte Milchkannen, rostige Kannen, Blumenkübel, die in wenigen Monaten blühende Dahlien, Hortensien oder Rosen hervorbringen würden. An den Blüten meiner jahrelangen Pflege und Liebe zu meinen Pflanzen würden sich ab jetzt meine Freundinnen erfreuen. Vielleicht würden sie bei diesem Anblick an mich denken, dachte ich, und dieser Gedanke tröstete mich ein wenig, denn meine Pflanzen herzugeben, fiel mir doch schwer. Ich wusste, wie lange es dauern würde, bis ich wieder in einen richtigen Garten mein Eigen nennen konnte.

Einige Tage vor der geplanten Übergabe meiner Pferde bekam ich eine SMS. Der Nachbar bat vielmals um Entschuldigung, aber er würde die Pferde doch nicht nehmen. Seine Frau habe Bedenken bekommen, dass der Tochter etwas beim Umgang mit den Pferden oder beim Reiten zustoßen könnte. Ich war zwar recht perplex, denn immerhin hatte er mich doch fast um die Pferde angebettelt, aber ich konnte die Bedenken auch nachvollziehen. Als Mutter war man einfach manchmal Ängsten ausgesetzt, denen man sich nicht oder nur schwer erwehren konnte. Wie könnte ich ihr einen Vorwurf machen? Auch wenn ich es vorher nie in Erwägung gezogen hatte, das Gefühl, das mich überkommen hatte, als ich die Pferde quasi verkauft hatte, war irgendwie sehr befreiend gewesen. Sollte ich mich nun vielleicht doch noch auf die Suche nach jemand anderem machen, der die Pferde übernehmen wollte? Oder war ich gerade so sehr mit Ausmisten und Loslassen beschäftigt, so im Rausche des „mich Befreiens" von allem, dass ich damit eventuell zu weit ging? Würde ich es nicht irgendwann bereuen, wenn ich meine Pferde jetzt weggab? Und: Gehörten sie nicht zur Familie? Waren sie nicht einer der Gründe, warum ich war, wer ich war. Pferde waren immer der Mittelpunkt meines Lebens gewesen, das Zentrum meiner Motivation. Andererseits war es ein tolles Gefühl gewesen, zu wissen, nichts im Hinterkopf haben zu müssen, worum ich mir Sorgen und Gedanken machen müsste. Und die beiden waren nicht mehr die Jüngsten, beide über 20. Konnte ich ihnen so eine lange Fahrt im Anhänger – wohin auch immer – überhaupt noch zumuten? Fragen praktischer, moralischer und emotionaler Natur verbanden sich in meinem Kopf zu einem unentwirrbaren Knäuel. Ich hatte in dieser Sache den Faden verloren.

18

16 Tage vor der geplanten Übergabe an die neuen Besitzer unseres Hofes waren die meisten unserer Schränke leer. Fast alles steckte in Kisten für unseren Flohmarkt oder war bereits in Umzugskartons verstaut. Und obwohl wir

so viel aussortiert hatten, sah das Haus noch kaum verändert aus. Natürlich war es hier und da leerer geworden, dadurch dass so viel Deko und Pflanzen von den Fensterbänken verschwunden waren, aber im Grunde war es noch immer wohnlich und gemütlich, und ich konnte mich der gelegentlichen Verlockung nicht erwehren, mir vorzustellen, alles wäre wie immer. Ich zog die Kunst der Verdrängung noch immer gerne heran und spielte hin und wieder das alte Spiel „wir bleiben". Obwohl ich unentwegt aussortierte und einpackte, gelang mir noch manch eine mentale Täuschung. Wahrscheinlich würde ich erst am Tag, an dem ich alle Bilder abnehmen und einpacken würde, vor der Verdrängung kapitulieren und mir endlich eingestehen, dass wir dabei waren, auszuziehen. Denn obwohl ich ja im Grunde seit Wochen auf nichts anderes mehr hinarbeitete, als auf den Aus- beziehungsweise Umzug, die eigentliche Tatsache versuchte ich meist noch unter den Tisch zu kehren.

Allerdings stellte ich immer häufiger fest, wie entspannt und ruhig ich doch eigentlich war, seitdem wir beschlossen hatten, erst noch mit dem Wohnwagen durch Deutschland zu fahren. War das etwa ein Zeichen? Ein Zeichen, dass ich eigentlich trotz meiner Begeisterung für dieses wunderschöne Land eigentlich noch immer gar nicht nach Schweden auswandern wollte? Bisher war ich in meinem Leben immer meinem Bauchgefühl gefolgt, wenn es um wichtige Entscheidungen ging. Und was Schweden anging, hatten sowohl mein Kopf, als auch mein Herz bisher meist aus vollem Leibe „ja!" gerufen, aber mein Bauch schien noch immer nicht überzeugt. Nun aber, wo wir mit noch weniger Dingen ins vollkommen Ungewisse aufbrechen wollten, da breitete sich plötzlich Ruhe, Frieden und Entspannung in mir aus? Wie war das möglich? Ich, die immer wie eine Glucke auf ihrem Nest gesessen hatte und nicht einmal in Urlaub hatte fahren wollen, weil es zu unvorhersehbar gewesen war, würde in ein paar Tagen ins vielleicht größte Abenteuer meines Lebens starten ohne große Bedenken und ohne übermäßiges Herzklopfen? Sollte Schweden nur Mittel zum Zweck gewesen sein, um mich von unserem Hof in Högel und mit ihm von all dem angesammelten Ballast lösen zu können? Und wieso hatte mich dieser Gedanke vor ein paar Wochen noch so aus der Bahn geworfen, als Julian plötzlich Zweifel überkommen hatten und er auf einmal Bayern statt Schweden in Erwägung gezogen hatte? Was hatte sich seitdem geändert? Hatte sich durch all das Loslassen in mir so viel bewegt und verändert, dass ich zum ersten Mal in meinem Leben tatsächlich die Freiheit verspürte, spontan Pläne über den Haufen zu rennen, um von einer Minute auf die andere etwas völlig anderes zu tun? Und war das gut oder etwa völlig verrückt? Wie auch immer: Es fühlte sich gut an, auch wenn es ein bisschen verrückt war. *Wir* fühlten uns gut! War das nicht das Wichtigste?

Wir brachten den Stallflohmarkt erfolgreich hinter uns, bei dem wir jede Menge alter Schätze in Geld verwandelten. Alles, was dann noch übrigblieb, holte ein junges Paar zu einem Komplettpreis ab, um seinerseits damit auf Flohmärkte zu gehen. Wir waren tatsächlich alles, was wir nicht brauchten, restlos losgeworden. Sogar unsere Fahrräder hatten wir verkauft. Alles, was wir mitnehmen wollten, musste letztendlich in einen Pferdeanhänger passen. Denn nach unserer Zeit im Wohnwagen, wie lange sie auch dauern würde, wollten wir diesen gegen einen Pferdeanhänger tauschen. Jener alleine würde unser Umzugswagen sein und mit ihm würden wir später die Pferde abholen. Einige Kartons hatten unsere Eltern bei ihren letzten Besuchen bereits mitgenommen, um sie bei sich für uns zu verwahren. Eine Fuhre, vor allem mit Werkzeug und der Solaranlage, die wir für Blankan gekauft hatten, brachte Julian mit dem Anhänger unserer Nachbarn zu seinem Vater, um sie dort im Keller einzulagern. Der gesamte Rest musste in den Wohnwagen passen: Klamotten, ein paar Bücher, einige Küchenutensilien, CDs, ein paar Spielzeuge für die Kinder und einige persönliche Dinge – das war alles, was wir in den nächsten Wochen oder gar Monaten besitzen würden.

Nun blieben noch zehn Tage bis zum Auszug. Die Ziegen hatten ein neues Zuhause gefunden, wir hatten zum letzten Tag vor den Osterferien Noah von seiner Schule und Mia beim Kindergarten abgemeldet und sämtliche Vorbereitungen getroffen. Unser Kater Findus würde vorübergehend weiterhin hier bei den neuen Besitzern wohnen dürfen, bis wir ihn nach unserer Reise abholen würden. Wenn man es positiv sah, gingen wir in weniger als zwei Wochen auf große Abenteuerreise. Vielleicht waren wir mutige Individualisten mit dem Sinn für ungewöhnliche Wege und Visionen. Freidenker. Beneidenswert. Inspirierend. Wenn man es jedoch kritisch oder auch nur halbwegs realistisch betrachtete, waren wir vielleicht auch nur ein paar obdachlose Spinner oder Hippies, die obendrein einen Hang zur Kriminalität hatten und leicht asozial waren, weil sie ihr schulpflichtiges Kind von der Erfüllung seiner Pflicht abhielten.

19

Es war Frühling! Alles wurde plötzlich grün, die Vögel zwitscherten und sangen ihre Lieder über länger werdende Tage. In den Beeten trauten sich die ersten mutigen Pflänzchen aus der Erde, und an den Gehölzen regten sich die ersten Knospen. Die Sonne schien wieder mit ungeahnter Kraft, als hätte sie über Nacht den Winter einfach abgeschüttelt. Die Luft war mild und duftete nach Wärme, überall lugten die Krokusse aus der Erde und erschienen in wilden Grüppchen auf dem Rasen vor unserem Haus. Aber es war ja gar nicht mehr unser Haus. Das Gebäude, das fünf Jahre lang unser Zuhause gewesen war, wurde mehr und mehr zu einer Hülle, die uns noch wenige Tage ein Dach über dem Kopf schenken würde. Nicht mehr und nicht weniger. Jeden Tag verschwanden die Spuren von dem, was dieses Haus zu unserem Heim gemacht hatte. Jeden Tag wurde es leerer, unpersönlicher. Die Schränke waren ausgeräumt, die meisten Dinge verpackt. Unser ganzes bisheriges Leben war komprimiert, in Kisten verstaut, aufgelöst, ausgelöscht. Nur die Bilder an den Wänden hielten nach wie vor tapfer den Schein aufrecht, als wäre das hier noch unser Zuhause. Wie Schutzschilder verteidigten sie mein Herz und meine Seele vor dem Moment der Wahrheit. Das würde das Schwierigste am ganzen Auszug werden: Die Bilder abnehmen, Bilder von glücklichen Zeiten in Kartons verpacken - sie einmotten mit dem Rest unserer Vergangenheit. Wann würde ich sie wieder auspacken? Und vor allem, wo?

Zwischen all den gepackten Kisten, Kästen, Koffern und Kartons wurde ich krank. Oder vielleicht fühlte ich mich auch nur krank. Schwach. Ausgebrannt. Leer. Genauso leer wie das Haus fühlte sich mein Kopf an. Mein ganzes Ich. Leergeräumt. Was sich bisher nach dem Schaffen von Freiraum angefühlt hatte, fühlte sich auf einmal an wie völliges Vakuum. Plötzlich hatte ich wieder Zweifel, ob wir das Richtige taten. Plötzlich wurde es ernst, und selbst ich konnte mein Schutzschild der Verdrängung nicht länger aufrecht halten. Ich musste den Tatsachen langsam ins Auge sehen. An jeder Ecke, bei jeder Begegnung lauerte ein neuer Abschied. Jeden Tag absolvierte ich unzählige „letzte Male" von irgendwelchen Dingen, die eigentlich Routine waren: Die letzte Fahrt zu den Pfadfindern, das letzte Mal hierhin oder dorthin, das letzte Treffen mit dem oder dem. Und noch so viele letzte Male standen mir in diesen wenigen letzten Tagen bevor: Der Abschied von den Nachbarn, von der Schule, vom Kindergarten, von den Freunden, vorläufig auch von den Pferden, die nun wie geplant vorübergehend bei meiner Freundin Anke wohnten, bis wir sie irgendwann holen würden, um sie irgendwohin zu bringen. Es war schwer durchzustehen.

Von all den Abschieden, von all der Ungewissheit wurde mir ganz schwindelig. Kein Wunder, dass einige Menschen einen Umzug als Trauma erleben. Es ist eben doch so viel mehr, als nur ein Ortswechsel. Man lässt so viel mehr zurück als nur ein Haus. So viele Menschen. Und irgendwie bleibt auch ein Stück Identität zurück. Ideen. Pläne. Träume. Ich hatte gemeinsam mit vielen materiellen Dingen jede Menge Visionen aussortiert oder in Umzugskartons verpackt, und bei einigen war ich nicht sicher, ob ich sie jemals wieder auspacken würde. Manchmal fühlte ich mich, als würde ich meine eigene Beerdigung vorbereiten: Ich löste meinen Haushalt auf, meine sozialen Kontakte, mein Leben. Ich erledigte all die kleinen Dinge, die nie zuvor erledigt wurden. Ich verabschiedete mich von Menschen und Orten, die ich vielleicht nie mehr wiedersehen würde. Als wäre der Tag des Auszuges so etwas wie mein Todestag, nur dass danach ein neues Leben beginnen würde. Eine Wiedergeburt. Ich hatte einen Kloß im Hals. Halsschmerzen. Bauchschmerzen. Herzschmerzen. Meine Ohren dröhnten, und ich fragte mich, ob es dieses Mal von den Windrädern kam, oder ob es das Echo all der Erinnerungen war, das von den leeren Wänden meines Kopfes wiederhallte.

Das einzige, das mich in diesen Tagen weiter antrieb, war die stete Vision von einem besseren Leben an einem besseren Ort. In diesen letzten Tagen fragte ich mich immer häufiger, was ich eigentlich wollte. Wohin wollte ich? Was wollte ich dort machen? Wonach suchte ich? Was war wirklich wichtig? Was machte mich glücklich? - Momentan wusste ich die Antworten nicht. Mein Kopf schien im Standby-Modus zu sein und auf eine Art Neustart zu warten. Mir schien es immer mehr so zu sein, dass die Suche nach einem neuen Zuhause gar nicht der Mittelpunkt unserer Reise sein würde. Vielmehr schien die Reise einen gewissen Selbstzweck erfüllen zu müssen. Wir mussten einmal alles loslassen und niederstampfen, was wir uns in all den Jahren aufgebaut hatten, um von Null anzufangen. Einmal frei werden im Kopf und im Herzen, um neu zu erfahren, was wir eigentlich wollten. Und ich war sicher, dass ich da für uns beide sprechen konnte, denn Julian schwankte genauso wie ich zwischen Schweden und Deutschland, zwischen Norden und Süden, zwischen einem Grundstück mit 5000 Quadratmetern und einem mit fünf Hektar. Zwar hatten wir ja bereits zugesagt, Blankan zu kaufen, aber wir waren sicher, im Falle des Falles würde Hans es uns nicht übelnehmen, wenn wir einen Rückzieher machten.

Wollten wir überhaupt noch Selbstversorger bleiben? Oder wollten wir uns komplett unabhängig davonmachen? Viel hing auch davon ab, wie wir uns in Zukunft ernähren wollten. Unsere Essgewohnheiten hatten sich in den vergangenen Jahren drastisch verändert: Von der norddeutschen Hausmannskost, die man optimal durch Selbstversorgung in nördlichen Gefilden verwirklichen konnte, sowohl durch Tierhaltung, als auch durch Gemüse- und Kartoffelanbau, durch Einmachen, Einkochen und Ziegenmilchprodukte, waren wir in letzter Zeit immer weiter abgerückt. Seit langem aßen wir glutenfrei und mieden Zucker. Wir wollten mehr Rohkost, weniger tierische Produkte, weniger Gekochtes und Konserviertes, weniger Brot und stärkehaltige Getreideprodukte. Das war sowohl in Norddeutschland als auch in Schweden schwer um zusetzten, schon alleine durch die kurzen Sommer. Im Süden schien es alleine durch die längeren Vegetationsperioden und die höheren Temperaturen einfacher zu sein. Ließ sich all das überhaupt mit Schweden vereinbaren? Oder sollte unsere neue geplante Wahlheimat vielleicht nur das Sprungbrett gewesen sein, damit wir unseren Hof verkaufen konnten? Sollte es uns nur die Augen dafür geöffnet haben, dass wir etwas anderes wollten und brauchten, als das, was wir in Högel hatten? Oder würden wir auf unserer Reise feststellen, dass es tatsächlich so war, wie wir es die ganze Zeit schon vermuteten - nämlich, dass es in Deutschland nicht das gab, was wir suchten, was wir brauchten: unberührte Natur, Ruhe, Stille, Abgeschiedenheit, saubere Flüsse zum Angeln und unbegrenzte Wälder zum Jagen. Denn vor allem die Möglichkeiten zu Jagd und Fischfang würden unsere Selbstversorgung auf eine ganz neue Ebene anheben, die nicht nur qualitativ erstrebenswert war, sondern uns auch unabhängiger von Tierhaltung und der damit verbundenen aufwendigen Pflege machen würde.

Und so tauchten in meinem Kopf und in meinem Herzen doch immer wieder Bilder von Schweden auf. Wie glücklich war ich dort gewesen? Wie sicher, dass das der Ort war, an dem ich leben wollte? Hatten wir nicht alles seit Monaten daraufhin ausgerichtet, alles so geplant, damit wir in dieses Land ziehen konnten, das die Verheißung all unserer Träume zu sein schien? Hatten wir nicht alles losgelassen, um nach Schweden gehen zu können? Und nun, da wir es endlich konnten, starteten wir mit unserem

Wohnwagen in genau die entgegengesetzte Richtung! Wieder also taten sich mindestens zwei parallele Wege, zwei Möglichkeiten, zwei Lebensmodelle vor mir auf. Aber es belastete mich nicht mehr so sehr. Ich ließ die Möglichkeiten einfach vor mir auftauchen und konnte es die meiste Zeit genießen, dass ich frei war, mich so zu entscheiden, wie ich wollte. Ich hatte tief in mir das Vertrauen gefunden, dass wir dort landen würden, wo wir sein sollten. Alles würde sich finden, wenn wir erst einmal unterwegs waren. Vielleicht sogar wir uns selbst.

Der Abschied rückte näher und näher. Ich konnte meine Tränen nicht mehr kontrollieren. Fast unentwegt kullerten sie über meine Wangen. Und Nordfriesland wollte uns den Abschied besonders schwermachen. Das oft so graue Land zeigte sich in diesen letzten Tagen fast ausschließlich von seiner schönsten Seite: morgendliche Nebelschwaden, durch die sich bereits früh die Frühlingssonne erahnen ließ, waberten fast mystisch über die Felder und verhüllten die Windräder in ein Tuch aus weißer Seide, um sie unsichtbar zu machen. Dazu war es seit Tagen fast windstill, so dass man die Mühlen nicht einmal hörte. Nordfriesland zwinkerte höhnisch und sagte: „Guckt mal, hört mal! Es ist alles gar nicht so schlimm! Ihr begeht den größten Fehler eures Lebens! Ihr habt euch alles nur eingebildet, eingeredet, schlechtgemacht. Es ist wunderschön hier. Guckt doch, hört doch! Und nun ist es zu spät zum Umkehren!" - Kurz glaubte ich Nordfriesland, bereute unseren Entschluss und weinte ein bisschen. Aber dann durchschaute ich es und sagte: „Du bist nur ein Blender! Ich weiß, wie schön du einmal warst, aber das bist du nicht mehr! Jedenfalls nicht für uns. Du hast deine Seele an den Teufel verkauft, deine inneren Werte aufgegeben - du bist nicht mehr das wunderschöne Land der Horizonte, das du einmal warst und weswegen ich dich so geliebt habe. Du bist nur noch Agrarwüste. Du kannst mich nicht mehr täuschen! Wir tun das einzig Richtige! Um deinetwillen bin ich nicht traurig!" Und dann weinte ich weiter. Nicht um Nordfriesland, sondern um die Menschen, die ich zurückließ.

Und der Abschied von diesen geliebten Menschen zerriss mir bei jedem einzelnen das Herz. Ich sah ihnen in die Augen und sagte ihnen „Lebe wohl!". Wenn ich sie umarmte, weinte ich und hinterließ als Andenken salzige Spuren auf ihren Schultern. Trotzdem ging ich keinem einzigen dieser Abschiede aus dem Weg. In früheren Zeiten, bei früheren Ortswechseln, war ich oft einfach gegangen, ohne mich bei allen zu verabschieden. Das war feige und schwach, aber ich hatte gewusst, dass ich es nicht hätte durchstehen können. Dieses Mal aber wollte ich niemanden unverabschiedet zurücklassen, der mir hier etwas bedeutet hatte. Ich stand zu meinen Tränen und zu meinem Schmerz. Sie durften wissen, wie schwer es mir fiel, zu gehen. Ich musste nicht stark sein, indem ich meine Tränen versteckte, oder Stärke vortäuschen, indem ich einfach die Flucht ergriff. All diese Abschiede waren auf befreiende Weise nachhaltig und erlösend. Sie reinigten meine Seele und versprachen mir für die Zukunft klare Blicke in die Vergangenheit, damit ich in der Gegenwart frei wäre von unbeglichenen Rechnungen.

20

Nun war es also soweit. Der letzte Morgen in unserem Haus. Möglichst lange hatte ich den Moment hinausgezögert, zum letzten Mal in unserem Schlafzimmer aus meinem Bett zu steigen. Minutenlang hatte ich nur an die Decke und an die Wände gestarrt, um noch einmal jedes

Detail dieses Raumes in mir aufzunehmen und für immer zu speichern. Ich hatte mir wieder und wieder vorgestellt, dass schon morgen hier zwei andere Menschen aufwachen würden. Und dann war es ihr Bett, ihr Schlafzimmer, ihr Haus. Ich sah es vor mir, und doch konnte ich es noch immer nicht glauben, dass es nun tatsächlich nur noch wenige Stunden waren, bis wir den Schlüssel übergeben und abreisen würden. Für immer. Und während ich unsere letzten Habseligkeiten in Kartons einsperrte, feierte draußen ein herrlicher Frühlingsmorgen sein Entstehen.

Ich sah aus dem Fenster auf die leeren Koppeln. Und wie Lichtspiegelungen sah ich dort unsere Pferde, Schafe und Ziegen auf der vom Tau funkelnden Wiese grasen. Und wieder zitterte mein Herz, und Tränen stiegen in mir auf, die Kehle schnürte sich zu und mir wurde schwindelig. Trotz aller Gründe hier fortzugehen – wir waren hier auch glücklich gewesen. Ich nahm dieses Haus - und auch das Dorf - in Liebe mit mir. Ich hegte keinen Groll. Ich hatte mich von allen wichtigen Menschen in Freundschaft verabschiedet. Ich hatte das Gefühl, immer und jederzeit hierher zu Besuch kommen zu können und mit offenen Armen empfangen zu werden. Das war ein schönes Gefühl. Ich ging in Frieden. (Und dieser Gedanke erinnerte mich wiederum an das Gefühl, als stünde mein Tod unmittelbar bevor. Aber ich wusste, es war nur ein kleiner Tod.)

Mein Herz war in den vergangenen Tagen tausendmal gebrochen. Aber es war immer wieder zusammengewachsen, weil es wusste, dass es weitergehen würde. An einem anderen Ort. Mit anderen Menschen. Es wusste, wir würden unser Glück finden. Und auch, wenn wir momentan kaum noch wussten, wer wir waren und was oder wohin wir wollten, so wussten wir doch, dass wir das Richtige taten. Wir folgten einem Ruf, der irgendwie aus uns selber zu kommen schien - und doch auch von ganz weit her. Die innere Stimme flüsterte uns zu: „Alles wird gut! Ihr werdet euren Weg finden! Geht los, lasst los, schaut nicht zurück!"

Egal, wohin es uns verschlagen würde, ob wir nach Schweden gehen oder in Deutschland bleiben würden, vielleicht war gar nicht das Ankommen das Wichtigste - vielleicht war es das Losgehen...

Teil 3: Aufbruch nach (N)Irgendwo

oder Wallfahrt im Wohnwagen

„Einzig die Richtung hat einen Sinn. Es kommt darauf an, dass du auf etwas zugehst, nicht dass du ankommst." (Antoine de Saint-Exupéry, französischer Schriftsteller, 1900-1944)

21

Tränenreich war der Abschied von unserem Haus. Langsam rollte unser Auto die Auffahrt hinunter, den Friesenwall entlang, den Julian hier vor fast fünf Jahren mühevoll aufgesetzt hatte. Damals hatten wir beide gedacht, wir würden für immer bleiben. Wir warfen einen letzten Blick auf unser Haus, unseren Garten, unsere Koppel. Dann war all das verschwunden. Wir versuchten, nicht zurückzublicken sondern nach vorne, aber noch wollte uns das nicht recht gelingen. Fast die gesamte Fahrt weinten vor allem Noah und ich. Dabei fragte ich mich, wo all diese Tränen noch immer herkamen, denn eigentlich müsste ich alle für die nächsten Jahre in den vergangenen Tagen und Wochen aufgebraucht haben. Das erste Ziel auf unserer Reise war Ratzeburg, wo Julians Mutter wohnte. Dort angekommen, stellten wir uns vorläufig beim Einwohnermeldeamt vor. Als Anschrift – vor allem auch für die Post – gaben wir die Adresse von Julians Mutter an. Und wir meldeten Noah hier bei der Schule an. Alles der Form halber. Denn alle Versuche, Noah eine Zeit lang vom Unterricht freizustellen, waren gescheitert. Auf dem Weg aus diesem System schien es umso wichtiger, die letzten Schritte in dessen Sinne auszuführen. Wir wollten keine Kämpfe führen, wir wollten uns friedlich davonschleichen...

Nachdem wir nun also offiziell keine Nordfriesen mehr waren (und diese Tatsache traf mich härter als erwartet, denn irgendwie hatte ich mich immer gern als Nordfriesin gesehen), sondern kurzfristige Exil-Ratzeburger, fuhren wir nach Geesthacht zu meiner Mutter, um dort unser letztes Hab und Gut einzulagern, dass wir nicht im Wohnwagen mitnehmen konnten und wollten, bis wir wüssten, wohin es uns verschlagen würde. Während einer kurzen Kuschelpause auf dem Sofa fing Noah wieder bitterlich an zu weinen und schluchzte in mein Ohr: „Mama, ich will nach Hause!" Ich drückte ihn verzweifelt an mich. Das wollte ich auch. Aber ich wusste nicht, wo Zuhause war. Wo es sein könnte. Wir mussten es erst noch suchen. Und finden. Armer kleiner, großer Noah, wie schwer musste es für ihn sein?

Die Nachbarn in der Straße meiner Mutter, die mich immerhin seit meiner Kindheit kannten, kamen nach und nach aus ihren Häusern und besuchten mich an der Tür des Wohnwagens, während ich mit Ausladen und Umpacken beschäftigt war, um nachzuhaken, was genau wir hier machten. Die Augenbrauen wurden gleichsam hochgezogen, die Münder öffneten sich zu einem Ausdruck fast entzückten Erstaunens. „Ihr seid so mutig!" sagten sie und „Das könnte ich nicht!" Ich lächelte zerstreut und fragte mich, ob wir wirklich so mutig waren, wie es schien. Vielleicht schon. Und ob wir konnten, was wir da begonnen hatten zu tun? Das würde die Zeit zeigen.

22

Die erste Nacht im Wohnwagen brachte mir zwar wenig Schlaf, dafür aber eine grandiose Erkenntnis: Das chronische Dröhnen in meinen Ohren, das mich seit nun beinahe drei Jahren vor allem in der Stille der Nacht zuverlässig heimsuchte, war verschwunden. Einfach weg. Trotz der vielen fremden Geräusche und der ungewohnten Schlafsituation herrschte Ruhe und Frieden sowohl in meinem Kopf als auch in meinen Ohren. Nur die Kinder hatten mit ihrem unruhigen Schlaf die absolute Nachtruhe manipuliert. Aber wie konnte ich es ihnen verübeln? Wie sollten sie in dieser neuen Situation ruhig schlafen können? Selbst wenn es ganz still gewesen wäre – ich hätte wohl ebenfalls trotzdem nicht gut geschlafen. Zu aufgerüttelt, dabei irgendwie schockiert und amüsiert zugleich, war ich darüber, dass wir all das tatsächlich taten.

Nach einem herrlichen großen und gemütlichen Frühstück im Kreis meiner Familie brachen wir wieder auf. Dieses Mal drehte ich mich nicht um. Ich wusste, hinter uns stand meine Mutter und weinte. Auch sie wusste nicht, wann wir uns wiedersehen würden. Es war nicht nur für uns schwer.

Wir fuhren Richtung Niedersachsen, um dort meine langjährige Freundin Sarah und ihren Freund Björn zu besuchen. Sarah hatten wir vor langer Zeit kennengelernt, als sie während ihres Tiermedizinstudiums vorübergehend von Süddeutschland nach Nordfriesland gezogen war, um ein Praktikum bei einem regionalen Tierarzt zu machen. Außerdem hatte ihr damaliger Freund in der Nähe gewohnt, und er war auch ein Grund für sie gewesen, hier einen Praktikumsplatz anzutreten. Damals hatte sie einen Stellplatz für ihr Pferd gesucht – und bei uns gefunden. Wir waren uns gleich sympathisch gewesen und hatten uns von Anfang an viel zu erzählen. Richtig nahe gekommen waren wir uns allerdings erst, als sie sich kurz nach ihrem Umzug von ihrem Freund getrennt hatte. Obwohl wir uns noch wenig kannten, konnten wir ihr in dieser schwierigen Zeit ein offenes Heim und eine Zuflucht bieten, die sie gerne nutzte. Fast täglich kam sie zu uns, und wir ritten gemeinsam in die nahegelegene Heide. Noch heute sagen wir scherzhaft, dass sie in diesen Tagen eigentlich auf unserer Terrasse wohnte. Dort nutze sie unseren WLAN-Zugang, denn in ihrer provisorischen Bleibe hatte sie damals kein Internet.

Tatsächlich waren seit dem 17 Jahre vergangen. Nicht immer war unsere Freundschaft stabil, wir hatten auch schwierige Zeiten miteinander, wie man so schön sagt. Eine wahre Feuerprobe schien ihre und unsere unterschiedliche Art der Ernährung zu sein. Schon als wir sie kennenlernten, aß sie nur in Ausnahmefällen Fleisch. Im Grunde war sie Vegetarierin. Durch ihre Arbeit in verschiedenen Tierarztpraxen hatte sie viele Dinge gesehen, die sie davon abhielten, länger Fleisch zu essen. Wir als Selbstversorger hatten im Grunde dieselben Beweggründe. Auch uns hatte die Massentierhaltung dazu bewogen, kein „industrielles" Fleisch mehr essen zu wollen. Allerdings schlachteten wir unsere Tiere selber, was für einen Vegetarier natürlich auch widersprüchliche Gefühle auslösen musste. Aber zu diesem Zeitpunkt schien das für beide Seiten zu funktionieren. Über die Jahre allerdings wurde Sarah Veganerin. Für sie schien unsere Fleisch- und Käseproduktion aus eigener Herstellung zwar noch immer kein Problem darzustellen. In mir aber fraß diese Tatsache tiefe Löcher. Ich konnte mich stundenlang darüber ereifern, dass Veganismus doch wohl keine artgerechte Ernährung für Menschen sein konnte. Immerhin hatte der Homo sapiens schon immer Fleisch gegessen.

Naja, schon fast immer. Jedenfalls wuchs zwischen uns nach und nach eine Mauer aus Unwohlsein und ... Fleisch. Wir konnten Sarahs Sinneswandel nicht nachvollziehen. Es dauerte lange, aber inzwischen hatte ich erkannt, dass Veganer nur konsequente Vegetarier sind. Denn nur auf Fleischprodukte zu verzichten, war doch im Grunde eine Lüge in die eigene Tasche, um sich eine scheinbar weiße Weste zu verschaffen. Auch für Milch und Käse werden Tiere nicht artgerecht gehalten und letztendlich geschlachtet - ob nun in Bio- oder in konventioneller Haltung. Selbst wir, die unsere Tiere von Geburt an liebevoll und mit allen erdenklichen Mitteln so artgerecht wie möglich großzogen, standen irgendwann immer wieder an dem Punkt, an dem wir entscheiden mussten, welches Tier in die Wurst wanderte und welches weiterleben durfte. Selbst also, wenn wir unsere Hühner nur der Eier wegen und unsere Ziegen wegen der Milch halten wollen würden, irgendwann müsste der Nachwuchs, der nun einmal nötig war, wenn man Milch und deren Produkte haben wollte, „aussortiert" werden. Ich hatte einige Jahre gebraucht, um Sarahs Entschluss, vegan zu leben, für mich akzeptieren und nachvollziehen zu können, ohne darin einen stillen, immer mitschwingenden Vorwurf gegen unsere Art zu leben zu sehen. Das schlechte Gewissen, das in mir aufflammte, sobald ich an Sarah dachte, war hausgemacht und kam nicht von ihr, sondern aus mir selbst. Dass auch in mir ein kleiner Veganer schlummerte, hatte ich aber erst vor einigen Monaten erkannt und mir auch eingestanden, als es mir immer schwerer fiel, meine Tiere zum Schafott zu führen. Ich hatte mich immer mehr mit der veganen Ernährung auseinandergesetzt, auf Milchprodukte verzichtet, Alternativen zu Fleisch gesucht und war ins Grübeln darüber gekommen, dass auch Gorillas, die doch zu unseren nächsten Verwandten gehören, reine Veganer sind. Trotzdem strotzen sie nur so vor Anmut, Vitalität und Kraft. Zugegeben: Sie aßen hin und wieder Kot, tranken Wasser aus Pfützen und Flüssen und fraßen ausschließlich ungewaschenes Grünzeug, um ihren Vitamin B12-Bedarf zu decken, aber trotzdem. Sollte man sich vegan doch auch artgerecht ernähren können? Trotz meines Wunsches, keine Tiere mehr töten und essen zu müssen, schrie mein Körper nach wie vor nach tierischen Produkten. Dämonen kämpften in mir, wenn es um die richtige Art meiner Ernährung ging. Auch musste und konnte ich nicht nur für mich selber entscheiden, denn ich war immerhin nicht alleine. Ich konnte meine Familie nicht dazu zwingen, nur noch pflanzliche Kost zu sich zu nehmen, auch wenn Pflanzen alleine vielleicht tatsächlich reichen würden, um sich gesund zu ernähren. Thoreau hatte dazu in seinem *Walden oder Leben in den Wäldern* geschrieben: *„Ein Farmer erklärte mir: 'Sie können nicht von Pflanzenkost allein leben, denn sie enthält nichts für den Knochenaufbau'...; und während er mir vordoziert, geht er hinter seinen Ochsen her, die mit ihren vegetarisch aufgebauten Knochen ihn mitsamt seinem wackeligen Pflug über alle Hindernisse hinwegziehen."* Der Kampf „Tier oder nicht Tier essen" in mir war noch lange nicht entschieden. Denn viel mehr hing davon ab als nur meine und unsere Ernährung. Unser gesamtes Lebenskonzept stand und fiel mit einer solchen Entscheidung. Veganer zu werden würde beinhalten, keine Nutztiere mehr zu halten, vielleicht gar keine Tiere mehr. Denn wenn man als Veganer konsequent sein will, dann darf man auch keine Pferde halten, sie nicht reiten, denn auch das würde sie ausbeuten. Vielleicht konnte ich einige Gnadenbrottiere halten, um ihnen und mir einen Gefallen zu tun. Aber wollte ich das? Für mich bestand die Selbstversorgung auch darin, dass ich mein Leben in den Dienst meiner Tiere stellte und für sie sorgte, damit auch sie mich mit ihren Produkten - mit Eiern, Fleisch und Milch - versorgten. Es war ein Geben und Nehmen, ein stiller Vertrag, der so alt war wie die Menschheit. Sicher, die Tiere gaben am Ende ihr Leben für unsere Nahrung, aber hatten nicht wir ihnen das Leben überhaupt erst gegeben, dadurch, dass sie auf unserem Hof geboren worden waren? Dieser Gedanke war irgendwie großspurig und überheblich, aber opferten nicht auch wir unser Leben, unsere Freiheit, unsere Unabhängigkeit für ihre Pflege, für ihr Wohlbefinden? Nur zum Spaß an der Freude, zum Streicheln und Füttern würden wir uns sicher keine Hühner, keine Pferde, keine Schweine, keine Ziegen halten. Der Preis dafür war zu hoch. Tiere halten schien uns Hand in Hand zu gehen damit, auch Tierprodukte zu konsumieren. Außer auf einen Hund und eine Katze vielleicht müsste ich als Veganer wohl auf Tiere verzichten. Dafür könnte ich ein reines Gewissen genießen, ebenso wie fast uneingeschränkte Freiheit und Unabhängigkeit. Welchen Pakt würde ich wohl langfristig eingehen?

23

Sarah und ich waren uns, obwohl wir uns nach wie vor als Pflanzenfresser und Omnivore gegenüberstanden, und obwohl sie seit Jahren weit entfernt von uns lebte, doch immer nahe geblieben. Ein unsichtbares Band hielt unsere Herzen zusammen und unsere Freundschaft am Leben. Selbst jetzt, nachdem wir uns mehr als ein Jahr nicht gesehen hatten, fielen wir uns in die Arme und hielten uns lange fest umarmt wie Schwestern, die sich nach langer Zeit wiedersehen. Ein paar stille Tränen der Wiedersehensfreude kullerten über unsere Wangen. Dazu gesellte sich bei mir noch die Erleichterung über das Finden der Vertrautheit in all dem Unbekannten, was mich ab jetzt begleiten sollte. Meine Freundin Sarah war in diesem Moment ein Anker und ein Hafen zugleich in dem Strom von Neuem, in dem ich momentan haltlos herumtrudelte. Zum ersten Mal sah ich auch Sarahs kleine Tochter Juniper. Sie war das letzte Bindeglied für unsere Freundschaft - nun war auch Sarah Mutter.

Während Julian den Wohnwagen zwischen den alten Eichen hin und her rangierte, um einen geeigneten Stellplatz gegenüber dem großen Bauwagen, in dem Sarah mit ihrer Familie auf einem alten Bauernhof wohnte, zu finden, entbrannte zwischen Sarah und mir das altbekannte und wohlvertraute muntere Geplauder. Alles war, wie es immer zwischen uns gewesen war, obwohl alles andere so ganz anders war. Bei einem gemeinsamen Spaziergang im herrlichen Wald entlang eines kleinen Bächleins, stießen wir auf den Jakobsweg. Diese Symbolträchtigkeit war geradezu berauschend, denn mehrfach hatte ich unseren Aufbruch ins Ungewisse anderen gegenüber schon als „unseren Jakobsweg" bezeichnet. Zwar hatte ich es immer so scherzhaft dahingesagt, um dem Ganzen die nötige Leichtigkeit zu verleihen, aber trotzdem entsprach es den Tatsachen. Denn eine Art Pilgerfahrt mit ungewissem Ausgang war es ja tatsächlich. Nur die Zeit, die wir unterwegs sein, nur der Weg, den wir zurücklegen würden, würde uns unseren Zielen näherbringen. Abends am Lagerfeuer lernten wir Sarahs Freundin und Nachbarin Nicole kennen. Auf Anhieb entstanden die tiefsten Gespräche, prall gefüllt mit gegenseitigem Erkennen und Verstehen, die bei den meisten Menschen nicht einmal nach vielen Jahren zustande kommen. Diese überraschende Vertrautheit in der Fremde ließ mich aufatmen und entspannen, zeigte sie mir doch ganz deutlich, dass wir überall schnell neue nette Menschen kennenlernen konnten. Kennenlernen würden! Dieser Abend in der lauen

Frühlingsluft schenkte mir unendliches, beinahe kosmisches Vertrauen. Vertrauen darin, dass das Prinzip der Anziehung uns automatisch dahinbringen würde, wohin wir gehörten. Also warf ich mein Herz ganz hoch in die Luft, voller Zuversicht und in dem festen Wissen, dass es dort landen würde, wo es hingehörte. Und dass ich es dort wiederfinden würde, ohne großartig suchen zu müssen. Ich musste mich nur treiben lassen.

Also ließen wir uns ein wenig treiben. Niedersachsen generell und die Lüneburger Heide speziell waren wunderschön. Der Duft, den die Sonne den Heidepflanzen entlockte, betörte meine Sinne und durchflutete meinen Körper mit warmem Glück. Wieder stießen wir auf den Jakobsweg, mitten in der vom Heideduft erfüllten Dünenlandschaft. Es war einfach zu schön, die neue Freiheit zu genießen. Langsam wurde mein Herz etwas leichter, und ich konnte endlich den Moment genießen, ohne weiterhin mit einem Fuß in der Vergangenheit festzustecken. Voller Übermut nahm ich Mia ihr Steckenpferd aus der Hand und galoppierte damit den sandigen Waldweg entlang. Hinter mir hörte ich die Kinder lachen.

Trotz anschließender stundenlanger Autofahrt durch die Gegend: Für uns passende Immobilien fanden wir nicht, dafür aber auch hier riesige landwirtschaftlich geprägte Flächen und Windräder (wenn auch natürlich nur einen Bruchteil der Menge im Vergleich zu Nordfriesland). Auch Höfe in Alleinlage schien es hier deutlich seltener beziehungsweise gar nicht zu geben. So sinnlos die Suche nach einem Hof in dieser Gegend also zu sein schien, umso sinnerfüllender war der anschließende Abend, den wir wieder am Lagerfeuer mit Sarah, Björn, Nicole und all unseren Kindern zelebrierten. Zur Feier dieses Tages, der eine gewisse Zeltlagerstimmung herbeizauberte, war das Wetter in wahrer Feierlaune und schenkte uns bis tief in den Abend milde Temperaturen und kaum Wind. Alle Kinder, Hunde und Menschen um mich herum gaben mir ein wohliges Gefühl von Sicherheit und Frieden. Und wieder herrschte eine seltsame Vertrautheit, die mir immer wieder zuflüsterte, dass diese Reise nicht zum Ziel hatte, eine Immobilie in Deutschland zu finden, sondern nur, meine und unsere Sicherheit zu stärken, dass wir keine Angst vor einem neuen Ort haben zu brauchten.

24

Die Nacht war kurz, aber mein Schlaf von ungewohntem Tiefgang. Trotzdem fehlte mir am nächsten Morgen noch immer eine große Portion Schlaf. Der Abend am Lagerfeuer war wieder lang geworden. Die Stimmung und die Gespräche hatten uns nicht frühzeitig ins Bett gehen lassen. Der Schlafmangel schien aber ein geringer Preis für das Erlebte zu sein, denn mit einem ganz neuen Gefühl konnte ich nun unserer Reise entgegensehen. Wehmütig verabschiedeten wir uns von Sarah und Nicole, von einer alten und von einer neuen Freundin. „Wir besuchen euch dann im Sommer mal in Schweden!" sagte Nicole lachend. Offensichtlich hatte sie keine Zweifel daran, wo wir landen würden.

Gespannt fuhren wir weiter in Richtung Harz. Fast die gesamte Fahrt dachte ich lächelnd an die schönen Abende am Lagerfeuer nach. Über Sarah und Nicole. Wie schön war es gewesen, Sarah wiederzusehen, ihre kleine Tochter Juniper kennenzulernen, über alte gemeinsame Erlebnisse zu lachen und neue gemeinsame Erlebnisse zu schaffen. Und wie spielend leicht waren Nicole und ich ins Gespräch gekommen. Wie gut hatte sie mich auf den ersten Blick erkennen können: Ich wirke wie betäubt, hatte sie gesagt und damit des Pudels Kern entlarvt. Taubheit war die richtige Beschreibung für meinen momentanen Zustand zwischen Gestern und Morgen, ein Zustand, in dem ich zwar nicht mehr festhielt, aber auch noch nicht richtig losgelassen hatte. Diese Taubheit hielt den Kummer über all die Abschiede einigermaßen unter Kontrolle, drückte ihn nieder, ließ aber auch noch keine wirklich freudigen Gefühle aufkommen. Eine körpereigene Beruhigungsspritze hatte mich zur Ruhe gebracht. Alles sah und fühlte ich wie durch einen dicken Nebel, nur selten kamen klare Gefühle ans Licht. Selbst der Inhalt unserer Gespräche war umwoben von diesen Nebelschwaden. Die letzten Nächte mit wenig Schlaf trugen ebenfalls ihren Teil zur Verschwommenheit meiner Erinnerungen bei, deren Fragmente ich nun wieder zusammen zu setzen versuchte.

Unterwegs kauften wir einen kleinen Backofen, was etwas mehr Luxus, aber gleichzeitig noch weniger Platz in unserem Wohnwagen bedeutete. Ich hatte schon jetzt Zweifel, ob wir mit dem wenigen Platz würden zurechtkommen können. Besonders das tägliche Umbauen von unserem Bett zum Essplatz und das damit verbundene Hin- und Herräumen sämtlicher Kissen und Decken würde eine Herausforderung werden. Als wir nach vielen Stunden Fahrt endlich auf dem angepeilten Campingplatz ankamen, bezogen wir rasch Quartier, um uns dann schnell im hauseigenen Schwimmbad zu erfrischen. Der Abend wurde kurz, wir waren einfach zu müde, um noch lange zu reden. Nur die Kinder fanden keine Ruhe, und hinter der Schiebetür, die das Kinderbett vom restlichen Wohnwagen abschirmen sollte, kam es immer wieder zu Tumulten. Die Stimmung war angespannt. Irgendwie hatten wir es uns einfacher vorgestellt, irgendwie romantischer.

Am nächsten Tag besuchten wir morgens die Iberg-Tropfsteinhöhlen in Bad Grund und fuhren anschließend weiter nach Sachsen-Anhalt, wo wir uns zwei Immobilien ansehen wollten. Allerdings machten uns die zuständigen Makler beide Male einen Strich durch die Rechnung: Der eine wollte uns partout die Adresse nicht verraten und drohte uns gar mit der Polizei, weil er wohl um seine Provision bangte. Dabei wollten wir doch nur mal daran vorbeifahren, um zu sehen, ob die Lage generell überhaupt in Frage käme. Der andere Makler rief erst gar nicht zurück, so dass wir die zweite Immobilie ebenfalls ungesehen ad acta legen konnten. Trotzdem sahen wir viel von der Gegend und bekamen schnell ein Gefühl dafür, dass wir hier ohnehin nicht hingehörten. Als Julian am frühen Abend sagte: „Wir fahren jetzt nach Hause...", frage Mia unsicher: „Mama, wo ist Zuhause?" Mein Herz fühlte einen Stich. Zu gerne hätte ich ihr darauf eine Antwort gegeben.

Schon jetzt beschlich uns das sichere Gefühl, wir könnten eigentlich direkt umkehren, nach Schweden fahren und Blankan kaufen, so wie wir es geplant hatten. Die Natur, die wir bisher in den wenigen Tagen gesehen hatten, war teilweise wunderschön, aber scheinbar gab es sowieso keine Immobilien, die auch nur im Ansatz unseren Vorstellungen entsprachen. Außerdem fehlte uns überall die einzigartige „Tiefe", wie wir sie von Schweden kannten. Trotzdem ahnte ich, dass wir diese Reise bis zu einem bestimmten Punkt machen mussten. Wir mussten durchhalten. Jetzt schon abbrechen kam nicht in Frage, wir standen doch noch ganz am Anfang dieser Pilgerfahrt. Irgendetwas fehlte nach wie vor, um den Zeitpunkt der Umkehr zu besiegeln. Vielleicht sollten wir unterwegs noch weiter unsere Anpassungsfähigkeit schulen? Vielleicht war es eine Art Prüfung, die wir bestehen mussten, um den nächsten Schritt gehen zu können. In jedem Fall schien es irgendetwas Spirituelles damit auf sich zu haben. Wie echte Pilger mussten wir vielleicht einen Schritt zurücktreten, das große Ganze betrachten, ohne uns direkt auf neue Ziele zu fixieren. Vielleicht mussten wir lernen, die Dinge auf uns zukommen zu lassen, ohne die ganze Zeit die Kontrolle über jeden Schritt haben zu wollen. Es ging um das Leben im Hier und Jetzt. Wohin uns das Fahren ohne Plan führen würde, wusste ich noch immer nicht. Was ich aber schon jetzt sicher wusste war, dass wir bereits alle zunehmend genervt vom herrschenden Platzmangel waren. Bei jedem Halt dauerte es gefühlte Ewigkeiten, bis alles im Wohnwagen wieder so hergerichtet war, dass wir ihn auch benutzen konnten. Die Zeitersparnis, die ich erwartet hatte, wenn man mit wenig Platz und wenig Besitz unterwegs war, stellte sich als Illusion heraus, als Wunschvorstellung. Alleine das Kochen und Abwaschen nahmen viel Zeit in Anspruch. Alles musste sofort an seinen Platz zurückgestellt oder gelegt werden, wenn man nicht das totale Chaos riskieren wollte. Die Kinder fanden nirgendwo Platz zum Spielen, der Hund fand nirgendwo Platz zum Liegen, und Julian und ich fanden weder Ruhe noch Zeit, um uns auch mal ungestört zu unterhalten, zu lesen oder auch nur zu schlafen. Selbst die einfachsten Dinge wie Zähneputzen oder auf Klo gehen stellten sich plötzlich als zeit- und organisationsaufwendig heraus. Dazu kam der Umstand, dass das Wetter seit unserer Abreise in Niedersachsen den Frühlingsmodus ausgeschaltet hatte. Es war kalt und ungemütlich, nachts hatten wir Bodenfrost. Und so konnten wir nicht unsere nassen Handtücher trocknen und auch nicht wie geplant im Freien an der extra dafür angeschafften Campingsitzgarnitur sitzen und essen. Unser aller Geduld wurde auf eine harte Zerreißprobe gestellt und auch nicht durch die langen Autofahrten mit wenig Bewegung erleichtert. Vor allem die Kinder wurden immer unzufriedener. Ein weiterer Missstand war, dass wir aus Mangel an Zeit oder Gelegenheit oftmals Dinge essen mussten, die wir eigentlich nicht essen wollten und schon vor langer Zeit von unserem Speiseplan gestrichen hatten. Trotzdem hielten wir tapfer durch, und natürlich gab es auch schöne Momente und Aspekte. Einer davon war, dass ich, wenn ich denn abends endlich eingeschlafen war, schlief wie ein Murmeltier. Diesen Zustand kannte ich nicht von mir. Seit Jahren war ich bekennende Schlaf-Legasthenikerin, die zuverlässig mehrmals in der Nacht aufwachte und nicht wieder einschlafen konnte. Daran waren nicht zuletzt die Windräder schuld, aber auch nachts herumschleichende Kinder oder am Haus vorbeifahrende Autos hatten mich regelmäßig geweckt. Selbst das leise Tippeln einer Maus in der Zwischenwand hatte gereicht, um meinen Schlaf zu stören. Hier auf meiner unkomfortablen Pritsche des Wohnwagens aber entdeckte ich plötzlich die Fähigkeit, zu schlafen wie ein Stein. Sogar Julian bemerkte diese Veränderung spätestens in der Nacht, als ein starker Wind aufkam und das Vordach unseres Wohnwagens abzureißen drohte. Der Wohnwagen wurde von den stürmischen Böen gerüttelt und geschüttelt, und Julian beschloss aufzustehen, um das Vordach abzubauen. Mehrmals musste er die Tür auf und zu machen, lauthals werkelte er draußen in der windigen Nacht herum, aber ich bemerkte es nicht einmal. In einer anderen Nacht träumte ich, ich sei auf einer Beerdigung. Doch anstatt gesenkter Häupter und trauriger Gesichter waren hier alle fröhlich. In bunte, wallende Kleider gehüllt, fassten wir uns an den Händen und liefen gemeinsam über eine grüne, blühende Sommerwiese und flogen scheinbar dem Horizont entgegen. Die Sonne schien, es war warm, und wir lachten vor Glück. Im Hintergrund lief „Amazing Grace".

25

Unser Weg führte weiter durch Sachsen nach Bayern. In Sachsen passierten wir riesige Felder mit unzähligen Windrädern. Wir sahen es mit einer Mischung aus Überraschung, Entsetzen und Genugtuung. Als wir kurz nach der Grenze zu Bayern mit dem Wohnwagen in einem Waldweg zum Mittagessen anhielten, kam nach ein paar Minuten eine Zivilstreife mit zwei Polizisten vorbeigefahren, um zu kontrollieren, was wir hier machten. Ich war kurz davor, mich ironisch aufs schwedische Jedermanns-Recht zu berufen, verkniff es mir aber und hatte wieder ein Stückchen Klarheit gewonnen. Manchmal braucht es wohl viele kleine Zeichen, um eine große Sicherheit zu erlangen. Auch die Besuche einer großen bayrischen Therme und das Erklimmen der urigen Burg Neideck mit dazugehöriger mysteriöser Grotte in traumhafter waldiger Lage konnten uns nicht abschließend für Bayern erwärmen.

Weitere kleine und größere Zeichen pflasterten unseren Weg von Bayern über Österreich nach Italien, als am Brennerpass die Toilette im Wohnwagen überlief, was, wie wir später herausfanden, auf die Höhenunterschiede beim Passieren der Alpen zurückführen war. Der Unterdruck hatte alles aus dem Behälter gedrückt. Dieses kleine feuchtfröhliche Malheur gesellte sich lückenlos zu den weiteren Handicaps, die unser Wohnwagen in den letzten Tagen erlitten hatte: Eine Tür vom Küchenschrank war abgefallen, zusätzlich die Blende vom Kühlschrank. Außerdem hatte der Wasserhahn im „Badezimmer" bereits nach ein paar Tagen den Dienst versagt. Ich wusste nicht, ob ich lachen oder weinen sollte im Angesicht der Tatsache, dass wir es offensichtlich schaffen würden, den guten 1994er Dethleffs-Wohnwagen in nur wenigen Tagen komplett zu zerlegen. Scheinbar hatten wir vier plus Hund eindeutig zu viel Energie für die neun Quadratmeter. Ohnehin wurde es uns beinahe stündlich klarer, dass Camping für uns keine artgerechte Haltung war. Während wir die Alpen und den Brennerpass überquerten und das Südtirol Italiens erreichten, wurden wir allerdings mit sommerlichen Temperaturen und phänomenalen Aussichten entschädigt. Solche Berge und Schluchten hatten wir als Nordlichter immerhin noch nie gesehen. Nur Julian war als Kind schon hier gewesen. Unsere euphorische Begeisterung für die Schönheit Italiens schlug allerdings recht schnell um in verzagte Ratlosigkeit, als wir herausfinden mussten, dass alle Campingplätze der näheren und weiteren Umgebung für heute und die nächste Zeit wegen der bevorstehenden Osterfeiertage restlos ausgebucht waren. Erfahrene Camper werden sicher milde über unsere Naivität lächeln, aber wir hatten nicht im Traum daran gedacht, dass es bei der Vielzahl an Campingplätzen, die es hier gab, Schwierigkeiten geben könnte, einen Platz zu bekommen. Man dürfe aber, so wurde uns gesagt, für bis zu 24 Stunden auf öffentlichen Parkplätzen stehen. Das tröstete uns, denn Wildcampen wollten wir ja ohnehin noch einmal. Also machten wir uns auf die Suche nach einem romantischen abgelegenen Parkplatz in der italienischen Abendsonne, um ein wenig Urlaubsstimmung aufkommen zu lassen. Unterwegs wollten wir noch schnell tanken, denn die Fahrt durch die Alpen hatte ordentlich Sprit verbraucht. Beim erfolglosen Verlassen der zweiten, dritten und vierten italienischen Tankstelle überkamen uns allerdings Zweifel, ob wir heute noch sehr weit kommen würden, denn die Italiener schienen pünktlich um sechs Uhr abends Feierabend gemacht zu haben. Zumindest, was die Tankstellen angeht. Zwar versprachen sämtliche Schilder an den Tankstellen die Möglichkeit, per

Kreditkarte zu tanken, dieses Versprechen stellte sich aber stets als Finte heraus, denn kein einziger Automat wollte unsere Karte akzeptieren. Und dies lag nicht etwa an unzureichender Deckung. Bargeld für den alternativ zur Verfügung stehenden Geldtankautomaten hatten wir leider auch nicht dabei, denn wir hatten uns ja auf unsere Kreditkarten verlassen. So mussten wir also in der anbrechenden schwülen Dämmerung mit fast leerem Tank und ebenso leeren Mägen und müden Augen noch eine Bank ausfindig machen, um Bargeld zu bekommen, um tanken zu können, um einen Parkplatz suchen zu können...

Und obwohl die Stimmung langsam zu kippen drohte, hielten die Kinder durch, aßen müde eine irgendwo aufgegabelte Portion Pommes, warteten tapfer, bis wir irgendwo in Trient eine Bank gefunden und Geld abgehoben hatten. Anschließend, nach dem Tanken, fuhren wir noch eine gefühlte Ewigkeit durch die unbekannte Dunkelheit, um einen geeigneten Parkplatz zu finden. Inzwischen war es uns auch egal, ob er romantisch oder schön wäre, Hauptsache irgendwie abgelegen und nicht mitten in der Stadt neben der örtlichen Mafiosi-Kneipe. Aber wir fanden nur Parkplätze, die ausdrücklich nur für einzelne Pkw ohne Anhänger ausgeschildert waren. Da konnten die freundlichen Italiener uns ja leicht wildes Campen erlauben, wenn sie dafür sämtliche öffentliche Parkplätze für Autos mit Wohnwagen sperrten. Diese italienische Diplomatie führte uns gegen 22 Uhr in ein Industriegebiet, das sowohl abgelegen als auch einigermaßen sicher erschien. Alle Versuche, Trient zu verlassen und einen kleinen abgelegenen Weg zu finden, scheiterten daran, dass wir uns nicht recht trauten, im Dunkeln mit dem Wohnwagen die beleuchteten Hauptstraßen zu verlassen. Was, wenn wir in einen der schmalen Seitenwege einbögen, der immer weiter in die Berge führte, und auf dem wir im Dunkeln mit dem Wohnwagen nicht würden wenden können? Und so stellte sich unser romantisches Wildcamping in Italien etwas anders dar, als wir es uns vorgestellt hatten.

Nach einer für die erbärmlichen Verhältnisse recht ruhigen Nacht brachen wir am nächsten Morgen umso zeitiger auf, um uns wieder schöneren Gefilden zuzuwenden. Wir wollten ans Meer, um vielleicht doch noch ein bisschen Urlaubsatmosphäre heraufzubeschwören. Gegen Mittag erreichten wir Jesolo und fanden einen schönen, wenn auch etwas überteuerten Campingplatz, direkt an der Adria. Obwohl es recht stürmisch war, verbrachten die Kinder den restlichen Nachmittag am Strand, gruben Löcher und bauten Burgen in den warmen Sand. Endlich hatten wir einen Platz gefunden, an dem wir alle einmal tief durchatmen konnten.

Der Ostersonntag war ein richtiger Sommertag. Obwohl das Wasser sicherlich nicht viel wärmer als 16 Grad war, badeten die Kinder begeistert und sammelten emsig und mit der Beharrlichkeit, die wohl nur Kinder besitzen, unzählige Muscheln. Jede einzelne präsentierten sie mir stolz und priesen die besonderen Vorzüge des jeweiligen Exemplars an. Auch ich ging an der Wasserkante entlang, nachdem ich lange auf meinem Handtuch im warmen Sand gesessen und dem Rauschen der sich brechenden Wellen am Strand gelauscht hatte. Am liebsten hätte auch ich beinahe jede Muschel eingesammelt. Schon immer haben Muscheln und Steine, besonders im nassen Zustand, eine magische Anziehungskraft auf mich ausgeübt. Fast schien es, als wollte ich den Moment durch das Mitnehmen dieser Souvenirs für immer konservieren, indem ich die zu Steinen und Muscheln manifestierte Stimmung zu sammeln und festzuhalten versuchte. Als mir das klar wurde, konnte ich umso leichter nur einige wenige mitnehmen und diese um ihrer selbst willen. Die Stimmung, das Rauschen des Meeres, das Plätschern des kalten Wassers beim wiederkehrenden Umspülen meiner Füße und Knöchel, der salzige Geschmack im Mund und die zerzausten Haare in meinem Gesicht, all das nahm ich mit, ohne dass ich es in gegenständlicher Form festhalten musste. Es war wunderschön, und wir wären sicher noch ein oder zwei Tage länger hiergeblieben, obwohl wir von ganz weit her schon Schweden rufen hörten. Abends aber zog ein Gewitter auf und brachte stürmische Böen mit sich, die uns zum Abbau unseres Vordaches und sämtlicher Utensilien zwangen. Ein bisschen wehmütig, aber doch bestärkt durch dieses mehr als eindeutige Zeichen des Wetters, traten wir am nächsten Morgen also unsere Rückreise an. Ohne große Worte erklärten wir die Reise einstimmig für beendet. Und sobald wir den Wohnwagen angekoppelt und den Campingplatz verlassen hatten, machte sich eine fast feierliche Stimmung in uns allen breit. Endlich fuhren wir in die richtige Richtung, endlich ging es wieder Richtung Norden, endlich näherten wir uns Schweden!

26

Am liebsten wären wir wohl in einem Rutsch bis nach Vetlanda zu unserem Ferienhaus durchgefahren, aber das wäre nicht nur für Julian als Fahrer unzumutbar gewesen. Die Rückfahrt über die Alpen verlief stockend und staureich und verzögerte unseren Zeitplan dramatisch. Und so endete dieser Tag nach 13 Stunden Autofahrt wieder einmal mit spätem Wildcamping auf einem Waldparkplatz in der Nähe von Erlangen.

Der nächste Morgen begrüßte uns mit nasskaltem Schneematsch, der umso kälter erschien, da wir zwei Tage vorher noch bei über 20 Grad am Strand von Jesolo den Sommer erahnt hatten. Wir nahmen es so hin und fuhren weiter zu unserem nächsten Zwischenstopp im Kellerwald. Dort wollten wir Bekannte auf ihrem Selbstversorgerhof besuchen: Malle und Birgit wohnten dort in einer alten Wassermühle, die sie liebevoll restauriert hatten, und wir wollten sie schon lange einmal besuchen. Obwohl wir erst relativ spontan unser Kommen angekündigt hatten, wurden wir empfangen wie alte Freunde, wenngleich wir uns gar nicht so gut kannten, vielmehr nur durch die Bekanntschaft mit unserer Freundin Gertraut aus Högel, Malles Mutter. Malle und Birgit freuten sich offensichtlich aufrichtig über unser Kommen und zeigten uns gerne ihren Hof und ihre Tiere.

Und spätestens als ich in den gemütlichen Stall trat, um Birgits Ziegen und Pferde zu begrüßen, wurde mein Herz weit und klar und warm, und nach langer Zeit der Unsicherheit darüber, was ich wollte, spürte ich hier in voller Deutlichkeit, dass es genau das hier war, was ich wollte, was ich immer gewollt hatte. Ich wollte wieder einen Hof, nicht nur ein Haus mit großem Garten, nein, einen Hof mit Tieren. Das gehörte zu mir. Das war ich! Meine Seele gehörte nach Schweden, mein Herz aber, das brauchte die Tiere. Ich hätte tanzen und es laut herausschreien können, ich wollte losrennen und Blankan kaufen. Ich konnte es auf einmal kaum mehr erwarten, bis ich wieder meine Tiere füttern und versorgen konnte. Den Duft von Heu und Dung, das Klappern von Wassereimern und Futterschüsseln, das ungeduldige Scharren von Hufen, das fröhliche Herumwuseln der Ziegen, das Krähen der Hähne und das leise gackernde Plaudern der Hühner – all das war die schönste Melodie in meinem Leben. Und hier im

Kellerwald bei Malle und Birgit hatte ich sie wiedergefunden. Mein Herz, das ich bei meiner Freundin Sarah in die Luft geworfen hatte, war genau hier gelandet, und hier sammelte ich es wieder ein. Meine Wangen glühten und mein Herz hüpfte vor lauter Freude über die wiedergewonnene Sicherheit.

Und Julian ging es ähnlich. Wir waren am Ziel unserer Reise! Ohne dass wir viel hätten darüber grübeln oder reden müssen, hatten wir in nur zwei Wochen im Wohnwagen das gefunden, was wir gesucht hatten. Sicherheit. Gewissheit. Und Bestätigung. Wir wussten nun wieder, was wir wollten und wohin wir gehörten. Alle Zweifel waren ausgeräumt, wie weggeblasen, verschwunden irgendwo zwischen dem Lagerfeuer in Niedersachsen, übergelaufener Toilette in den Alpen und Stallduft im Kellerwald. Nun waren wir bereit - bereit alle Unsicherheiten hinter uns zu lassen und nach Schweden zu gehen, um das zu sein, was wir waren: Selbstversorger.

Wir verließen den Kellerwald und kehrten nach knapp drei Wochen Pilgerfahrt zurück nach Schleswig-Holstein. Wir quartierten uns für unsere letzten Tage in Deutschland bei Julians Schwester ein, um von dort aus die letzten Vorbereitungen für unsere Auswanderung zu treffen und um den Wohnwagen zu verkaufen. Unsere Hauptaufgabe bestand wieder hauptsächlich aus Packen: Die Dinge aus dem Wohnwagen in Umzugskartons sortieren, die Umzugskartons von unseren Eltern abholen und in den Pferdeanhänger einladen, den wir glücklicherweise schnell auftreiben konnten. Unsere allerletzte Nacht verbrachten wir bei Julians Mutter. Noch einmal genossen wir alle den Luxus einer ausgiebigen Dusche, denn in unserem Ferienhaus hatten wir ja weder Strom noch Wasser, geschweige denn ein Badezimmer. Meine Schwiegermutter verwöhnte uns mit einem köstlichen Abschiedsessen am Abend und mit einem noch köstlicheren Frühstück am nächsten Morgen. „Nicht weinen!", schluchzte sie zum Abschied - und: „Pass auf, dass Mia nicht in den Fluss fällt!"

27

Nun war es also soweit. Wir taten es wirklich. Wir waren auf dem Weg nach Schweden! Etwa 1000 Kilometer trennten uns noch von unserem neuen Leben. Die morgendliche Wolkendecke legte einen grauen Schleier über den stellenweise hervorlugenden blauen Himmel, ebenso wie meine Gefühle unter einem Schleier aus erneuter, verwirrter Dumpfheit versteckt zu sein schienen. Ebenso wie das Aprilwetter sein Gesicht alle paar Minuten zuverlässig änderte, so wechselten auch meine Gefühle beinahe im Minutentakt. Schien eben noch sie Sonne, verdunkelten im nächsten Augenblick wieder Wolken den Himmel und dicke Regentropfen klatschen auf die Windschutzscheibe. Ab und zu liefen stille Tränen über meine Wangen, aber wenn ich versuchte, deren Ursprung zu ergründen, konnte ich ihn nicht klar definieren. Alle menschenmöglichen Gefühle schienen sich in mir vermischt zu haben und einfach ab und zu den Drang zu verspüren, sich in Tropfenform den Weg in Freie bahnen zu müssen. Abschiedsschmerz und Vorfreude, Unsicherheit und Sehnsucht, Trennungsangst und Abenteuerlust waren inzwischen eine traute Mixtur in meiner Seele, die sich kaum noch klar voneinander abgrenzen ließen, so dass meist eine taube Dumpfheit in mir wohnte. Mit jedem Kilometer, den wir jetzt noch Richtung Nordfriesland zurücklegten, um dort unseren Kater Findus abzuholen und kurz nach unseren Pferden zu sehen, würde sich dieses Gefühl noch verstärken. Kaum konnte ich den Blick aus dem Autofenster hinaus in die alte Heimat ertragen. Zu sehr rissen die Bilder die frisch verheilenden Wunden des Abschieds wieder auf. Obwohl ich nicht wieder in mein altes Leben zurückwollte, rief mein Herz beim Anblick des Altbekannten immer wieder Sehnsucht nach der Vergangenheit hervor, wollte immer noch festhalten, konnte noch immer nicht ganz loslassen. Unentwegt schickte es mir Ansichtskarten von den guten alten Zeiten. Aber ich wusste: Danach, wenn wir Nordfriesland den Rücken gekehrt und Deutschland verlassen hatten, danach würde ich frei sein. Frei, um endlich nach vorne zu sehen. Mit jedem weiteren Kilometer Richtung Schweden würde sich mein Herz öffnen für all das Neue, was vor mir lag. Und dann würde die Dumpfheit der Freude weichen, die Taubheit dem Glück und die Angst dem Tatendrang. Dann war es wieder Zeit fürs Ankommen nach all dieser Zeit des Fortgehens, der Abschiede und des immer wieder Losgehens ins Ungewisse.

Teil 4: Das Leben im Wald

oder Schmetterlinge sind frei

„Ich zog in den Wald, weil ich den Wunsch hatte, mit Überlegung zu leben, dem eigentlichen, wirklichen Leben näher zu treten, zu sehen, ob ich nicht lernen konnte, was es zu lehren hätte, damit ich nicht, wenn es zum Sterben ginge, einsehen müsste, dass ich nicht gelebt hatte. Ich wollte nicht das leben, was nicht Leben war; das Leben ist so kostbar. Auch wollte ich keine Entsagung üben, höchstens im Notfall. Ich wollte tief leben, alles Mark des Lebens aussaugen, so herzhaft und spartanisch leben, dass alles, was nicht Leben war, in die Flucht geschlagen wurde." (Henry David Thoreau, Schriftsteller, 1817 - 1862, aus *„Walden oder Leben in den Wäldern"*)

28

Seit einigen Tagen waren wir nun in Schweden. Jedes Mal, wenn ich darüber nachdachte, konnte ich es eigentlich noch immer nicht glauben. Aber wenn ich morgens aufwachte und aus dem Fenster unserer winzigen Waldhütte sah, musste ich lächeln, denn es schien tatsächlich wahr zu sein! Ich sah die tiefgrünen Tannen und die noch beinahe kahlen Laubbäume und wusste: Wir sind tatsächlich hier. Wir wohnen in unserem kleinen roten Ferienhaus auf einer Lichtung mitten im Wald von Småland.

Bereits am vierten Tag in Schweden verabredeten wir uns mit Hans auf unserem zukünftigen Hof, um uns noch einmal umzusehen und Hans überhaupt einmal persönlich kennenzulernen. Und schon bei diesem ersten Treffen bestätigte sich schnell, was wir schon vermutet hatten, nämlich dass Hans alles andere als ein typischer Deutscher war: Wir kamen pünktlich wie verabredet um elf Uhr an und stellten fest, dass wir die ersten waren. Das war nicht weiter schlimm, denn Hans würde sicher jeden Moment kommen. Die Sonne schien von einem blauen Himmel, der nur ab und zu von durchziehenden Wolken beschattet wurde. Hinter dem in der Sonne warmleuchtenden Wohnhaus glitzerte der Fluss, und es duftete nach frisch wachsendem Gras. Die Vögel zwitscherten fröhlich, und man konnte quasi dabei zusehen, wie die Knospen an den Bäumen sich trauten, genau heute zu Blättern zu werden. Der Frühling war auch hier endlich angekommen. Was für ein traumhafter Tag, um sein neues Zuhause zu besuchen. Alles war perfekt. Quasi zeitgleich mit uns, kamen vom Hügel her zwei junge Frauen auf uns zu. Das konnten nur die Mieterinnen sein. Sicher hatte Hans auch sie zu dem Termin bestellt, damit wir gemeinsam alle Modalitäten besprechen könnten.

Freudig gingen wir also auf die beiden zu und stellten uns auf Schwedisch vor: „Wir sind Nadine und Julian aus Deutschland, wir wollen Blankan kaufen!" Natürlich gingen wir bei jedem Wort davon aus, dass die beiden wussten, dass wir den Hof kaufen wollten, und wir hatten zu keiner Sekunde auch nur den geringsten Zweifel daran, dass die Frauen auf unser Kommen vorbereitet waren. Wir mussten allerdings weder Hellseher sein, noch besonders gut Schwedisch sprechen können, um schnell zu erkennen, dass eben genau das nicht der Fall war! Nachdem Sonia und Ronja sich ebenfalls vorgestellt hatten, mussten wir erfahren, dass sie vollkommen uninformiert waren. Sie hatten weder gewusst, dass wir kommen würden, noch dass wir ihr Zuhause kaufen wollten. Nach unserem Besuch im Februar hatten sie es so verstanden, dass wir kein Interesse an dem Hof hätten. Mir wurde abwechselnd heiß und kalt. Was für eine unwirkliche Situation das war! Wo blieb nur Hans, um uns aus dieser misslichen Lage zu befreien und die ganze Sache aufzuklären? Da standen wir uns nun zu viert gegenüber – Wildfremde, und wir auch noch als Ausländer, wollten diese beiden netten sympathischen Schwedinnen also aus ihrem wunderschönen Zuhause vertreiben. Mir wurde schlecht. Nicht nur angesichts des Schocks fehlten uns nun die richtigen Worte auf Schwedisch, um dieser misslichen Situation zumindest durch ein paar dahingesagte Nettigkeiten die Schärfe zu nehmen. So wechselten wir also die Sprache und unterhielten uns auf Englisch. Sogar Deutsch sprach Sonia erstaunlich gut, so dass das nun entstehende Gespräch durch seine Dreisprachigkeit eine gewisse Komik gewann und wir alle etwas aufatmen konnten.

Sonia erklärte uns, dass sie einen unbefristeten Mietvertrag hätten, den Hans ja zumindest würde kündigen müssen. Sie fragte, zu wann wir denn einziehen wollten. Als wir zaghaft antworteten, dass wir mit Hans eine Übergabe zum 1. Juni vereinbart hätten, also in etwa fünf Wochen, wurde nicht nur Sonia, sondern auch Ronja etwas blass um die Nase. Wir wussten nicht recht, was wir weiter dazu sagen sollten. Wo war bloß Hans? Wir trennten uns also erstmal, und wir fragten, ob wir uns auf dem Hof etwas umsehen dürften, bis Hans käme. Die Schwedinnen stimmten zu und gingen ins Haus. Wir gingen mit den Kindern hinunter an den Fluss, und als wir zurückkamen, war Hans noch immer nicht zu sehen. Inzwischen war es halb zwölf. Ich setzte mich also zu Ronja und Sonia, die inzwischen vor dem Haus unter dem Vordach saßen, und erklärte den beiden, dass wir schon eine Lösung finden würden, und dass sie keine Angst haben bräuchten, wir würden weder sie, noch ihre Pferde, die momentan auf „unseren" Koppeln weideten, einfach vor die Tür setzen.

Wenn sie nicht so schnell etwas Neues fänden, würden wir uns eben erstmal eines der Ferienhäuser zurechtmachen. Wieder und wieder beteuerte ich, wie leid mir das alles täte, und dass wir wirklich nicht gewusst hatten, dass Hans sie noch nicht informiert hatte. Sonia lächelte traurig und sagte, sie wisse, dass es nicht unsere Schuld sei, so sei Hans eben. Ich versuchte zu vermitteln, dass Hans möglicherweise auch nur hatte sichergehen wollen, dass wir es ernst meinten, denn immerhin, kannten wir einander nicht, und man konnte ja schnell zu einem Fremden sagen, man wolle auswandern und sein Haus kaufen. Es dann auch zu tun, sei ja doch noch etwas anderes. Auch Hans hätte sich bestimmt nur absichern wollen. Sonia zuckte mit den Schultern.

Da endlich rollten zwei Geländewagen dicht gefolgt die lange sandige Auffahrt hinunter und kamen vor dem Haus in der Mittagssonne zum Stehen. Das nun folgende Szenario war so merkwürdig, beinahe filmreif, und trotz der offensichtlichen Misere doch irgendwie urkomisch, so dass ich mein Lächeln wiederfand: Alle begannen fast zeitgleich aufeinander einzureden. Auf Deutsch. Auf Schwedisch. Und auf Englisch. Im Kofferraum bellte Luzie wie verrückt, denn Hans hatte seinen Hund auch mitgebracht. Dazwischen liefen aufgeregt unsere Kinder hin und her und mussten mir dringend jeden einzelnen Kieselstein zeigen, den sie am Fluss gefunden hatten. Sonia und Ronja fragten Hans, warum er ihnen nichts gesagt hatte. Hans verteidigte sich wild gestikulierend, Sonia hätte doch im Winter gesagt, sie wolle ausziehen, weil angeblich die Heizung nicht richtig funktioniere. Wir stellten uns Hans vor, und auch Julian, Marcus und ich begrüßten uns. Marcus staunte, dass wir tatsächlich so schnell unser Haus in Deutschland verkauft und den Schritt nach Schweden gewagt hatten, und Hans stellte den Schwedinnen ihre geforderte Kündigung aus. Danach unterhielten sich die Männer angeregt über dies und das. Ich bekam nur Fragmente davon mit, da die Kinder mich kontinuierlich mit Fragen und zu zeigenden Steinen bombardierten. Hans versuchte offenbar weiterhin zu erklären, warum er den Frauen nicht Bescheid gesagt hatte.

Trotz der aufflammenden Komik des Momentes hatte ich noch immer einen Kloß im Hals, und als ich noch einmal sagte, wie leid es mir tue, konnte ich die aufsteigenden Tränen in meinen Augen nicht mehr länger unterdrücken. Sonia versicherte noch einmal, dass es nicht unser Fehler war und fragte, was wir noch wissen wollten über Haus und Hof. Ich spürte, dass ich in dieser Situation alles erfahren könnte, was dieser Hof an Schwachstellen aufzuweisen hatte. Die für mich wichtigste Frage aber war, ob man etwas von der Stromleitung hören würde. Sonia und Ronja schüttelten die Köpfe. Ob es im Sommer viele Mücken und Bremsen geben würde. Ja, das wäre schon so, allerdings könne man durchaus in den Morgen- und Abendstunden reiten. Nach Meinung von Sonia und Ronja war die Heizungsanlage mangelhaft, so dass oft kein warmes Wasser zur Verfügung stehe. Auch der Brunnen habe in der Vergangenheit Probleme gemacht und der Schornstein wäre laut Aussage eines fachkundigen Bekannten in einem desolaten Zustand und dürfe so nicht weiter genutzt werden. All diese Vorwürfe entkräftete Hans später allerdings: Der Brunnen sei überarbeitet worden, das warme Wasser sei nur nicht gelaufen, weil die Damen den richtigen Knopf nicht betätigt hätten (Marcus bestätigte das), und der Schornstein sei vollkommen in Ordnung. Sonia hatte mich, kurz bevor die beiden sich bei uns und Marcus mit einem herzlichen Händedruck, bei Hans symbolkräftig ohne Händedruck, verabschiedeten, noch gewarnt, wir sollten aufpassen: Wenn Hans die

Möglichkeit dazu hätte, würde er uns sicher übers Ohr hauen. Als ich ihr aber den vereinbarten Kaufpreis nannte, musste sie zugeben, dass das ein wirklich guter und fairer Preis für Blankan war. Sie versprach außerdem, die Eigentümer des benachbarten Reiterhofes zu fragen, ob wir deren gesamte Zäune, die unsere zukünftigen Koppeln begrenzten, übernehmen könnten, damit wir uns die Zeit und Mühe des neuen Einzäunens ersparen können würden.

Anschließend unterhielten wir uns noch lange mit Hans und Marcus, gingen zusammen über den Hof und schauten gemeinsam in die Scheune, die noch vollgestopft mit Hans' Errungenschaften aus vergangen Zeiten war. Er hatte hier einmal eine Art Abenteuercamp errichten wollen, erklärte er die Flut an gehorteten Kuriositäten. Welche Rolle dabei allerdings die sich dort türmenden Trichter, Brenner und Teile von Pelletheizungen sowie unzählige andere Dinge unbestimmter Herkunft und Bestimmung spielen sollten, blieb ebenso unerklärt wie die Sinnfrage diverser Oldtimer, Mopeds und sonstiger seltsamer Gefährte, die offensichtlich schon vor Jahren in dieser Scheune vergessen worden waren und seither dort auf jemanden warteten, der sie aus ihrem Dornröschenschlaf erwecken würde. Hans schlug unentwegt die Hände über dem Kopf zusammen beim Anblick all seiner Besitztümer, die er offensichtlich zum Teil tatsächlich schon vergessen hatte. „Ich will das nicht mehr, ich kann das nicht mehr!", rief er immer wieder. Er sprach von Minimalismus, und dass er sich von so vielem trennen wolle. In diesem Moment blieb Noah hingerissen vor einem winzigen Bonanza-Moped, Modell „GoGo" stehen, worauf Hans keine Sekunde zögerte, ihm dieses zu schenken. Was konnte es für einen Neunjährigen wohl Schöneres geben, als dass im neuen zukünftigen Zuhause ein eigenes kleines Moped auf einen wartete? „Ich wünschte, ich dürfte in Schweden noch einmal Junge sein!", seufzte Hans träumend und übergab hiermit quasi offiziell die Aufgabe an Noah, seinen Traum hier für ihn zu leben.

Weiterhin erspähte ich Fahrräder, alte Küchenbänke und antike Holztruhen in dem Wirrwarr aus Holz und Metall, aus Plunder und vergessenen Schätzen. Oh Dornröschen, dein Prinz ist schon unterwegs, dachte ich. Obwohl mir auch klar und klarer wurde, wie viel Arbeit hier wieder einmal auf uns wartete. Einiges sollte Marcus zwar noch für Hans abtransportieren, aber angesichts der Mengen war zu erwarten, dass viele Dinge einfach bleiben und in unseren Besitz übergehen würden. Wir kauften ein riesiges Überraschungsei – in vielerlei Hinsicht. Auch in das kleine zukünftige Ferienhaus, das neben dem Haupthaus stand, schauten wir neugierig wie Forscher auf unerforschtem Terrain. Vor unserem geistigen Auge erwuchsen Luftschlösser und Visionen von unserem zukünftigen Leben auf Blankan.

Mit Marcus und Hans verstanden wir uns glänzend. Draußen vor der Scheune schien die Sonne weiterhin und vertrieb die dunklen Wolken, die vorhin emotional aufgezogen waren. Hans stellte sich mehr und mehr als quirliger Mittsechziger heraus, der seinem inneren Kind offensichtlich stets gestattete, dass zu tun, wonach ihm war. Eine gewisse Aura von Chaos und Impulsivität umgab ihn, aber auch Lebensfreude und Kampfgeist. Er hatte offensichtlich schon viel erlebt und daraus seine ganz eigenen Konsequenzen für sich und sein zukünftiges Leben gezogen. Um ihn herum schwänzelte die gesamte Zeit sein schwarzer Stafford Terrier-Mischling Lucky, während er immer wieder weit ausholend, mit den Armen gestikulierend und herumspringend wilde Geschichten aus seinem Leben zum Besten gab, die teilweise an Seemannsgarn erinnerten, aber angesichts des zustimmenden Nickens und Lachens von Marcus wohl tatsächlich stattgefunden hatten. Nebenbei erfuhren wir von Marcus, dass es außer der großen Schule in Högsby, von der wir bereits wussten und dachten, dass unsere Kinder dort eingeschult werden würden, noch eine weitere, viele kleinere Schule in die andere Richtung gäbe. In der winzigen Dorfschule in Få-gelfors gäbe es gerade einmal 50 Kinder und drei Klassen. Diese seien nämlich aufgrund der wenigen Schüler zusammengelegt worden. Laut Marcus gab es eine Klasse Null, so etwas wie eine Vorschulklasse, Klasse eins bis drei und Klasse vier bis sechs. Auch Marcus´ Kinder gingen in diese Schule, was bedeutete, dass Noah und Mia gleich Anschluss an deutsche Kinder finden könnten, was ihnen wiederum bestimmt den Start in der Schule und mit der fremden Sprache erleichtern würde. Mir fiel ein riesiger Stein vom Herzen, denn insgeheim hatte ich ziemlich Muffensausen vor der großen Schule in Högsby gehabt. Immerhin kamen wir ebenfalls aus einer Dorfschule und waren derart große Schulen nicht gewohnt. Glücklich und erleichtert verabredeten wir uns für den nächsten Tag, um den Kauf nun endlich auch schriftlich zu fixieren und den Kaufvertrag zu unterzeichnen.

29

In Schweden ist es offensichtlich allgemein üblich, bei einem Hauskauf keinen Notar hinzuzuziehen. Die meisten Geschäfte in der Immobilienbranche werden zwar von Maklern durchgeführt und begleitet, aber diese hochoffizielle Stimmung, wie wir sie aus Deutschland kennen, scheint hier eher unbekannt. Schon den Kauf unseres Ferienhäuschens hatten wir ja eher nebenbei absolviert. Mit Makler zwar, aber nur durch hin- und hergeschickte

Emails und Dokumente, ganz ohne das hochformelle Treffen in Schlips und Kragen in dem sterilen Büro eines Notars, der stundenlang auf Fachchinesisch rechtliche Klauseln verliest, die ohnehin nur dafür gemacht wurden, dass weder der Käufer, noch der Verkäufer sie verstehen sollen. Besiegelt wird jeder Kauf in Schweden abschließend mit einer Anzahlung über zehn Prozent der Kaufsumme und kurz darauf mit der Zahlung der Restsumme direkt auf das Konto des Maklers, welcher die Summe dann an den Verkäufer weiterleitet. Bis auf einen Makler, der im Falle Blankan ja nicht zum Zuge gekommen war, sah unser Plan also ähnlich aus.

Als wir uns am folgenden Tag mit Hans und Marcus, der in dieser Sache quasi als Kronzeuge unseres Immobiliengeschäftes fungierte, in Hans' Ferienhaus trafen, bot sich allerdings ein Bild, dass auch dem tollkühnsten kaufwilligen Deutschen höchstwahrscheinlich alle Haare zu Berge hätte stehen lassen und kalte Schauer den Rücken hinauf und hinunter gejagt hätte. Einen untypischeren Ort zum Kauf einer Immobilie und zum Unterzeichnen eines Kaufvertrages hätten wir wohl nicht wählen können. Das Wort Chaos wurde dem Zustand nicht hinreichend gerecht. Beim Anblick des Ferienhauses war der geneigte Besucher nicht ganz sicher, ob sich das Gebäude noch im Aufbau oder bereits im Abriss befand. Jedenfalls war es eine Baustelle. Eine Dauerbaustelle. Draußen wie drinnen türmten sich Farbdosen, Baumaterialen und Werkzeugkästen zu einem bunten Intermezzo, das von theoretischer Betriebsamkeit kündete. Während wir den langen Flur entlang zum Wohnzimmer gingen, vorbei an unzähligen Zimmern in denen sich ein undefinierbares Sammelsurium aus Büchern, Töpfen, Kartons und Nippes von Tischen, Regalen und Schränken bis auf die Böden ergoss, wunderten wir uns wieder einmal, wie groß doch die schwedischen Häuser von innen waren, obwohl sie von außen oft nicht viel größer wirkten als eine Hundehütte. Hans jedenfalls schlug in bekannter Manier unaufhörlich die Hände über dem Kopf zusammen und versuchte, sich lachend - mehr bei sich selbst als bei uns - für das Chaos zu entschuldigen. Mir wurde bis zum Ende nicht ganz klar, ob er das Haus gerade gekauft hatte, um es zu renovieren, oder ob er es schon lange besaß und einfach noch nicht weitergekommen war. Jedenfalls wollte er es wohl als eine Art Zwischenlager benutzen, um dort Dinge unterzustellen, die er von irgendwo holen wollte (oder vielmehr: die Marcus von irgendwo für ihn holen sollte), um irgendwann irgendwo irgendetwas damit zu machen.

Im Wohnzimmer angekommen fanden wir eine aufgeräumte Ecke mit Sitzmöbeln einer Bierzeltgarnitur der Art, bei der immer der eine von zwei Sitzenden zwangsläufig beinahe abstürzt, wenn der andere aufsteht. Dort ließen wir uns nieder - vier Deutsche wie sie wohl unterschiedlicher kaum sein konnten und die doch irgendetwas Gemeinsames miteinander verband: eine gewisse Andersartigkeit − und die Liebe zu Schweden. Hans, der vielleicht Millionär war und eigentlich Minimalist werden wollte, um endlich frei zu sein und eine langersehnte Weltreise anzutreten. Wir, die frischen Auswanderer, die auf Blankan einen Selbstversorgerhof gründen wollten. Und Marcus, der mit seiner Familie schon seit knapp zehn Jahren in der Nähe von Blankan wohnte und durch seine Tattoos, seine schwarze Kleidung und seinen langen Ziegenbart wirkte wie ein motorradfahrender Rocker, aber das ruhige und sanfte Gemüt eines Buddhas zu haben schien. Wir Vier waren hier also zusammengekommen, um den Kauf perfekt zu machen. Während Julian und ich wie auf heißen Kohlen saßen und endlich zur Sache kommen wollten, rannte Hans munter plaudernd hin und her, kochte Kaffee und suchte in einer alten ausgebeulten Umhängetasche, die er möglicherweise seit seiner Schulzeit besaß, nach seinen Unterlagen. Immer wieder fiel ihm dabei eine weitere Geschichte aus seinem Leben ein, die er unbedingt erzählen musste. Julian und ich wurden immer unruhiger, Marcus hingegen lachte immer wieder bestätigend, war er bei den meisten von Hans' abenteuerlichen Erlebnissen offensichtlich dabei gewesen, und strich sich vergnügt durch seinen Bart. Möglicherweise musste man sich einfach so einen langen Bart zulegen, wenn man mit Hans befreundet war, denn mit irgendetwas außer Zuhören musste man sich seine Zeit immerhin vertreiben, während er eine Anekdote nach der anderen zum Besten gab. Ich jedenfalls wünschte mir ebenfalls dringend einen solchen Bart, den ich mir raufen und den ich lang und länger ziehen konnte, während ich dasaß und hoffte und bangte, Hans würde endlich die benötigten Papiere und Unterlagen ans Licht befördern. Ich wollte es endlich hinter mich bringen!

Nach einer gefühlten Ewigkeit hatte Hans endlich einen Wust an knitterigen Unterlagen mit Eselsohren aus seiner Tasche geborgen und auch die vorerst letzte Geschichte vorgetragen, die, an einem Lagerfeuer erzählt, bestimmt ein Highlight gewesen wäre, von der ich aber in diesem Moment weniger als die Hälfte mitbekam, weil ich mit den Gedanken schlichtweg woanders war. Nun konnten wir endlich zur Tat schreiten: Marcus, der nun mal am besten von uns Vieren Schwedisch sprach, begann den schwedischen Kaufvertrag auszufüllen, als täte er jeden Tag nichts anderes, was Hans wiederum den Freiraum für weitere Erzählungen lieferte. Am Ende unterschrieben wir alle. Hans als Verkäufer, Julian und ich als Käufer, Marcus als Zeuge. Seine Frau Marlies würde später als zweite Zeugin ebenfalls unterschreiben. Mehr als das bedurfte es in Schweden tatsächlich nicht, um ein Haus zu kaufen. Und während wir dort drinnen auf dieser chaotischen Dauerbaustelle unser gesamtes Geld per Vertrag, ohne Netz und doppelten Boden, ohne Makler und ohne Notar einem Wildfremden, der damit nächste Woche unauffindbar auf Weltreise gehen könnte, zusagten, um sein Haus zu kaufen, dass noch vermietet war und das vielleicht über einen defekten Brunnen, mehrere nicht funktionierende Öfen und einen verrotteten Schornstein verfügte, mit neuen Nachbarn, die uns vielleicht hassen würden, weil wir Deutsche waren, die sie aus ihrem Zuhause vergrault hatten, währenddessen spielten Noah und Mia draußen begeistert und ausgelassen mit Hans' Stafford Terrier-Mischling Lucky, der in Deutschland sicherlich auf der roten Liste der Hunde mit Maulkorbpflicht stünde. Ich atmete tief durch und dachte: Wenn das meine Mutter wüsste!

30

Wir hatten bereits am ersten Tag unsere Personennummern beantragt, ohne die in Schweden kaum eine offizielle Handlung möglich ist. Gespannt warteten wir nun jeden Tag auf Post vom Skatteverket. Ungeduldig kontrollierte Julian täglich mehrfach unseren Briefkasten, den wir ganz vorne am Waldweg aufgestellt hatten. Und jedes Mal kam er enttäuscht und etwas besorgt zurück, wenn der ersehnte Brief wieder nicht eingetroffen war. Mich beunruhigte das alles weniger, denn die Dame beim Skatteverket hatte uns erklärt, dass es bis zu zwölf Wochen dauern könnte, bis unsere Personennummern kommen würden. Außerdem schien es, mich könne hier rein gar nichts mehr aus der Ruhe bringen. Eines Tages aber kam Julian vom Briefkasten zurück und sein besorgter Gesichtsausdruck hatte sich irgendwie intensiviert. „Unser Briefkasten ist weg", sagte er halb erstaunt, halb wütend. „Wie weg?", fragte ich verdutzt. „Geklaut", sagte er. „Oder umgefahren. Jedenfalls ist er nicht mehr da." Noch lange mutmaßten wir, ob es sich bei dem mysteriösen Verschwinden unseres Briefkastens um einen Unfall mit Fahrerflucht gehandelt hatte oder gar um einen Anschlag. War es vielleicht jemandem nicht recht, dass hier nun Deutsche im Wald wohnten? Hatte der Vorfall gar rassistische Ursachen? Uns war ein bisschen mulmig zumute bei dem Gedanken, wir könnten hier derartig unerwünscht sein. Also entschlossen wir uns für folgende Version: Sicher war jemand im Dunkeln aus Versehen mit dem Auto dagegen gefahren. Um eventuelle Lackspuren am Briefkasten zu vertuschen, hatte derjenige den Briefkasten einfach mitgenommen und entsorgt. Schlimm genug war es um den Briefkasten, denn dieser war nicht gerade billig und immerhin brandneu gewesen, hauptsächlich aber bangten wir darum, ob wohl ausgerechnet an diesem Tag unsere Personennummern darin gelandet sein mochten.

Gleich zu Beginn hatte Julian als eine der ersten Taten eine kleine Solaranlage zur Stromgewinnung auf dem Dach unserer Hütte installiert. Damit konnten wir in jedem Raum eine Lampe betreiben sowie unsere Akkus für die Laptops, Handys und den MP3-Player der Kinder aufladen. Um unseren kleinen Backofen zum Laufen zu bringen, den wir aus dem Wohnwagen mitgenommen hatten, schmissen wir den Generator an, denn das Backen im Holzofen hatte sich als recht schwierig und vor allem zeitaufwendig erwiesen. Manchmal schwankte ich noch, ob ich den technischen Fortschritt in unserem Häuschen nun gutheißen sollte, oder ob er mich schon wieder zu weit vom einfachen Leben entfernte und zu viele Möglichkeiten zur Zerstreuung lieferte. Sicher, ohne Handy und Computer wäre es schon unkomfortabel gewesen, und immerhin handelte es sich (bis auf den Backofen mit Generatorstrom) um wirklich saubere Energie. Ein Geschenk der Sonne sozusagen. Warum sollten wir nicht tagsüber die Sonne einfangen, um sie abends in der Dunkelheit in unserer Hütte wieder freizulassen? Das schien vernünftiger, gesünder und sogar ressourcenschonender, als jeden Tag unzählige Kerzen und Petroleumlampen anzuzünden, um die 50 Quadratmeter nicht nur mit gemütlichem Licht, sondern auch mit den Ausdünstungen von Wachs und Petroleum zu erfüllen.

Trotzdem: Manchmal wollte ich mit noch weniger leben, mit noch weniger Dingen und mit noch weniger Luxus. Aber ein bisschen genoss ich es doch, denn immerhin konnte ich, ohne meinen Laptop zu laden, nicht schreiben, und ohne die Handys wären wir wirklich von der Außenwelt abgeschnitten gewesen - was natürlich auch Vorteile gehabt hätte und im Grunde auch Teil dieser Erfahrung hätte sein können. Aber es war doch zu verlockend, wenigstens einige Nachrichten am Tag an Freunde und Familie zu schicken. Kleine Lebenszeichen von Schweden nach Deutschland und zurück. Zwar war der Empfang mitten im Wald manchmal derartig schlecht, dass es mitunter einige Stunden dauerte, bis die Nachrichten den Weg aus und in unsere Hütte fanden, aber das war wirklich eher belanglos. Die Tatsache, sich ab und zu mit seinen Lieben austauschen zu können, oder die Aussicht darauf, im hoffentlich nie eintretenden Notfall Hilfe rufen zu können, waren beruhigend und rechtfertigten diesen unerhörten Luxus, der normalerweise im Leben eines Einsiedlers nichts zu suchen hatte. Das laute Dröhnen des Generators hingegen, dass hin und wieder unbarmherzig die heilige Stille des Waldes zerriss, war etwas, an das ich mich weder gewöhnen konnte noch wollte.

Außerdem musste das Plumpsklo, dessen Inhalt bei den Vorbesitzern offenkundig bisher in einer Plastiktüte aufgefangen und Gott weiß wie und wo entsorgt worden war, überarbeitet werden: Also baute Julian einen wildschweinsicheren Komposthaufen am Ende des Grundstückes am Waldrand. Dazu bediente er sich am alten Holz und Blech, das uns der alte halbzerfallene Schuppen an einer Ecke unserer Lichtung lieferte. Auf diesem Komposthaufen konnten wir ab jetzt nicht nur unsere Unmengen an biologischen Küchenabfällen entsorgen, sondern auch die Produkte des Plumpsklos, welches nun zum Kompostklo umgerüstet wurde. Statt der durchaus ekeligen Plastiktüte stellten wir eine große schwarze Mülltonne unter den Donnerbalken. Neben das Klo kam ein Eimer mit einer Mischung aus Sägespänen und einer speziellen biologischen Mixtur aus Erde, Torf und anderen Komponenten, die es hier in Schweden in jedem Baumarkt zu kaufen gibt.

Nach jedem großen Geschäft - die kleinen liefen durch ein kleines vorgelagertes Extrabecken durch einen gesonderten Schlauch in ein Loch in die Wallapampa - gaben wir nun eine Handvoll dieses wertvollen Gemisches auf die Hinterlassenschaften, so dass sich einerseits keine üblen Gerüche bilden, anderseits aber die Kompostierung bereits im Eimer starten konnte. Ein herrliches System. Überhaupt entdeckte ich an einem vom Haus abgelegenen Klohäuschen mehr Vor- als Nachteile. Wo sonst fand man denn ein vergleichbar stilles Örtchen zum Verrichten seiner Notdurft? Draußen zwitscherten die Vögel und machten jeden Toilettengang zu einer wahren Freude. Mia sah sich bei jedem Besuch veranlasst, ein fröhliches Lied zu trällern, und auch Noah schien froh, seine Toilettenbesuche stets mit einem kleinen Abstecher in den Garten verbinden zu können. Auch hier überlegte ich ernsthaft, ob wir nicht auch in Blankan das alte Plumpsklo zu neuem Leben erwecken sollten – zumindest als luxuriöses Zweitklo.

Auch das Problem mit der Wasserversorgung hatten wir recht schnell einigermaßen zufriedenstellend geklärt. Zum einen hatten wir sämtliche Eimer, Schüsseln und Kanister mobilisiert, um Regenwasser aufzufangen. Zum anderen nutzten wir die Möglichkeit, an einer nicht allzu weit entfernten Stelle Flusswasser aus dem Emån zu holen. Darüber hinaus entdeckte ich eher zufällig einen alten Brunnen an unserer Grundstücksgrenze, als ich einmal mittags mit dem Hund durch den Garten stromerte. Neben unserer Auffahrt erspähte ich im Vorbeigehen eine alte Wellblechplatte unter den Bäumen, die vollständig mit Moos, Laub und Ästen bedeckt war und sich dadurch gut versteckt in die waldige Umgebung integrierte. Wie oft war ich schon daran vorbeigelaufen, ohne die Platte gesehen zu haben? Aufgeregt räumte ich den gröbsten Belag ab und hob die schwere Platte an, um zu sehen, was darunter war. Ich wusste im Grunde schon, dass es ein alter Brunnen sein musste. Was sollte es auch sonst sein? Umso freudiger, fast triumphierend, zeigte ich wenig später Julian meine Entdeckung.

Und schon wenige Tage später begannen wir, den Brunnen wieder zum Leben zu erwecken: Nachdem wir durch Stochern mit einem langen Stock die ungefähre Tiefe des steingemauerten Loches von etwa zwei Metern ermittelt hatten, stützen wir den Rand mit weiteren großen, möglichst flachen Steinen ab. An Steinen mangelt es glücklicherweise in Schweden nicht, eher scheint es sich um eine Art geologisches Abfallprodukt zu handeln, denn überall im Wald, an Weges- und Koppelrändern, in Gärten und an sämtlichen anderen Stellen stapeln sich Steine aller möglichen Formen und Größen zu Haufen, Bergen, Wällen und Mauern. Mal sauber gestapelt und scheinbar gereinigt, mal wild übereinandergeworfen und mit weichem Moos überwachsen kann man sie immer und überall finden, und so hatten wir schnell eine Umrandung für den Brunnen zusammengetragen. Nachdem sämtlicher grober Sand und altes Moos abgefegt waren, stieg Julian mit Gummistiefeln hinab in das dunkle und nasse Loch, dessen Durchmesser nicht viel größer war, als dass er seine Ellenbogen nach links und rechts austrecken konnte. Als täte er jeden Tag nichts anderes, begann er nun mit allergrößter Selbstverständlichkeit, Eimer um Eimer voll triefendem Dreck, tropfendem Schlick und stinkendem Schlamm aus dem Brunnen zu schaufeln, um diesen zu reinigen. Da wir keine passende Schaufel hatten, hatte ich ihm einen alten Küchenseiher dafür gegeben, der sich als optimales Reinigungsgerät für alte verlandete Brunnen erwies. Nach etwa einer Stunde und sicherlich 50 Eimern Morast, die Noah und ich abwechselnd an einem Seil aus der Tiefe gezogen hatten, erreichte Julian den Grund: Reiner sauberer Mergel bildete den festen Bodenbelag unseres Brunnens, der sich nun abschließend relativ leicht sauberkratzen ließ. Das war geschafft: Der Brunnen war wiederbelebt und wir müssten nur noch abwarten, ob und wie schnell er wieder voll Wasser laufen würde. So sauber allerdings der Brunnen war, um so dreckiger war Julian erwartungsgemäß nach seinem Aufenthalt untertage.

Diese Tatsache erinnerte uns wieder daran, dass wir keine Dusche und noch immer keine Gelegenheit aufgetan hatten, unsere Wäsche zu waschen. Das Fehlen der Dusche kompensierten wir durch regelmäßige Besuche im Schwimmbad von Vetlanda. Was die Wäsche anging, so hatte ich recht optimistisch einen Versuch gewagt, eine Portion Unterwäsche, Socken und Putzlappen mit der

Hand zu waschen, allerdings war dieser Versuch eher kläglich ausgefallen. Erstens erwies sich dieses Unterfangen als sehr zeitaufwendig, denn es dauerte Stunden, bis das Wasser im großen Kochtopf auf dem Holzofen erwärmt war. Auf der Küchenhexe wäre es sicherlich schneller gegangen, aber ich wollte die Wärme des Ofens ausnutzen, der ohnehin den ganzen Tag brannte. Als nächstes musste die Wäsche eingeweicht werden, und dann erst folgte das eigentliche Waschen und das anschließend tatsächlich sehr anstrengende Auswringen der heißen Kleidungsstücke, die danach weder trocken noch - was natürlich ebenso wichtig gewesen wäre - sauber waren. Ich schickte einen respektvollen Gruß an meine Vorfahren und alle Frauen, die damals immer und ständig ihre Wäsche mit der Hand waschen mussten, und sah zähneknirschend ein, dass diese Art der Wäsche irgendwie nicht das von mir gewünschte Ergebnis hervorbrachte. Mit einer größeren Waschwanne wäre es sicher möglich gewesen, denn die würde ich brauchen, um die verdreckten Jeanshosen, miefenden Sweatshirts und verschwitzten T-Shirts auch nur ansatzweise wieder in einen tragbaren Zustand zu versetzen. Eine entsprechend größere Wanne stand zwar im Garten, ich würde aber ungeheure Wassermengen benötigen. Und diese würden wir nach wie vor nicht zur Verfügung haben, das war mir klar. Der Brunnen und das gesammelte Regenwasser würden sicher stets das nötige Wasser zum Abwaschen, Händewaschen und das Trinkwasser für Luzie und Findus liefern, alles was darüber hinausging, würde aber ein Problem darstellen. Auch einen Waschsalon suchten wir in der näheren Umgebung vergebens.

Als ich also meinen dreckverschmierten und schlammbespritzten Ehemann so aus dem neueroberten Brunnen klettern sah, war die Erkenntnis nicht mehr weit, dass wir nicht nur eine Duschmöglichkeit bräuchten, die uns unabhängig von den Besuchen im örtlichen Schwimmbad machte, sondern auch dringend endlich eine Gelegenheit, unsere sich türmenden Wäscheberge zu reinigen. Und so kam es, dass wir - die Suchenden nach dem einfachen ursprünglichen Leben, quasi ohne Strom und fließend Wasser - kurzum in den nächsten Baumarkt fuhren, um eine Waschmaschine zu kaufen.

Wir wollten uns halb kaputtlachen, als wir den weißen Klotz aus dem Autokofferraum hievten und auf die Kiesel an der Seite unseres Häuschens stellten. Daneben platzierten wir die große Zinkwanne, um das Abwasser aufzufangen. Leicht erhöht stellten wir einen Kanister mit Flusswasser auf. Ich fütterte, innerlich immer noch lachend, die Maschine mit der ersten Portion dreckiger Wäsche, legte den Beutel mit den voll-ökologischen Waschnüssen dazu, die ich in weiser Voraussicht in Deutschland gekauft hatte, und befüllte das Waschmittelfach mit einer halben Kappe des ökologischen Wäscheduftes. Julian schloss die Maschine an den Generator an, denn für diese Stromleistung reichte unsere Solaranlage dann doch nicht aus, und saugte aus einem Schlauch das Flusswasser an, damit es in die Maschine laufen konnte. Wir standen andächtig davor und beobachteten jede Umdrehung der Trommel, jedes Abpumpen und jede weitere Regung der Maschine. Kein Kinofilm hätte spannender sein können. Wieder musste ich lachen bei der Vorstellung, wie es wohl für einen außenstehenden Spaziergänger oder Jogger aussehen musste, wie wir da in der Dämmerung auf der Waldlichtung standen, die abendliche Ruhe zerrissen vom Brummen des Generators, und wie gebannt auf eine Waschmaschine starrten. - Arme verrückte Deutsche! Der erste Waschversuch verlief noch etwas holprig, aber nach der dritten Maschine hatten wir den Bogen raus, und die

Wäsche wurde sauber, trocken und duftig. Wieder hatten wir ein Problem gelöst! Trotzdem wurde mir durch diese Aktion erst einmal so richtig bewusst, dass man vielleicht doch nicht jeden Tag Wäsche waschen musste, und dass das Wasser, das bei den meisten Menschen einfach aus dem Wasserhahn zu kommen scheint, eben doch nicht so selbstverständlich ist, wie die meisten von uns denken. Trotzdem fühlte es sich richtig gut an, die Wäsche auf diese Weise und mit Wasser aus dem Fluss oder Regenwasser oder Brunnenwasser zu waschen. Das hatte schon wieder etwas mit Selbstversorgung zu tun. Und alles, was wir tun konnten, ohne auf ein System von außen angewiesen zu sein, fühlte sich immer gut an.

Nach einigen Runden stellte die Waschmaschine allerdings die Kommunikation mit dem Generator aus unerklärlichen Gründen ein, und ich musste wohl oder übel doch wieder zur Handwäsche zurückkehren. Haderte ich zuerst mürrisch mit meinem Schicksal, stellten sich doch nach der zweiten oder dritten Ladung in der Zinkwanne langsam Erfolge ein. Zudem stellte ich erstaunt fest, dass ich zunehmend Gefallen an der ungeliebten Aufgabe fand. Geradezu meditativ empfand ich das Einweichen, Walken und Schrubben der Wäsche, das Hin- und Herschwenken im lauwarmen Wasser. Irgendwie fühlte es sich ursprünglich an, reinigend - nicht nur für die Wäsche, auch für meine Gedanken. Je wärmer es wurde, umso lieber meditierte ich über der Zinkwanne. Um mich herum rauschten die Tannen, die Vögel trällerten fröhlich aus den Kronen der Birken und Pappeln, von irgendwoher ertönte das Hämmern eines Spechtes und der laue Wind spielte mit meinen Haaren. Völlig versunken in diese Beschäftigung sinnierte ich sogar darüber, ob ich vielleicht künftig gänzlich auf eine Waschmaschine, einen Trockner und einen Geschirrspüler verzichten sollte oder könnte. Denn auch das Abwaschen und Trocknen des Geschirrs am Morgen war mir lieb geworden. Hatte ich in Deutschland morgens stets alles Geschirr hektisch in den Geschirrspüler gestopft, so wurde auch das Abwaschen hier im Wald zu einem beruhigenden Ritual. Ich sammelte das mit Servietten grob gereinigte Geschirr, das über einen Tag anfiel, immer in einer großen viereckigen Plastikkiste, stets mit etwas Wasser, damit nichts antrocknete, neben dem Waschbecken. Jeden Morgen nach dem Frühstück füllte ich etwa einen viertel Liter Wasser in eine Schüssel, dazu etwas ökologisches Spülmittel und seifte jedes Teil damit ein. Anschließend wurde es mit einer minimalen Menge Flusswasser saubergespült, das aus einem Kanister in einem Regal über dem Waschbecken durch einen Hahn wiederum in die blaue Kiste floss, um dort die nächste Fuhre dreckigen Geschirrs einzuweichen. Auf diese Weise verbrauchten wir so geringe Mengen an Wasser, dass mir ganz warm ums Herz wurde. Ich machte mir regelrecht einen Sport daraus, so wenig Wasser wie möglich zu verbrauchen. Natürlich war mir klar, dass ich im „wirklichen" Leben, diese sparsamen, aber zeitaufwendigen Arbeitsschritte so nicht würde durchführen können. Meditation und Nachhaltigkeit hin oder her - sobald wir in Blankan wären, würde ich zumindest wieder eine Waschmaschine brauchen, ansonsten würde mir definitiv die Zeit für andere wichtige Arbeiten im Gemüsegarten und bei den Tieren fehlen. Aber bis zum Winter würde ich auf einen Trockner verzichten. Fließendes Wasser würden wir dort aus dem neugebohrten Tiefbrunnen gewinnen und Strom ebenfalls durch eine Solaranlage. Gegen einen Geschirrspüler war im Grunde also nichts einzuwenden. Und trotzdem: Das Leben im Wald hatte schon Spuren bei mir hinterlassen. Vielleicht würde ich künftig doch lieber weiter mit der Hand abwaschen.

31

Die Zeit im Wald war wirklich etwas Besonderes. Wir sahen Wildschweinbabys und Rehe und Füchse. Wir gingen angeln und wandern und sahen uns die nähere Gegend an. Wir kochten und backten mit der Küchenhexe, holten Wasser zum Abwaschen aus dem Brunnen oder aus dem nahegelegenen Fluss und heizten mit dem Holzofen. Wir arbeiteten im Garten, verpassten Haus und Nebengebäude einen neuen Anstrich und machten Lagerfeuer, über dem wir Bratäpfel rösteten. Einige Male grillten wir bei schönem Wetter auf unserer sonnigen Holzterrasse im schwedischen Kugelgrill. Wir bauten durch einfache Mittel das Obergeschoss unserer Hütte um, so dass durch das Austauschen aller Betten ein großes Kinderzimmer entstand. In die kleine Nische, wo vorher das einzelne Kinderbett gestanden hatte, baute Julian ein maßgeschneidertes Doppel-Einbaubett, so dass aller Platz wirklich optimal ausgenutzt wurde. Unzählige Kisten an Flohmarktartikeln, Kleinmöbeln und diversen anderen Dingen, ja sogar kiloweise uralte dicke Holzplanken, die wir in Blankan beispielsweise als Unterkonstruktion für unseren geplanten Wintergartenanbau nutzen könnten oder als Einfassung für Hochbeete oder als Material für die Pferdeboxen, schleppten wir aus dieser winzigen Hütte. Vieles war auch einfach nur noch Müll, den wir bei der örtlichen Müllkippe mit dem Pferdeanhänger ablieferten. Die Flohmarktartikel brachten wir zu einem Secondhandladen, dessen Erlös einem guten Zweck zukommt. Dort kauften wir auch ein neues gebrauchtes Sofa, um das alte mäusezerfressene Exemplar von seinen Diensten zu entbinden. Auch den alten zerfallenen Holzschuppen, der auf unserer Lichtung wohl schon seit Dekaden auf den Tag seines Zusammenbruches gewartet hatte, rissen wir ab. Das morsche Holz, das seit Jahren oder gar Jahrzehnten ungeschützt dem Wetter ausgeliefert gewesen war, schichteten wir zu einem Wall am Ende unseres Grundstückes auf. Dort würde mit ihm geschehen, was wohl mit allem hier im Wald Herumliegenden passierte: Es würde Moos darüber wachsen und es zu einem dazugehörigen Teil seiner Umgebung machen. Das noch gute Holz würden wir zum Teil mit nach Blankan nehmen, aus dem Rest bauten wir eine kleine Outdoor-Dusche neben unserem Ferienhaus. Außerdem retteten wir noch die Blechplatten aus Aluminium. Julian sagte, so etwas könne sich heute kein Mensch mehr leisten. Auch Ofenrohre, Regenrinnen und ähnliche Baumaterialien, die wir aus den Trümmern des Schuppens bargen, schichteten wir auf, um sie mit nach Blankan zu nehmen, denn Baustoffe sind teuer in Schweden.

Aus den alten Sprossenfenstern, die wir ebenfalls unter dem eingefallenen Teil des Schuppendaches fanden und einigen Planken, zimmerten Noah und ich in der knisternden Mittagshitze des ersten richtig warmen Tages ein kleines Frühbeet. In den aus Deutschland mitgebrachten Steckpaletten, warteten nun Samen von Zucchini, Hokkaidos, Gurken, Buschbohnen und Zuckererbsen darauf, zu keimen und das schwedische Sonnenlicht zu erblicken. In Blankan sollten sie dann ins Gemüsebeet umgepflanzt werden, welches wir selbstverständlich erst noch anlegen mussten.

Die größte Ausbeute, die der Schuppen aber nach und nach freigab, bestand aus gehacktem Feuerholz. Korb um Korb trugen wir die zum Teil mehr als gut abgelagerten Scheite und Rundhölzer zu unserem Feuerholzunterstand und schichteten sie dort wieder auf. Viele warme Stunden in der Hütte und leckere Mahlzeiten auf der Küchenhexe verhieß diese Arbeit. Inzwischen, nach all den Jahren, die wir immer mit einem Holz- oder wasserführenden Kaminofen geheizt hatten, machte mir Holzstapeln sogar auf eine gewisse Art und Weise Spaß. Nie hätte ich das als Kind für möglich gehalten. Denn bereits meine Eltern hatten viel mit ihrem Kaminofen geheizt, der schon damals an die Heizkörper im gesamten Haus angeschlossen gewesen war. Und mein Vater war nie verlegen darum gewesen, meinen Bruder und mich voll und ganz in die Feuerholzbeschaffung - vom Abholen bis zum Hacken und Aufstapeln - einzuspannen. „Schließlich wollt ihr doch im Winter auch einen warmen Hintern haben!", pflegte er stets aufmunternd zu sagen, wenn wir uns wieder einmal drücken wollten oder nur murrend und widerwillig eine Schubkarre nach der nächsten von links nach rechts geschoben hatten. Nie wieder in meinem Leben würde ich Feuerholz anfassen, wenn ich später ausgezogen wäre, so schwor ich mir eines ums andere Mal, wenn ich abends mit Rückenschmerzen und harzigen Händen am Abendbrottisch saß und die wohlige Zufriedenheit meines Vaters wieder einmal so gar nicht teilen oder auch nur nachvollziehen konnte. Dass ich später einmal noch viel mehr Feuerholz stapeln würde, als es mein Vater wohl je getan hat, hätte ich damals nie für möglich gehalten. Dass diese Arbeit sogar froh und glücklich machen konnte, hatte ich niemals in Erwägung gezogen. Die Sicherheit, die mehrere Raummeter gespaltenes, sauber aufgestapeltes Holz an einer trockenen Stelle demjenigen geben, der mit Holz heizt, lösen eine tiefe Zufriedenheit in einem aus. Mein Vater hatte das damals schon gewusst. Daran dachte ich, als ich das letzte Stück Holz weggestapelt hatte und mir zufrieden den jahrzehntealten Staub von den Klamotten klopfte. Und in meinem Kopf gesellte sich zu dem Gesicht meines Vaters das meiner Mutter, die milde wissend lächelte und sagte: „Jaja, das Leben wird vorwärts gelebt und rückwärts verstanden."

32

Neben all den Abrissarbeiten am Schuppen, dem Aufräumen sowie den Renovierungs- und Streicharbeiten an der Hütte und den Nebengebäuden fanden wir zwischendurch jedoch auch immer wieder Zeit für Unternehmungen. Ein langgehegter Wunsch von uns war es, einmal Gold zu waschen. Und zwar nicht in einem nachgebastelten Touristenbecken wie es sie in einigen deutschen Vergnügungsparks gibt, sondern richtig. Und so fuhren wir eines Tages nach Ädelfors zum Goldwaschen. Da wir an einem Montag kamen, waren wir tatsächlich die einzigen Gäste und genossen die ganze Aufmerksamkeit unseres Lehrmeisters George. George war Deutscher, Mitte 50, hatte zwei Jahre in Amerika und über 20 Jahre auf Mallorca gelebt. Die dort fehlenden Kontraste der Jahreszeiten hatten ihn nun nach Schweden verschlagen, erzählte er uns. Jetzt wohnte er seit einigen Monaten hier in einem großen Wohnwagen, um den herum sich eine beträchtliche Gruppe von Blumenkübeln und Maurerbottichen mit jungen Gemüsepflanzen scharrte, auf dem Gelände des Claims und wies Touristen wie Einheimische in die Kunst des Goldwaschens ein. George - und auch die anderen Mitarbeiter des Goldrike - versprühten dabei echtes Clondike-Feeling: Schlappende verbeulte Lederhüte fielen in ihre verwegenen sonnengegerbten Gesicher, raue Hände klopften den Sand an staubigen Hosen ab und lange Haare und ungepflegte Bärte zeigten jedem Besucher, dass hier echte Männer nach echtem Gold suchten - und bisher keines gefunden hatten. Oder zumindest nicht genug, um endlich das Leben zu führen, wozu ihnen das begehrte Edelmetall verhelfen sollte. Oder war es grade das, was sie taten, die Suche an sich, was ihr Leben lebenswert machte? George zumindest betonte immer wieder, wie frei er sich hier fühle. Dem System komplett entstiegen, ohne Kind, ohne Frau und ohne jegliche Verantwortung für irgendwen oder irgendwas könne er stets tun und lassen, was er wolle. Verstohlen beobachtete ich ihn bei seinen Erklärungen, wie man erst die groben Steine von den feinen Kieseln trennte, wie man dann durch bestimmte Waschbewegungen die leichteren Sandschichten nach und nach ausschwemmte und dabei das schwerere Gold hoffentlich in der Waschschüssel zurückbehielt. Dabei gelte es, zwischen echtem Gold und Katzengold zu unterscheiden, das sich ebenfalls oftmals in den Waschpfannen befände, aber deutlich leichter sei, als das begehrte Metall. „Außerdem", sagte George, „erkennt man echtes Gold daran, dass es auch glänzt, wenn keine Sonne darauf fällt."

Fast spannender, ob ich am Ende einige dieser klitzekleinen glänzenden Goldpartikel herausgewaschen haben würde, war für mich die Frage, ob George (in meinem Kopf hatte ich ihn Alaska-George getauft) wohl tatsächlich frei und glücklich war in all seiner scheinbaren Unabhängigkeit. Ich dachte an unsere Zeit im Wohnwagen und fragte mich, ob man es als einsamer Vagabund auf Dauer in so einem Gefährt tatsächlich zur Glückseligkeit bringen konnte. Und ob Gold dabei hilfreich und von Bedeutung war. In diesem Moment erhob sich George von seinem Sitzplatz am Rande der Waschrinne, die gespeist wurde mit dem glasklaren kalten Wasser des Emån, und zeigte mir einige im Sonnenlicht funkelnde Teilchen in seiner Waschschüssel. „Wow", sagte ich fasziniert. Ohne weitere Worte kippte George mir sein gewaschenes Gold in meine Waschschüssel und machte sich auf den Weg in die Grube, um eine weitere Fuhre Steine, Kies und Sand zum Waschen zu holen.

33

Julians Schwedisch wurde jeden Tag besser. Immer sicherer konnte er mit den Einheimischen sprechen und auch verstehen, was sie sagten. Ohne Scheu hatte er sich vorgenommen, innerhalb kürzester Zeit perfekt Schwedisch sprechen zu können. Auch ich lernte jeden Tag neue Wörter. Und obwohl ich noch immer nicht dazu kam, richtig mit dem Schwedisch lernen zu beginnen, verstand ich täglich mehr: im Radio, in Zeitschriften oder im Supermarkt. Selbst hier, an einem Ort, an dem die Zeit still zu stehen schien, an dem ich meistens nicht einmal wusste, welchen Wochentag wir hatten, nicht einmal hier fand ich Zeit oder Ruhe, um mich aufs Schwedisch lernen zu konzentrieren. Dabei müsste ich doch endlich mal anfangen. Aber hier schien es kein *müsste* zu geben, nur *könnte* oder *wollte*. „Det ordnar sig", sagen die Schweden: „Das regelt sich!"

Noch immer führte ich Tagebuch, denn noch immer ging mir unendlich viel durch den Kopf: *Im Großen und Ganzen kann ich sagen: Wir fühlen uns schon Zuhause. In drei Wochen ziehen wir nach Blankan, in unser Heim am Fluss. Wenn alles nach Plan läuft. Der nächste Schritt. Der nächste Abschied. Unser nächstes neues Zuhause. Ob wir dort für immer bleiben? Wir wissen es nicht. Als Mia beim Angeln neulich kleine Stöckchen ins glitzernde, sprudelnde Wasser warf, die teils munter dem Fluss des Bächleins folgten, teils sich in anderen Ästen oder Steinen verfingen und dort für eine Weile hängenblieben, da dachte ich, dass es mit uns doch genauso ist: Wir haben uns selbst ins kalte Wasser geworfen und lassen uns nun treiben, wohin der Strom uns bringt – mal werden wir mitgerissen, mal bleiben wir eine Weile an einem Ort hängen, bis es wieder weiter geht. Ob wir je einen Platz finden, an dem wir für den Rest von immer bleiben, wird die Zeit zeigen. Aber irgendwie scheint das Bleiben gar nicht mehr so wichtig zu sein. Zu viele schöne Plätze gibt es doch, um nur an einem einzigen für immer bleiben zu können. Die innere Ruhe, nach der ich mein ganzes Leben lang gesucht habe, der ich nahezu nachjagte, schien immer bedingt zu sein durch das Bleiben am richtigen Ort, abhängig von äußeren Umständen. Die Ruhe scheint nun tatsächlich endlich auch aus meinem Inneren zu kommen. Ich muss nirgendwo mehr bleiben, um zur Ruhe zu kommen. Ich kann die Ruhe mitnehmen. Hier in Schweden scheint sie überall in mir zu sein. Trotzdem genieße ich die Zeit auf unserer Lichtung. Und ich freue mich auf Blankan. Ich bin frei geworden für Veränderungen, für Wandlungen.*

In diesen Tagen sind wir irgendwie keine richtigen Deutschen mehr, aber doch noch lange keine Schweden. Wir existieren in luftleerem Raum. Die Lichtung ist unsere eigene kleine Welt. Nur selten kommt ein Jogger oder Radfahrer vorbei. Wie durch eine dicke Watteschicht schirmen uns die dichtstehenden Tannen von der Außenwelt ab. Wie unter einer Kuppel leben wir zwischen Vergangenheit und Zukunft. Nur das heute zählt, nur der Moment, der Augenblick – das Jetzt. Nie zuvor erlebte ich eine Zeit solch einer inneren und äußeren Ruhe. Keine Sehnsüchte, kein Verlangen nach etwas anderem, keine Zukunftsängste, kein wehmütiges Zurückschauen. Selten nur denke ich an das, was hinter uns liegt. Alles scheint ewig weit weg zu sein. Wie aus einem anderen Leben tauchen nur ab und zu Bilder von „früher" in meinem Kopf auf. Und als würde jemand Steine ins Wasser werfen und damit die Bilder auf der Wasseroberfläche undeutlich werden lassen, so verschwimmen auch diese vergangenen Bilder schnell wieder und die Erinnerungen tauchen ab.

Natürlich vermisse ich meine Freunde - vor allem aber die Freunde meiner Kinder - und meine Familie, aber ich weiß, sie sind noch da. Sie sind nicht verloren. Ich werde sie wiedersehen. Und ich werde neue Freunde finden. Und die Zukunft, Blankan, die neue Schule, all das scheint noch weit, weit weg. Auch daran denke ich kaum. Ich lasse mich treiben wie die kleinen Stöckchen im Fluss, die sich auch keine Gedanken darüber machen, wohin sie eigentlich treiben. Alle Ängste vor dem, was wohl kommen mag und vor dem, was ich wohl vermissen könnte, sind verflogen. Wir haben alles richtig gemacht. Der ganze Schmerz des Loslassens der vergangenen Wochen und Monate war es wert. Wir sind angekommen, für den Moment und im Moment - noch nicht ganz in unserem neuen Leben, aber doch ein Stück weit in uns selbst.

34

Ganz in der Nähe unserer Hütte, nur fünf Minuten Fußmarsch entfernt, hatten wir schon bei der ersten Besichtigung unseres Ferienhäuschens zwei verlassene Gebäude entdeckt. Das eine war die kleine Schäferhütte mit Scheune, die wir zuerst für die zu verkaufende Immobilie gehalten hatten, weil unser Navi uns fälschlicherweise nicht noch 200 Meter weiter in den Wald zum richtigen Objekt geleitet hatte. Der andere Hof lag abseits vom Hauptweg, hinter einem seichten Hügel, versteckt und eingebettet mitten in Wiesen und Wald. Auch dieses Gehöft hatten wir von weitem gesehen, als wir hier bei unserem ersten Besuch den Wald erkundet hatten. Nur ein grasbewachsener wilder Pfad führte dorthin. Links hohe dunkle Tannen, rechts lichter Birkenbestand. Vom Weg aus war das Haus nicht zu sehen. Als wir uns das erste Mal näherten, weil wir dachten, dort würden ja sicher unsere nächsten Nachbarn wohnen, stellten wir schnell fest, dass der Hof vor vielen Jahren verlassen wurde. Angesichts der düsteren Stimmung, die dort herrschte, nannten wir das Haus von Beginn an „das Geisterhaus". Während unserer täglichen Streifzüge und Spaziergänge mit Luzie, kamen wir immer wieder hier vorbei.

Langsam und zögerlich gingen wir die lange hügelige Auffahrt geradewegs auf das Hauptgebäude zu. Und es schien uns mit leeren Augen entgegen zu sehen, wie es so dort stand auf seiner einsamen Lichtung. Stolz ragte es vor uns empor, wenn wir direkt davor stehen blieben. Die weiße Fassade war leicht vergilbt und die meisten Fensterscheiben zersplittert, vermutlich eingeworfen. Manchmal stand die doppelte Eingangstür offen, manchmal war sie geschlossen. Meist war es totenstill, selbst die Vögel zwitscherten scheinbar verhalten. Es war ein verlorener Ort, das merkten wir sofort. Bei einem anderen Besuch stand die Tür offen, und wir konnten gar nicht anders als hineinzugehen. Allerhand Krempel lag dort hinter der Eingangstür und versperrte uns den Weg ins Erdgeschoss. Trotzdem wagten wir es und bahnten uns vorsichtig einen Weg hindurch, um einen Blick in die anderen Räume zu werfen. Als erstes erreichten wir das Wohnzimmer. Eine alte Sofagarnitur stand hier und ließ nur erahnen, wann hier das letzte Mal jemand gesessen hatte. Ein prachtvoller weißer Kachelofen prangte in der Ecke an der Wand. Alte schwedische Malerei mit floralen Mustern und Pfauen gaben ihm einen altherrschaftlichen Glanz. Die Tapete mit emporrankenden Efeublättern in hellen Beigetönen sah unversehrt aus. Das alte Muster wirkte fast schon abstrakt strukturiert in all dem Chaos, das sich vor allem im Nebenraum zeigte: Im Schlafzimmer stapelten sich mehrere alte Betten, Matratzen und alte Sperrholzplatten. Die Spitze des Stapels krönte ein altes Babybettchen. Den früheren Zweck des nächsten Raumes konnten wir nicht einmal mehr erahnen. Hier standen alte Schränke und weiterer Unrat um eine riesige Holzkiste, die das Zentrum des Raumes bildete. Sie wirkte wie eine große Übersee-Transportkiste zum Verschiffen von Dingen. Eine Gänsehaut überzog meine Arme, als ich mich zu fragen wagte, was wohl in dieser Kiste war. Oder gewesen war. Auf dem Deckel lagen mehrere alte Bilder, darunter eine Schwarzweiß-Fotografie: ein Gruppenfoto. „Sörängens Folkhögskola – Vinterkursen 1932-33" stand darauf. Etwa hundert ernste Gesichter, Männer und Frauen in altmodischer Kleidung, blickten uns durch die verstaubte Glasscheibe des Bilderrahmens an. Vorwurfsvoll und still. Zeugen vergangener Zeiten. Welcher von ihnen mochte einmal hier gewohnt haben? Der nächste Raum war die Küche. In einem noch immer knalligen Türkisgrün leuchteten die alten Holzfronten der Küchenschränke, erhaben über das Durcheinander, dass um sie herum herrschte. Der Boden war eingebrochen. Ein großes Loch klaffte wie ein Schlund im Fußboden und gab Blicke frei in den darunterliegenden dunklen Kellerraum. Hier wagten wir nicht einzutreten, denn wir wollten nicht gemeinsam mit der Kücheneinrichtung in den Keller stürzen. Von der Türschwelle aus ließen wir unsere Blicke schweifen über alte Möbel, kaputte Pappkartons, den wunderschönen alten Küchenofen, der dem Norrahammar No 17 in unserer Hütte ähnelte, eine alte Gefriertruhe, einen umgefallener Stapel Feuerholz, uraltes dreckiges Porzellan – und eine leere Flasche Fanta.

Zurück im Flur schlängelte sich gleich rechts neben der Eingangstür eine breite, staubige halbgewendelte Holztreppe ins Obergeschoss. Scherben knirschten unter unseren Schuhen, jedes Mal, wenn wir zaghaft nach oben stiegen. Obwohl es offensichtlich war, dass dieses Haus niemandem mehr gehörte als sich selbst, dass sich seit Jahren niemand darum geschert hatte, war die Bausubstanz hier oben erstaunlich gut. Alles schien trocken zu sein. Nur an einer Stelle musste über einen langen Zeitraum Wasser durch das Dach eingedrungen sein, denn hier war der Boden modrig schwarz und federte stark, wenn man darüber ging. Darunter befand sich die Küche. Das Wasser musste hier durch die Decke gekommen und in der Küche mit der Zeit den Fußboden aufgeweicht haben, bis er sich irgendwann ergeben hatte und eingebrochen war. Trotzdem war das restliche Haus in einem relativ guten und vor allem trockenen Zustand. Das musste am schwedischen Klima liegen. In Deutschland wäre ein solches Gebäude vermutlich längst verschimmelt und vollkommen verfallen.

Die alten Holzdielen ächzten bei jedem Schritt, als wäre es eine unzumutbare Belastung für sie, wieder von Menschen betreten zu werden. Links stand der Aufsatz eines alten Kinderwagens auf dem Boden. Dort, hinter der geschlossenen Tür, die wimmernd quietschte, als ich sie erstmals zaghaft öffnete, erblickte ich ein altes Küchensofa, ebenso eines, wie Pippi Langstrumpf es in der Villa Kunterbunt hatte. Der graue Bezug mit dem schwarzen Blumenmuster war an einigen Stellen von Mäusen zerfressen. Die Füllung quoll heraus. Beim Weitergehen sahen wir alte offene Schränke und Kommoden, haufenweise Zeitschriften, alte Milchkannen und Holzkästen sowie das umgeworfene Gestell des Kinderwagens. In einer Ecke wartete ein alter Schreibtisch scheinbar darauf, dass wir all die verschlossenen Briefe, die auf ihm lagen, endlich öffneten und beantworteten. In einem weiteren Raum entdeckten wir eine Honigschleuder. Der Zustand war hervorragend. Ganz im Gegensatz zu dem Kinderbett, das plötzlich vor uns stand. Ohne Matratze, eigentlich mitten im Raum. Was war hier bloß passiert? Warum wurde dieses Haus verlassen? Und warum wollte es niemand mehr haben? Eine traurige Stimmung schien hier einzig und allein zu wohnen. Festgesetzt zwischen all den alten Möbeln, zwischen den wunderschönen antiken Holztüren und den zerbrochenen Fensterscheiben. Und trotzdem. Irgendetwas war hier noch. Eine Art Magie.

Draußen vor dem Haus standen, tief eingesunken ins hohe Gras neben den alten knorrigen Obstbäumen und dem steinigen Erdkeller, drei alte, verrostete Autos: Ein verblichener roter Saab, ein schmutzig-blauer Mercedes und ein alter Ford Pickup. Dessen ursprüngliche Farbe war nicht mehr erkennbar, weil sie komplett vom Rost zerfressen worden war. Die Fahrzeuge mussten vor Jahrzehnten hier geparkt und zum Sterben stehen gelassen worden sein. Liebhabern von Oldtimern hätte es das Herz zerrissen. In der alten Scheune stand ein kleiner grüner, antik anmutender Diesel-Traktor. „BM" stand auf einem roten kreisrunden Schild auf dem Kühler und verriet, dass es sich um einen Bolinder-Munktell aus den 1950er Jahren handelte. Dank des geschützten Platzes war er in einem guten Zustand. Fast schien er uns milde zu belächeln, als wir vor ihm standen, um ihn zu bewundern. All die zurückgelassenen Schätze, dazu die Unmengen an gehacktem und gestapeltem Feuerholz kündeten davon, dass der Hof einst nicht geplant verlassen worden war. Wieder fragte ich mich: Was war hier passiert? Eine Gänsehaut legte sich mir trotz der warmen Mittagssonne auf Rücken und Arme, und wilde Fantasien begannen, ihre Bilder von meinem Kopf auf diesen Ort zu projizieren. Oder andersherum.

Trotz der Schauer, die mir jedes Mal wieder über den Rücken jagten, wenn ich mich dem Haus näherte, und obwohl mein Puls etwas schneller schlug, mein Herz etwas lauter pochte, so dass man es in dieser ganzen verlassenen Stille beinahe hören konnte, trotz allem oder gerade deswegen, übte dieser Ort auf mich - und auch auf die Kinder - eine magische Anziehungskraft aus. Selbst, wenn ich mir vorher ganz fest vornahm, dieses Mal nicht in den Weg zum Geisterhaus einzubiegen, wenn ich hier mit Luzie unterwegs war, selbst dann schien ein unsichtbarer Magnet in meinem Inneren angezogen zu werden, ohne dass ich darauf Einfluss nehmen konnte. Wie von Geisterhand wurden meine Schritte gelenkt. Ich *musste* einfach abbiegen. Ich musste wieder und wieder über den Hügel schauen, ob es noch da war. Ob es mich noch genauso ansehen würde wie beim letzten Besuch. Jedes Mal pirschte ich mich ein Stückchen dichter. Blieb minutenlang in der Abendsonne stehen. Lauschte. Und beobachtete. Manchmal traf ich einen einsamen Erpel auf dem kleinen, beinahe verlandeten Tümpel auf der rechten Seite der Auffahrt. Meist erspähte ich einen jungen Rehbock, den ich beim Äsen störte. Entgeistert hob er jedes Mal den Kopf, wenn er mich bemerkte - meistens erst, wenn ich schon ganz dicht herangekommen war. „Was willst Du hier?", schien er zu fragen. „Hierher kommen keine Menschen!" Dann warf er seinen Körper auf der Stelle blitzschnell herum und sprang in hohen grazilen Sprüngen davon über die von Wildschweinen zerfurchten Koppeln. Anfangs bellte er dabei seinen seltsam klingenden, kehligen Angstruf, der vielleicht seine Artgenossen warnen sollte, vielleicht aber auch mich. „Komm' nicht näher!" Doch ich kam näher. Immer. Ich konnte gar nicht anders. Das Haus rief mich. Mein Herz klopfte, und ich wagte kaum zu atmen. Luzie neben mir zitterte angespannt bis ins tiefste Mark ihres Körpers. Wie ein Jagdhund wurde sie immer steifer neben mir. Hob die Nase. Nahm Witterung auf. War bereit zum Sprung. Jeden Moment konnte ein Wildschwein aus dem Tannendickicht zu unserer Linken auftauchen. Oder eine ganze Rotte.

Die Frischlinge hatten wir bei einem unserer Streifzüge zum Geisterhaus bereits beobachtet. Etwa zehn Stück waren es gewesen. Als sie das Knirschen unserer Schuhe auf den kleinen überall herumliegenden Kieseln gehört hatten, waren sie wie auf ein Kommando hin auf uns zu galoppiert. Wahrscheinlich hatten sie gedacht, die Mutter käme aus dem Unterholz. Und dieser kollektive Gedanke war sicherlich nicht abwegig gewesen. Und so hatten wir uns langsam und leise, Schritt für Schritt wieder zurückgezogen, um aus sicherer Entfernung die kleinen Frischlinge zu beobachten. Noah und Mia waren zur Sicherheit auf eine Buche geklettert. Von dort aus hatten sie mit vor Aufregung geröteten Wangen und großen Augen hinter den Ästen hervorgespäht. Sie hatten kaum genug kriegen können vom Anblick der wolligen Babyschweine. Trotzdem war ihnen bewusst gewesen, dass jeden Moment die Mutter - oder möglicherweise auch *die Mütter* - von irgendwoher würde zurückkommen können. Das hatten wir lieber nicht erleben wollen. Und so hatten wir ganz stillgestanden, kaum zu atmen gewagt und diese kleinen wilden Tiere beobachtet, wie sie mit ihren starken Rüsselchen im Boden nach Würmern und Käfern gruben. Als irgendwann ein Ast zu laut geknackt hatte, war der gesamte Kindergarten davon galoppiert - im buchstäblichen Schweinsgalopp vom sprichwörtlichen Acker. Wir aber waren zurückgeblieben, ganz erfüllt von diesem besonderen Erlebnis, von Glück und Spannung.

Und dieses Gefühl, eine Mixtur von kribbelndem Glück und nervöser Spannung war es, das mich jedes Mal aufs Neue überkam, wenn ich mich dem Geisterhaus näherte.

Ich konnte es nicht erklären, kaum in Worte fassen. Wenn ich versuchte, einen Grund für diese kosmische Anziehungskraft zu finden, kamen mir die wildesten Bilder in den Sinn. Und ich ließ meine Fantasie gerne mit mir durchgehen und meine Gedanken mit sich reißen zu den möglichen und unmöglichsten Szenarien.

Was es auch war, dass mich hierherzog, ich würde wieder und wieder kommen. Warum auch immer.

35

Obwohl ich meistens dachte, dass ich am liebsten mein Leben in noch abgeschiedener Lage, abseits von jeglicher Zivilisation führen würde, bekam dieser Wunsch eines Abends einen gewissen Dämpfer. Unser Grundstück im Wald lag an einem seichten Hang, so dass es nach Süd-West hin leicht anstieg, nach Nord-Ost jedoch relativ steil abfiel. Der Tannenbestand nach Norden war naturgemäß noch dunkler als der Rest des Waldes. Ich kniete in der langsam hinter den Bäumen versickernden Abendsonne auf unserer Lichtung neben unserem Frühbeet und pikierte junge Salatpflanzen in größere Behältnisse, damit sie in knapp zwei Wochen problemlos mit nach Blankan würden umziehen können. Anschließend folgten Aussaaten von Kürbissen, Gurken, Basilikum, Bohnenkraut und Wassermelonen.

Die Kinder liefen wie immer durch den Garten. Mia sprang galoppierend mit ihrem Steckenpferd auf und ab, und Noah kämpfte mit einem selbstgebauten Holzschwert gegen imaginäre dunkle Mächte. In den vergangenen drei Wochen waren sie meist auf der Lichtung geblieben, hatten aber hin und wieder kleine Abstecher in den Wald gemacht, wobei sie ihre Kreise stetig erweiterten, jedoch immer in Rufweite blieben, wie verabredet. Im Zweigespann zogen sie auch jetzt wieder an mir vorbei und verschwanden den Nordhang hinunter in den Wald. „Denkt dran, immer schön in Rufweite bleiben!", rief ich ihnen zum gefühlt tausendsten Mal hinterher. „Ja-a!", antwortete Mia und ritt frohgemut auf ihrem Steckenpferd Noah hinterher, der sich mit seinem Schwert einen Weg durchs dichte Unterholz schlug. In dem Moment kam Julian mit der Kettensäge um die Hausecke, weil wir noch ein paar alte dünne Baumstämme zu Feuerholz zersägen wollten, die vom Schuppenabriss übriggeblieben waren. Es sah nach Regen aus, und wir wollten das Holz noch vorher ins Trockene befördern. Etwa zehn Minuten sägte Julian, ich reichte ihm die Stämme an. In einer kurzen Sägepause fragte er mich, wo denn die Kinder überhaupt seien. Mit einem zuversichtlichen Kopfnicken zeigte ich Richtung Wald, woraufhin er nicht gerade begeistert die Augenbrauen nach oben und die Mundwinkel nach unten zog. Als wir fertig waren, wandte ich mich wieder meinen Saaten zu, wobei mir plötzlich die ungewohnte Ruhe auffiel, die mir vom Wald entgegenkam.

Wo waren die Kinder? Ich konnte sie weder sehen noch hören. Angestrengt lauschte ich ins Dickicht. Laut rief ich ihre Namen. Wieder lauschte ich. Aber die einzige Antwort, die ich bekam, war das leise Rauschen der Baumwipfel. Ich rief wieder, dieses Mal lauter. „Noo-ah! Miiaaa!" Laut wiederhallte der Ruf zwischen den Baumstämmen, die unsere Lichtung umgaben, das Echo schien von ihnen abzuprallen. Vor meinem inneren Auge sah ich überall die Rehe, Hasen und Wildschweine im Wald alarmiert ihre Köpfe heben, gestört durch meine Rufe. Ihre Ohren zitterten. Sie lauschten in meine Richtung. Doch Noah antwortete nicht. „Miiia!" jetzt rief auch Julian hinter mir. Auch er bekam keine Antwort. Die immer ersehnte, stets gewünschte traute Stille schwoll nun zu einem bedrohlichen Unterton heran. Mein Herz begann schneller zu klopfen. Über mir, um mich herum nur hohe Tannen, die, dicht stehend wie eine dunkle Armee, unter ihrem dichten, undurchdringbaren Mantel von Grün und Schweigsamkeit meine Kinder versteckt hielten. Jetzt wurde Julian böse. „Das gibt Ärger!" wetterte er, aber ich wusste, dass er seine Sorge lieber auf diese Weise ausdrückte. Er sprang ins Auto, um den Waldweg hinunterzufahren und nach den Kindern zu suchen. Das erschien mir recht sinnlos, waren sie doch in die beinahe entgegengesetzte Richtung losmarschiert. So kam Julian auch wenige Minuten später zurück. Natürlich allein. Mehrfach ließ er die Hupe des Autos ertönen, um Noah und Mia ein akustisches Leitsignal zu senden, dem sie folgen konnten. Wieder und wieder riefen wir, und langsam konnte ich selber einen leicht panischen Unterton in unseren besorgten Stimmen hören. Es war nun offensichtlich, dass die Kinder sich verlaufen haben mussten. Was sollten wir tun? Einfach hinterherrennen, völlig ziellos? Unsere Rufe waren sicher mehrere Kilometer weit zu hören. Oder wurden sie einfach vom Wald verschluckt?

Als wir nach wenigen Minuten noch immer keinen Mucks der Kinder vernommen hatten, beschlossen wir, ebenfalls den Nordhang hinunterzugehen, obwohl sie natürlich inzwischen eigentlich überall sein konnten. Krampfhaft überlegte ich, wie lange sie wohl schon im Wald waren. Wann hatte ich sie das letzte Mal gehört? Etwa zehn bis 15 Minuten konnten höchstens vergangen sein. Eigentlich keine lange Zeit. Aber im Angesicht der Situation schien es eine halbe Ewigkeit zu sein. Wie weit konnten sie schon gekommen sein? Mit etwa 30 bis 40 Meter Entfernung zueinander gingen Julian und ich erst, dann liefen wir, immer wieder abwechselnd rufend und lauschend, tiefer und tiefer in den Wald hinein. Immer weiter bergab ging es. Mal springend über umgefallene Äste und herumliegende Zweige, mal über Steine und andere Unwegsamkeiten stolpernd, gingen mir immer wieder neue Bilder durch den Kopf, was meinen Kindern alles zugestoßen sein konnte. Dass sie von einem Bären oder Wolf angefallen und gefressen worden waren, war relativ unwahrscheinlich, da weder Bären noch Wölfe diese Gegend besonders häufig frequentierten. Wahrscheinlicher war es, dass sie der Wildschweinrotte vom Geisterhaus oder einer kalbführenden wütenden Elchkuh begegnet waren. Beides keine beruhigende Vorstellung. Aber selbst, wenn ich alle von tierischen Waldbewohnern ausgehenden Gefahren ausschloss, blieben noch genügend andere Möglichkeiten für einen Neunjährigen und seine fünfjährige Schwester, in diesem unbekannten Terrain zu verunglücken: Sie konnten in einem der umliegenden Sumpfgebiete versackt, in einen alten verborgenen Brunnen gestürzt oder in einer Felsspalte eingeklemmt worden sein. Einer oder beide konnten schwer verletzt sein oder schlimmer noch - tot!

Meine geliebte Wildnis hatte sich innerhalb von Minuten in eine tückische Falle verwandelt und zeigte mir still ihr zweites, unbarmherziges Gesicht. Anflüge kalter Panik schnürten mir inzwischen die Kehle zu, mein Herz trommelte wie verrückt von innen gegen meine Brust, Adrenalin flutete meinen gesamten Körper. Ich war aufs Äußerte konzentriert darauf, nicht im Lauf zu stürzen und gleichzeitig in die scheinbare Unendlichkeit des Waldes zu lauschen. Obwohl die Abenddämmerung noch weit entfernt war, herrschte in diesem Teil des Waldes ein düsteres, unheimliches Zwielicht. Graue, fade Beklemmung breitete sich gnadenlos um uns herum aus. Trostlose Leblosigkeit war überall. Tot schien der Wald hier zu sein. Selbst, wenn die Kinder unversehrt waren, welche Angst mussten sie haben. Denn inzwischen, da war ich sicher, würde auch ihnen aufgefallen sein, dass sie sich verirrt hatten. Mein Handy steckte nutzlos in der Tasche meiner Strickjacke und klopfte beim Laufen gegen meine Hüfte. Kurz bevor wir in den Wald gegangen waren, hatte ich noch versucht, über Google Maps die Karte mit dem Standpunkt unserer Hütte zu aktivieren. Aber wie in einem der unzähligen billigproduzierten Gruselfilme hatte ich hier tatsächlich keinen Empfang. Meine Kinder waren im Wald verschwunden, der sich genau an dieser Stelle, sicherlich aufgrund seiner Dichte und Tiefe, als ein Funkloch entpuppte. Wahrscheinlich würde ich als nächstes verlorengehen, denn meine Orientierung ist zwar im Wald besser als in der Stadt, wo ich regelmäßig mit absoluter Zuverlässigkeit in die falsche Richtung gehe, wenn ich aus einem Laden komme, aber immer noch nicht zuverlässig genug, um mich in solch einer Wildnis zu orientieren. Schon gar nicht, wenn ich in aufkommender Panik einen Waldhang hinunterstolperte, um meine verschollenen Kinder wiederzufinden. So achtete ich also darauf, Julian nicht aus den Augen und Ohren zu verlieren.

Endlich, endlich vernahmen wir in der Ferne ein Geräusch. Es klang wie panisches Schluchzen, wahrscheinlich von Mia, die verzweifelt nach uns rief. Aber nur Fragmente ihrer Rufe kamen bei uns an. Wie wilde Tiere spitzten wir unsere Ohren, schärften unsere Sinne, peilten mit geweiteten Augen die Richtung, aus der die Rufe kommen mochten. Schneller und schneller rannten wir jetzt, und endlich wurden die Rufe von der anderen Seite der Unendlichkeit lauter. Tränen stiegen in mir auf, und Julian zog sein Tempo an. Wie verrückt rannte und sprang er durch das Unterholz. Mein Geist trat während dieses Sprints aus mir heraus, schwebte aufwärts, Richtung Baumkronen, und beobachtete uns von oben. Wie durch eine Luftaufnahme sah ich uns dort unten angstgepeitscht durchs Gestrüpp rennen, unseren Kindern entgegen. In diesem Moment hielt ich an. Die Kinder waren jetzt ganz nahe, und Julian hatte sie fast schon erreicht. Ihre verzweifelten Rufe, ihre tränenerstickten Stimmen waren immer deutlicher zu hören. Wie angewurzelt blieb ich stehen und lauschte, wartete – und hoffte. Hoffte, dass alles in Ordnung und niemand verletzt war. Ich konnte nicht mehr rennen.

Als ich sie endlich hinter den Bäumen hervorkommen sah, konnte ich weder weinen, noch schimpfen. Still sah ich sie mir entgegenkommen. Vorne weg Noah, kreidebleich mit hektischen roten Flecken in seinem verweinten Gesicht. „Mama", brachte er noch hervor, bevor er sich weinend an mir festklammerte. Dann kam Julian mit Mia an der Hand. Mit zerzaustem, schiefhängendem Zopf und kleinen Tannenzweigen, Dreck und Moos in den Haaren, hielt sie mit ihrer linken kleinen Hand noch immer krampfhaft den Holzstab ihres Steckenpferdes umklammert. Ihre roten Lederhalbschuhe waren schwarz von Schlamm, und auch Socken und Leggings zeigten dunkle feuchte Spuren, die bewiesen, dass sie tatsächlich sumpfiges Gebiet passiert hatten. Dankbar griff sie nach meiner Hand, und wir drehten ab Richtung Zuhause. Weinend und erschöpft und völlig verängstigt stolperte Mia neben mir her. Während wir zurückgingen, versuchten die Kinder die ganze Zeit unter Schluchzen zu erklären, was passiert war, wo sie gewesen waren und was sie gesehen hatten. Ich begriff mehr und mehr, wie verzweifelt und angsterfüllt diese beiden kleinen Menschen gewesen sein mussten im Angesicht dieses wilden Waldes. Denn jetzt, wo wir wieder zurückgingen, bemerkte ich, dass alles gleich aussah. Wie eine schweigende Wand aus niemals endenden Baumstämmen tat sich der Wald vor uns auf, und ein Stamm glich dem nächsten. Auch ich hätte nicht gewusst, wohin ich hätte gehen sollen. Wie mussten sich die Kinder gefühlt haben? Glücklicherweise schien Julian mit einem inneren Peilsender ausgestattet zu sein, so dass wir bald darauf wieder auf uns bekannte Wege stießen. Aber selbst Julians eingebautes Navigationssystem vollbrachte keine Punktlandung. Einige hundert Meter von unserer Hütte entfernt spuckte uns der Wald auf den Weg, der zu unserer Lichtung führte.

Noch mindestens eine Stunde lang weinte Noah bitterlich, zitterte am ganzen Körper und war untröstlich. Mit ihm zu schimpfen oder ihn zu bestrafen, war völlig überflüssig. Mit seiner Waghalsigkeit hatte er sich letztendlich selber mehr als genug bestraft. Er schien zu wissen, dass er die Verantwortung für diesen ungeplanten Ausflug trug, sich und seine kleine Schwester unnötig in Gefahr gebracht und uns in Angst und Schrecken versetzt hatte. Auch in seinem Kopf waren offensichtlich Bilder durchgezogen, die ihm schlimme Szenarien vorgespielt hatten. Immer wieder klammerte er sich an mich und schluchzte, er würde nie mehr alleine in den Wald gehen. Als ich ihn fragte, warum sie so weit weggegangen waren, sagte er: „Mama, ich wollte umdrehen. Wirklich. Aber meine Beine sind einfach immer weitergegangen. Ich konnte einfach nicht anhalten..." Immer noch leicht unter Schock musste ich innerlich lächeln. Wie gut konnte ich ihn verstehen. Die Faszination an dieser ungezähmten Natur, diesen unendlichen Wäldern hatte auch unsere Kinder gepackt. In ihrer großen Begeisterung hatte der Ruf der Wildnis sie erreicht, und sie waren ihm gefolgt.

Irgendwie hatten Julian und ich wohl beide im Stillen damit gerechnet, dass so etwas irgendwann passieren würde. Zu lebhaft waren unsere Kinder, zu neugierig, zu wissbegierig, um länger als zwei Wochen zufrieden spielend auf einer kleinen Waldlichtung zu bleiben. Als ich abends noch einmal vor die Hütte trat, sah ich nach oben in den dunkel werdenden Himmel. Und ich dankte Gott und dem Universum, dass wir unsere Kinder wiederhatten. Ich wusste, es hätte auch anders ausgehen können. An diesem Abend brauchte ich lange, um einzuschlafen. Immer wieder schwappten die Bilder der vergangenen Stunden in mein Bewusstsein wie Szenen aus einem Kinofilm. Noch immer klopfte mein Herz im Rhythmus meiner durch den Wald laufenden Beine, der unter meinen Füßen knackenden Äste und Zweige. Noch immer rauschten meine Ohren wie die Baumkronen im seichten Abendwind, und mein Puls jagte noch immer stolpernd durch den Wald. Mehrmals erwachte ich in dieser Nacht. Jedes Mal war ich schweißgebadet. Im Nebenzimmer hörte ich das gleichmäßige Atmen und das leise Schnarchen meiner Kinder. Hänsel und Gretel, dachte ich und schlief wieder ein.

36

Nun waren unsere Tage im Wald fast vorüber. Und obwohl fünf Wochen lang die Uhren scheinbar stillgestanden hatten, war die Zeit auf mystische Weise wie im Fluge vergangen. War es nicht gerade gestern gewesen, dass wir hier angekommen waren? Und doch erschien es mir, als wären wir schon ewig hier. Anfangs hatten wir nachts noch regelmäßig Frost gehabt. Jeden Morgen hatte die Kälte eine dünne Eisschicht auf unsere Handwaschschüssel im Plumpsklo-Häuschen gebastelt. Dann war es plötzlich Sommer geworden. Es hatte eine ganze Nacht lang geregnet - unsere Wasservorräte waren gesichert gewesen - und über Nacht war eine Warmfront über uns hereingebrochen, die schwülwarme Luft mitgebracht hatte. Anschließend war innerhalb von drei Tagen die Natur explodiert. Als hätten sie die vergangenen Wochen nachholen wollen, waren all die noch kahlen Bäume fast innerhalb von Stunden grün geworden. Beinahe hatte man bei dieser Verwandlung zusehen können. Auch der Boden im Wald veränderte sich nun wie von Zauberhand: Hatten kurz nach unserer Ankunft unzählige Arten von Moosen und Flechten gemeinsam mit ganzen Teppichen von Buschwindröschen den Waldboden in ein weiß-grün wogendes Blütenmeer verwandelt, machten sie nach dem Regenguss nun Platz für die nächste Generation wilder Schönheiten. Zu den niedrigen Preiselbeersträuchern gesellten sich Blaubeerpflanzen und Himbeerranken, Frauenmäntel, Labkraut und Giersch. Fast täglich schienen sich mit steigenden Temperaturen weitere Pflanzen aus den Erde zu trauen.

Bei meinen täglichen Spaziergängen mit Luzie staunte ich bei jeder Runde über neue Gefährten am Wegesrand. Neben unzähligen kleinen Walderdbeerblättern blühten auf einmal auch schüchterne Frühlingsplatterbsen in einem altmodischen Magenta neben leuchtend blauen Vergissmeinnicht. Schläfrig rollten sich die Farne aus ihrem Winterschlaf und streckten sich gemeinsam mit Johanniskraut und Schafgarbe dem scheinbar ewig durch die Baumkronen glitzernden Sonnenlicht entgegen. Der Himmel war von einem derartig saubergefegten Blauton, dass es schon fast an schamlose Dreistigkeit grenzte. Und vor dieser blitzblanken Kulisse strahlten nun die roten Holzhäuser um die Wette mit den scheinbar innerhalb von 24 Stunden saftig ergrünten Wiesen. Auf denen wiederum wetteiferten knallgelbe Butterblumen darum, wie Millionen kleiner Sonnen ihre Leuchtkraft zu höchster Intensität zu steigern. Alles sah aus wie in Bullerbü - es fühlte sich auch so an wie Bullerbü - und es roch sogar so, wie ich mir den sommerlichen Duft Bullerbüs immer vorgestellt hatte, denn langsam begannen auch Heidekraut und Fliederbäume zu blühen und ihren unvergleichlichen Duft zu verströmen. Dieser mischte sich mit dem Geruch von Fichten und Kiefern und erinnerte mich an unseren ersten Besuch in Schweden im letzten Sommer am Longasjönas. Selbst der Wind war warm, sanft und gütig. Und so kam ich zu dem Schluss, dass Bullerbü kein Ort war, sondern ein Zustand. Ein Zustand grenzenlosen, scheinbar nie enden wollenden Sommerglücks.

An einem dieser ersten Sommertage fand ich mich plötzlich in einer innigen Umarmung mit einer Tanne wieder. Als ich zu mir kam, lachte ich laut, denn dass ich einmal einen Baum umarmen würde, hätte selbst ich nicht erwartet. Warme Lebensfreude durchrieselte mich und ich dachte: Ich umarme einen Baum, also bin ich. Ähnliche übersprudelnde Gefühle mussten auch die anderen Bewohner des Waldes überkommen haben, denn abends in der Dämmerung begann eines Abends ein seltsames Konzert. Aus der Ferne drang ein kollerndes Bellen zu uns herüber. Trotz des Gekläffs konnten wir sicher erkennen, dass es nicht von einem Hund kam. Aus anderen Ecken des Waldes, auch von ganz dicht, wehten die Antworten heran. Und so begann eine Sinfonie, wie wir sie noch nie zuvor gehört hatten - voll von Melancholie, Sehnsucht und Inbrunst. Die Kinder waren gerade eingeschlafen und so pirschten Julian und ich so leise wie möglich unseren Waldweg hinunter, den klagenden Lauten entgegen. Wir hatten eine Ahnung, wer diesen eigentümlichen Gesang angestimmt hatte, aber wir wollten die Sänger persönlich sehen. Wir schlichen Richtung Schäferhütte, und da sahen wir sie: Zwei Rehe tanzten miteinander in der einbrechenden Dunkelheit. Einer heimlichen Choreografie folgend sprangen sie umeinander und sangen ihr seltsames Lied. Und überall um uns herum schienen ähnliche Tänze stattzufinden, denn der gesamte Wald wiederhallte von diesen urtümlichen Lauten. Weil wir gerade unterwegs waren, machten wir noch einen Abstecher zum Geisterhaus, um zu sehen, ob die Wildschweine wohl da sein würden. Und tatsächlich: Von ganz Weitem sahen wir die Rotte direkt vor dem alten Gebäude im Boden wühlen. Mehrere schwarze Silhouetten tummelten sich dort in vertrauter Geschäftigkeit. Näher und näher pirschten wir, erfüllt von der uns umgebenden Lebendigkeit, und dann sahen wir auf einmal einen weiteren unserer Nachbarn: Eine Elchkuh stand äsend auf der alten Rodungsfläche neben dem Geisterhaus und labte sich in der Dämmerung an jungen Bäumchen. Vollkommen unbeeindruckt von all dem Gesang um sie herum, stand sie dort und verschmolz in diesem magischen Zwielicht mit ihrer Umgebung. Wie gebannt schauten wir sie an. Immer wieder beeindruckte uns der Anblick eines Elches, immer wieder machte er uns klar, wie besonders unser Leben hier war, wie viel Natur und Natürlichkeit es um uns gab. Auch die Elchkuh hatte uns bemerkt und beobachtete ihrerseits die beiden menschlichen Eindringlinge, die sie beim Abendessen störten. Um sie nicht zu vertreiben, in vollem Bewusstsein, dass dieser Abend den Tieren des Waldes gehörte, gingen wir langsam und leise einige Schritte rückwärts, bis das riesige Tier aus unserem und wir aus seinem Blickfeld verschwunden waren. Wir gingen langsam, glücklich und dankbar durch die flimmernde, vibrierende Dämmerung zurück zu unserer Hütte. Wie anheimelnd sie da lag, als wir uns näherten und sie durch die Tannen sehen konnten. Ein schwacher Lichtschein drang durch die Fenster und leuchtete uns den Weg nach Hause.

37

Noch verdrängte ich die Tatsache, dass unser Leben im Wald sich langsam dem Ende neigte. Ich war so glücklich hier in unserem stillen Refugium, fernab vom „richtigen Leben". Nichts hatte ich hier vermisst, außer vielleicht mein Fahrrad, und angesichts der traumhaften endlosen Waldwege natürlich mein Pferd. Ich wusste, der Tag, an dem wir nach Blankan ziehen würden, wäre der Moment, an dem Traum und Wirklichkeit verschmelzen würden. Dann würden wir unser Ziel erreicht haben. Dann wäre Vetlanda nicht mehr länger unsere Zukunft, wie es das all die vergangenen Monate gewesen war, dann wäre es plötzlich auch nur noch ein Teil unserer Vergangenheit. Würden wir jemals hierher zurückkehren? Nicht auf diese Weise, das war mir klar. Wieder würde ich loslassen müssen, wieder einen Schritt weitergehen. Manchmal fragte ich mich, ob ich mich wohl vor der Realität verstecken wollte, wenn ich darüber sinnierte, ob wir nicht vielleicht doch einfach hier auf der Lichtung wohnen bleiben sollten. Aber ich wollte nicht der Wirklichkeit entfliehen - im Gegenteil: Ich wollte sie entdecken!

Niemals würde ich dieses Ortes hier überdrüssig werden, täglich gab es Neues zu sehen bei meinen Streifzügen durch den Wald. Ob beim Spazierengehen oder beim Joggen – ich lief der Sonne entgegen, während links und rechts die Schmetterlinge und Libellen aufflogen und meinen Weg begleiteten. Ich fühlte mich ebenso frei wie sie. Jeden Tag aufs Neue sog ich das Leben und den Wald in mich ein und genoss die Schönheit um mich herum in ihrer ganzen Wahrhaftigkeit, so als wäre es das erste und das letzte Mal. Und die Wege durch die Natur führten auch nach innen: So wie die Flora jeden Tag neue Blüten trieb, blühte auch meine Seele spürbar auf. Das kontinu-

ierliche Wachsen der Pflanzen und Bäume, die immer-
während Beständigkeit des Waldes erfüllten mich mit
Zuversicht und Vertrauen. Nach jedem Herbst und Winter
würde es einen neuen Frühling geben. Das Leben würde
immer weitergehen, solange man selber weiterging.

Und dann war es plötzlich soweit: Der letzte Tag in unserer Waldhütte war angebrochen. Morgen würden wir unser neues Leben in Blankan beginnen. Wir würden die
Seifenblase verlassen und aus dem luftleeren Raum her-
austreten. Wie zum Zeichen des bevorstehenden Endes
regnete es bereits den gesamten Tag. Der Regen wusch
erbarmungslos einen staubigen Schleier aus Blütenpollen
und der Illusion von Stillstand von allen Gegenständen.
Nach einer langen Zeit der Trockenheit hatten wir nun
also ironischerweise plötzlich wieder Wasser für mehrere
Tage oder Wochen. Und obwohl ich wusste, wir würden
es nicht mehr brauchen, sammelte ich emsig und unaufhörlich jeden Tropfen in unseren Behältnissen.

Beinahe all unsere Besitztümer hatten wir bereits wieder
einmal im Pferdeanhänger verstaut. Beinahe zwei Tage
hatten wir gebraucht, um unsere Habseligkeiten zu sortieren, zu verpacken und einzuladen. Scheinbar hatten wir
noch immer zu viele Sachen. Und in Blankan warteten
wieder einmal vollgerumpelte Nebengebäude darauf, von
uns geleert zu werden. In der Ferne hörte ich das dumpfe
Pochen der Alltagssorgen wie Buschtrommeln. Es würde
also erstmal wieder heißen: Entrümpeln, aussortieren,
verkaufen. Hier aber lagen nur noch wenige persönliche
Dinge im Haus herum und kündeten vom erneuten Aufbruch. Sämtliche Küchenutensilien würden hierbleiben,
denn wir wollten das Häuschen ja an Feriengäste vermieten. Schon bald würden hier Fremde ein- und ausgehen.
Dieser Gedanke fiel mir schwer. Was mir hingegen gefiel,

waren die leere Aufgeräumtheit der Hütte, die Vollkommenheit des Freiraumes und die Übersichtlichkeit von allem. Dieser Ort hatte mir Luft zum Atmen verschafft. Er erfüllte seinen Zweck und hatte uns Unterschlupf und Geborgenheit geschenkt, wie es ein Heim tun sollte, ohne uns dabei zu besitzen. Hier war Leben möglich, ohne all seine Zeit aufwenden zu müssen, um auch nur im Ansatz alles unter einen Hut bekommen zu können. Wie schon Thoreau geschrieben hatte: „Lebt so lange wie möglich frei und ungebunden. Es macht nur wenig Unterschied, ob ihr an eine Farm oder in einem Gefängnis gebunden seid." *(aus: Walden oder Leben in den Wäldern)* Wie würde ich das große Leben in diesem kleinen Haus vermissen! Trotz all des Abschiedsschmerzes aber freute ich mich auch auf den nächsten Schritt, denn ich hatte gelernt, dass jedem neuen Abenteuer ein Abschied vorausgehen muss.

Die Magie des letzten Abends lag in der vom warmen Regen geklärten Luft. Obwohl es unaufhörlich prasselte, brach ich mit Luzie zu einer letzten Runde durch unseren Wald auf. Der holprige schmale Wanderweg, den wir in den letzten Wochen unzählige Male gegangen waren, war nun nur noch eine Aneinanderreihung von Pfützen. Würde es in dieser Nacht weiter regnen, würde sich der ausgetretene Pfad in einen regelrechten Bachlauf verwandeln. Während mir Regentropfen übers Gesicht rannen (jedenfalls sagte ich mir, dass es nur Regentropfen waren), fragte ich mich, ob wir mit unserem schweren Anhänger überhaupt morgen hier passieren könnten. Vielleicht wünschte ich mir, wir könnten es nicht.

An diesem Abend wollte ich nicht ins Bett gehen, denn ich wusste, das würde die Zeit nur beschleunigen, bis unsere Zeit im Wald endgültig vorbei wäre. Der Schlaf wäre eine Zeitmaschine ins Morgen. Ich wollte das Heute, die letzten Stunden unter der Kuppel, so lange wie möglich festhalten. Noch einmal den Wald in mir aufnehmen, die letzten Stunden voll auskosten. Wieder einmal fiel mir das Loslassen schwer, denn ich wusste inzwischen: Ich könnte so leben. Und obwohl es mir unendlich schwerfiel, hier fortzugehen, konnte ich zur gleichen Zeit den morgigen Tag kaum erwarten. Ich wollte in unser neues Leben springen, stürmisch unser Haus am Fluss erobern und am liebsten den ganzen noch unentdeckten Hof bis in den letzten Winkel inspizieren. Es fühlte sich an, als stünde etwas ganz Großes bevor. Man hörte förmlich das Zerreißen der Zeit zwischen jetzt und morgen. Die Zukunft stand unmittelbar bevor und wollte endlich über mich hereinbrechen. Mit Tränen des Abschieds und einem Lächeln der Vorfreude ging ich endlich ins Bett. Julian schlief bereits tief und fest und schnarchte leise und zufrieden. Ich seufzte und atmete tief durch. Draußen hörte ich den Regen plätschern. Er erzählte Geschichten über das Leben im Wald und das Haus am Fluss.

Teil 5: Blankan – Das Haus am Fluss

oder Angekommen?

„Am Ende deiner Wünsche wirst du jedenfalls eines vermissen: dein Wandern zum Ziel." (Marie von Ebner-Eschenbach, österreichische Schriftstellerin, 1830 – 1916)

38

Wenn man nach langer Zeit seine langersehnten Wünsche und Ziele erreicht hat, tut sich unmittelbar vor einem das nächste Problem auf: Man steht sofort - vor sich und allen anderen - unter dem Druck, nun endlich wunschlos glücklich und zufrieden zu sein. Solange hat man für die Umsetzung seiner Pläne gekämpft, hat dafür gesorgt, dass alles darauf hinausläuft, wovon man die ganze Zeit geträumt hat. In dem Moment aber, in dem man die Schwebephase verlässt und dort ankommt, wohin man wollte, muss man sich der Realität stellen. Die Wirklichkeit sieht immer anders aus als die Illusion. Sie ist nicht unbedingt schlechter, aber plötzlich fehlt das Ziel, das Zugehen auf etwas. Ankommen bedeutet, sich binden, verbindlich werden.

Nach all den Abenteuern in der Zwischenwelt zwischen Aufbruch und Ziel kann sich viel verändern. Allerdings stellt man schnell fest, dass man, trotz aller Veränderungen und Neuerungen, im Grunde ganz innen doch derselbe Mensch geblieben ist, der man vor seiner Reise war. Man kann all sein Hab und Gut, seine Heimat, seine Arbeit, seine Familie und Freunde zurücklassen und fortgehen – doch egal, wohin man geht, seine Probleme, seine inneren Konflikte und Zerwürfnisse nimmt man mit. Man kann sich nicht selbst entgehen. Allenfalls die Bewältigung dieser Probleme geht man anders an.

Erwartungen sind dazu da, enttäuscht zu werden. Ich bildete mir ein, nichts Konkretes erwartet zu haben, und so wurde ich auch nicht enttäuscht. Jedenfalls nicht von Blankan. Dort war es wunderschön, und umso skurriler muss es auf Julian gewirkt haben, als ich nach etwa einer Woche abends beim Essen plötzlich in Tränen ausbrach. Am Tag zuvor hatten wir die Baumaterialien und Pflanzen aus Vetlanda abgeholt, die bei der ersten Fahrt nicht in den Pferdeanhänger gepasst hatten. Diese Rückkehr hatte mich erfüllt mit sentimentaler Traurigkeit über die scheinbar unwiederbringliche Zeit der Ruhe. Ich vermisste die winzige Hütte und den Wald. Aber da war noch mehr. Es dauerte etwa zwei Tage, bis ich es selber verstand. Es lag nicht an Blankan, sondern an mir, an meiner alten Angst, vor mir selber zu versagen, diesem großen Hof mit all seinen Möglichkeiten und Baustellen nicht gerecht werden zu können. Vielleicht waren es vor allem die vielen Möglichkeiten. Nach der Einfachheit und Begrenztheit im Wald, nach der Zeit der Freiheit wurde ich angesichts der Vielfältigkeit hier beinahe zerrissen. Die Kraft die mir die Übersichtlichkeit in der Waldhütte geschenkt hatte, schien hier augenblicklich verpufft zu sein. Der Kontrast zwischen der Leichtigkeit der vergangenen Wochen und der erneuten Verantwortung für einen Hof wog so schwer, dass ich ihn erst einmal gleichmäßig auf meinen Schultern verteilen und mich neu ausbalancieren musste.

Dazu kam die Tatsache, dass unsere neuen Nachbarn uns einen mehr als kühlen Empfang bereitet hatten. Zwar hatte ich natürlich nicht damit gerechnet, dass sie uns mit Pauken und Trompeten und wehenden Fahnen begrüßen würden, nachdem wir Sonia und Ronja quasi aus ihrem – unserem - Haus vertrieben hatten. Aber nach dem Gespräch mit den beiden an dem Tag, als wir uns das erste Mal hier in Blankan begegnet waren, war ich doch davon ausgegangen, dass sie die Schuld dafür nicht bei uns sahen. Als wir nun am Tage unseres Einzugs am Pferdehof vorbeigefahren und in unsere Auffahrt eingebogen waren, den rumpelnden Pferdeanhänger mit unserem kompletten Umzug hinter uns herziehend, hatte ich den Nachbarn freudig zugewinkt. Aber ich hatte keinen Gruß zurückerhalten. Sie hatten nur dagestanden und uns verstohlen angesehen. Das war wie ein Schlag in den Magen gewesen und hatte die Freude über unsere Ankunft stark beeinträchtigt. Würden wir nun quasi Zaun an Zaun leben müssen mit Menschen, die uns hier nicht haben wollten? Auch die Koppelzäune waren abgebaut worden, obwohl wir doch eigentlich besprochen hatten, dass wir diese gern übernehmen wollten – natürlich gegen Bezahlung. War diese Tatsache ein weiteres Zeichen für die Ablehnung uns gegenüber? Ich fühlte mich fremd und unerwünscht.

Nach diesem kleinen „Zusammenbruch" begann ich, mich besser zu fühlen. Die Last der Aufgaben blieb die gleiche, ja sie würde mit dem Anlegen eines Gemüsegartens und der Anschaffung von Nutztieren, mit dem Abholen unserer Pferde aus Deutschland und dem Beginn der Schule sogar noch immens ansteigen, aber irgendwie sagte ich mir: „Det ordnar sig!" Ich würde wie immer mein Bestes geben, allerdings ohne dabei den Sinn für das Wesentliche zu verlieren. Niemand außer mir selbst stellte die Spielregeln auf. Und das hieß: Durchatmen und das Glück wahrnehmen, dass ich hatte, an diesem wunderschönen Ort leben zu dürfen. Überall um uns herum war Schönheit: das satte Grün der Bäume, Wiesen und Sträucher, die unglaubliche Fülle an blühenden wilden Sommerblumen, die die Sinne mit ihrem Duft gleichzeitig betörten und beflügelten, der strahlend blaue Himmel, an dem der Rotmilan über unserem Haus kreiste, dazu das Glitzern des Flusses in der Sommersonne. Überall pulsierte das Leben. Wir waren hier dank der Macht unserer Gedanken. Wir hatten davon geträumt, hier zu wohnen. Und nun waren wir tatsächlich hier. Die Bilder aus den Whatsapp-Videos, die Hans uns vor vier Monaten geschickt hatte und die wir unzählige Male angesehen hatten, waren nun wahr geworden. Wenn ich mir das vor Augen hielt, wurde mir klar, dass wir alles erreichen konnten, wenn wir es nur genug wollten. Ich lernte, mir immer wieder Augenblicke der Stille zu nehmen. Nur für mich. Und mochten sie auch noch so kurz sein. Dann saß ich beispielsweise auf einer Bank in der Sonne, lauschte dem Zwitschern der Vögel und dem Summen der Bienen und trainierte, all die Baustellen und Aufgaben anzusehen, die um mich herum ungeduldig mit dem Finger schnipsten, um schnellstmöglich und alle gleichzeitig in Angriff genommen zu werden, ohne in Panik zu geraten. Ich schaffte es tatsächlich, Unordnung und Chaos zu tolerieren. Es war weder meine Unordnung, noch mein Chaos. Es blieb außerhalb von mir. Wir würden uns natürlich darum kümmern, aber nach und nach. Wir würden es schon bewältigen, so wie immer bisher. Und jedes Mal, wenn der Alltag mich mit seinen hektischen Fingern packen wollte, rief ich Luzie, und wir umkreisten in einer weitläufigen Runde unser Grundstück. Unterwegs, irgendwo zwischen Kieferduft und Heidekraut, fand ich dann die Ruhe wieder. Und noch immer konnte ich nicht begreifen, dass all das nun tatsächlich uns gehörte.

Gleich in den ersten Tagen installierte Julian unsere aus Deutschland mitgebrachte Solaranlage auf dem Dach des einen Nebengebäudes, um uns schnellstmöglich wieder autark zu machen, was den Strom anging. Und bereits nach einer Woche ließen wir Marcus mit einem Bagger kommen, um unser neues Gemüsebeet auszukoffern. Mit etwa 200 Quadratmetern war es noch ein ganzes Stück größer als unser altes Gemüsebeet in Nordriesland. Wir legten die Kartoffeln, die wir bereits in Vetlanda hatten vorkeimen lassen, in die Erde, pflanzten unsere im Wald gezogenen Jungpflanzen aus und säten von Salat über Möhren bis hin zu Bohnen und Dill alles aus, was wir nur unterbringen konnten. Wir nahmen die Erde in unsere Hände und versuchten vorherzusagen, wie gut der Boden wohl sei und welche Erträge er in diesem ersten Jahr erbringen können würde - so ganz ohne Dünger. Noch waren unsere Pferde, die uns stets unseren wertvollsten Dünger geliefert hatten, 800 Kilometer entfernt und ließen ihre Hinterlassenschaften auf nordfriesischen Boden fallen, wo sie meinem Gemüsebeet eher wenig halfen. Also versuchte ich, so viel wie möglich an Mulch aufzutragen. Julian wollte einen typischen schwedischen Rasenmäh-Roboter anschaffen, aber ich konnte ihn gerade noch davon abhalten, da ich jeden gemähten Grashalm dringend als Mulch für meine Anbauflächen brauchte. Allein diese Arbeiten in meinem neuen Gemüsegarten, das Rasenmähen und Unkrautjäten, all diese gewohnten Handlungen aus meinem alten Leben, halfen mir, mich nach und nach jeden Tag ein bisschen mehr Zuhause zu fühlen. Und mit jeder gekeimten Saat keimte auch in mir wieder ein Gefühl von Heimat.

Als dann eines Tages auch endlich unsere langersehnten Personennummern eintrafen, waren wir erleichtert und glücklich. Nun konnten wir endlich alle Amtshandlungen wie vollwertige Schweden ausführen, einen Telefon- und Internetanschluss sowie unsere ID-Korts, Krankenversicherungen und Bankkonten beantragen.

Nebenbei widmeten wir uns den Auf- und Ausräumarbeiten der diversen Räume der Scheune und des kleinen Häuschens gegenüber unserem Wohnhaus, das wir als Gästehaus für Freunde und Familie herrichten wollten. Vorerst allerdings war das Häuschen nur ein vollgestellter Werkstattschuppen, den man kaum betreten konnte, weil der Fußboden über und über mit diversen Dingen bedeckt war, die sich bei genauerem Hinsehen größtenteils als Müll entpuppten. Tagelang sortierten wir wieder einmal aus: Müll, Flohmarkt, Internetverkauf, behalten, verschenken... Aber trotz der vielen Arbeit freuten wir uns wie immer über neu entstehenden Raum, der die Fantasie anheizte, was für ein kleines gemütliches Schmuckstück die winzige Hütte einmal werden sollte.

Doch lange bevor die Gästehütte fertig war, bereits zehn Tage nach unserem Einzug, kamen die ersten Besucher nach Blankan: Unsere beiden Freundinnen und ehemaligen Nachbarinnen Heike und Marit aus Högel kamen samt ihren drei Kindern für ein Wochenende angereist, um uns in unserem neuen Heim zu besuchen. Zwar hatten wir im Grunde noch keine Schlafgelegenheiten für Gäste, aber irgendwie fanden doch alle einen Platz zum Schlafen. Die drei Jungs zelteten im Garten, und Noah war überglücklich, seine beiden besten Freunde um sich zu haben. Und auch Mia freute sich über die Kinder. Immerhin hatte sie eine doch recht lange Zeit auf gleichaltrige Kinder zum Spielen verzichten müssen. Das Wetter war warm genug, dass die Kinder allesamt den Sprung in den Emån wagten, um dort zu baden. Sie angelten und streunten gemeinsam über das große Grundstück, um alle Winkel genauestens zu inspizieren. Immer hörte man von irgendwoher ein Kinderlachen, und wieder einmal dachte ich an Bullerbü. Wir hatten unseren Traum tatsächlich wahr werden lassen. Das hier war Bullerbü!

39

Es dauerte ziemlich genau drei Wochen, bis ich feststellte (oder mir eingestand), dass ich irgendwie viel lieber in Blankan aufwachte, als ich es in Vetlanda getan hatte. Oder ich hatte alle anderen Gefühle einfach verdrängt. Vielleicht war es ja gar nicht – oder nicht nur – unsere kleine Waldhütte auf der Lichtung gewesen, der meine uneingeschränkte Liebe und Begeisterung gegolten hatte. Vielleicht war es doch nur die totale Zurückgeworfenheit auf mich und meine Gedanken, auf die Möglichkeit des einfachen Lebens und die Freude über die wenigen Dinge, die wir in dieser Zeit besessen hatten. Alles war übersichtlich und irgendwie berechenbar gewesen, obwohl so viel Ungewisses, so viele Abenteuer noch vor uns gelegen hatten. Soviel Klarheit und Ekstase über das Neue und die Begrenztheit von Zeit und Raum hatten mich dort regelrecht berauscht. Wenn ich an die Zeit im Wald dachte, erinnerte ich mich an einen gleißenden Lichtball voller Freiheit, Leichtigkeit und friedvoller Ruhe. Und obwohl wir nun wieder Arbeitstage voller anstrengender Aufgaben vor uns hatten, waren diese keine ermüdende Bürde, sondern frohlockende Herausforderungen, für die wir dankbar waren. Jetzt ging es wieder um Aufbau, nötige Anschaffungen, darum, irgendetwas zu brauchen, um irgendetwas umsetzen zu können. Dabei ging es um Notwendigkeiten wie den Kauf eines Folientunnels als Gewächshaus, eines Traktors oder Heuwenders, um die Suche nach einem Balkenmäher oder einer Heupresse. Es ging wieder um Brauchen und Kaufen, nicht mehr um Loslassen und innere Einkehr. Unser Rucksack wurde wieder voller und schwerer, aber zumindest zu diesem Zeitpunkt trugen wir ihn mit gemeinsamer Freude und Leichtigkeit, denn jedes angeschaffte Teil war auch Teil der Sinnfrage unsere Tuns und hatte eine eindeutige Existenzberechtigung. Nie wieder wollten wir Dinge kaufen und besitzen, die wir nicht wirklich brauchten. Obwohl wir hier ja nur etwa die Hälfte der Wohnfläche besaßen wie in Högel, reichte der Platz voll und ganz aus. Viel schneller ließen sich alle Hausarbeiten verrichten, da ich weniger Fläche putzen und weniger Dinge verwalten musste. Ich fragte mich, warum ich mich all die Jahre vorher immer nach einem großen Haus gesehnt hatte. Dieses hatte immer mehr uns besessen, als dass wir das Haus besessen hätten.

Noch nie war mir das Bestellen des Gemüsegartens, das stundenlange Entrümpeln von Schuppen, Scheune und Hüttchen oder der Angang anderer neuer Projekte so spielend leichtgefallen. Zwar standen wir zu Beginn oft noch seufzend vor einem Berg Arbeit, die schier unendlich lange dauern würde, um dann aber am Ende doch erstaunt festzustellen, wie schnell sie doch eigentlich zu bewältigen war. Sogar schweißtreibende Konfliktsituationen konnten mich nicht mehr in dem Maße erschüttern wie früher, denn ich hatte das Vertrauen zu mir und dem Universum entdeckt, dass sich alles stets zum Guten wenden würde, wenn ich nur darauf vertraute. So verstärkte sich dieses System und erhielt sich selbst aufrecht. Ich hatte gelernt, dass man manchmal nur tief durchatmen und die Augen schließen musste, einen Moment abwarten, und die Dinge würden in einem anderen Licht erscheinen. Also beschloss ich, nachdem ich lange mit Julian darüber gesprochen hatte, wie schade es doch sei, dass wir trotz einiger SMS noch immer kein Treffen mit unseren neuen Nachbarn zustande gebracht hatten, nicht länger traurig und ungeduldig darüber zu sein, dass diese scheinbar nichts mit uns zu tun haben wollten.

So war im Grunde auch nur ein Teil von mir überrascht, dieser aber umso mehr, als am nächsten Tag endlich Sonia und Ronja vorbeikamen. Auf ihren Pferden waren sie unsere Auffahrt heruntergeritten und standen plötzlich in der Mittagssonne vor mir. Und dann sagten sie tatsächlich, dass sie uns herzlich willkommen heißen wollten. „Schön, euch hier zu haben", sagte Sonia, und ich musste aufpassen, nicht wieder einmal loszuheulen oder sie vom Pferd zu ziehen, um sie zu umarmen vor lauter Dankbarkeit und Freude und Erleichterung. Das aber hätte die zurückhaltenden Schwedinnen wahrscheinlich ein für alle Mal verschreckt.

Wiederum ein paar Tage später, einen Tag nach Mittsommer, kamen auch die anderen Nachbarn vorbei, um uns zu begrüßen und uns für den Abend zum Mittsommer-Resteessen einzuladen. Julian war gerade unterwegs, und so stand ich ganz alleine vor all den fremden Menschen, die mich erwartungsvoll und neugierig ansahen. Mit meinen paar Brocken Schwedisch begrüßte ich sie aufgeregt und bedankte mich, dass sie gekommen waren. Voller Interesse bestaunten sie unser Gewächshaus und den Gemüsegarten. Und als ich Michael und Elise auf Englisch schüchtern erzählte, dass wir schon dachten, dass sie nichts mit uns zu tun haben wollten, weil sie nicht auf unsere Vorschläge zu einem Treffen eingegangen waren, lachten sie. Natürlich wollten sie das, sagten sie. Sie wären schon ein paar Mal unten bei uns gewesen, aber jedes Mal seien wir offensichtlich gerade nicht Zuhause gewesen. Das erstaunte mich umso mehr, denn mehr als nur einmal hatten wir gehört und gelesen, dass Schweden nicht einfach so bei jemandem vorbeischauen, ohne sich vorher angemeldet zu haben. Das war auch der Grund gewesen, warum wir uns nicht getraut hatten, einfach mal bei den Nachbarn reinzuschneien.

Als wir abends aufgeregt mit klopfenden Herzen und feuchten Händen der Einladung der Nachbarn folgten, wurden wir herzlich empfangen. Michael und Elise zeigten uns direkt ihr ganzes Haus und verwöhnten uns mit köstlichem Lachs und Pellkartoffeln, mit frischen Salaten und Erdbeertorte. Auch andere Nachbarn und auch Sonia und Ronja waren gekommen, um die Reste des Mittsommeressens zu verspeisen, und so saßen wir in einer recht großen Runde mit vielen fremden Gesichtern in Elises schöner gemütlicher Küche. Julian versuchte sich tapfer auf Schwedisch zu unterhalten, ich bestritt meine Gespräche auf Englisch, und Elises Mutter Anita war bewaffnet mit ihrem „Schwedisch-Deutsch"-Wörterbuch, um ihren deutschen Wortschatz bei Bedarf spontan erweitern zu können. Obwohl alle wirklich extrem freundlich und offen waren, waren Julian und ich recht angespannt und nervös. Die Kinder hingegen hüpften fröhlich herum, genossen das Essen und schienen keinerlei Probleme mit all den Unbekannten um uns herum zu haben. Ich aber hatte die ganze Zeit ein schrecklich schlechtes Gewissen, dass wir – vor allem ich – noch nicht viel besseres Schwedisch sprechen konnten. Wie hatte ich immer auf die mutigen Menschen in all den TV-Dokus herabgeschaut, wenn diese, ohne perfekt die Sprache des neuen Landes zu können, ausgewandert waren. Das sei doch wohl das Mindeste, hatte ich immer gefunden, bevor man auswandere, die neue Sprache zumindest so gut zu lernen, dass man sich verständigen könnte. Und nun saß ich selber da, im Grunde ohne ein Wort von dem zu verstehen, was die Schweden um mich herum sagten. Plötzlich waren wir die Ausländer. Ich hatte einen Kloß im Hals. Ich war so angespannt, dass ich beinahe Angst hatte, mir etwas zu trinken einzufüllen, weil ich befürchtete, ich würde alles verschütten, weil meine Hände so zitterten.

So aufgeregt war ich wirklich schon seit Jahren nicht mehr gewesen.

Ich entspannte mich jedoch sofort, als wir nach dem Essen hinausgingen, weil Michael uns den Hof und die Pferde zeigen wollte. Sofort wurde die Stimmung lockerer. Wir lachten und scherzten auf Englisch, streichelten die Pferde und fühlten uns langsam wieder wohler. Als wir uns später am Abend verabschiedeten, hatten wir das Gefühl, angenommen zu sein. Michael und Elise hatten gesagt, wie sehr sie sich freuten, dass nun endlich wieder jemand im Dalhem wohnte, der dem Hof die nötige Liebe und Aufmerksamkeit zuteil kommen lassen würde. Und auch Sonia und Ronja waren freundlich und offen uns gegenüber gewesen. Man merkte noch eine gewisse schüchterne gegenseitige Befangenheit, aber auch gegenseitiges Interesse und Neugier. Wir waren sicher, das Fundament für eine gute Nachbarschaft gelegt zu haben.

40

Ende Juni sollte Julians Mutter zu Besuch kommen, um auf die Kinder aufzupassen, damit wir endlich die Pferde aus Deutschland holen könnten. Mir war angesichts der Reise etwas mulmig zumute. Ich schob diese Angstgefühle darauf, dass ich mir eben Sorgen darum machte, ob beim Transport alles gut gehen würde. Immerhin waren die Pferde beide nicht mehr die Jüngsten. Würden sie die lange Fahrt gut überstehen? Würden wir an den Grenzen zu Dänemark und Schweden in Kontrollen geraten? Und wenn ja, hätten wir dann auch wirklich alle notwendigen Papiere beisammen? Hatten wir wirklich nichts übersehen oder vergessen? Je näher die Reise nach Deutschland rückte, umso unwohler fühlte ich mich, und so kam ich wieder an den Punkt, an dem ich bereits mehrere Male gewesen war: Sollte ich die Pferde nicht doch lieber in Deutschland lassen? Wäre es nicht egoistisch, den beiden Senioren die Strapazen der Überfahrt zuzumuten? Wäre es nicht überhaupt für alle Beteiligten die bessere Lösung? Andererseits war es natürlich beinahe schwachsinnig, die Pferde nicht zu holen, denn nun hatten wir immerhin fünf Hektar Land, die auch irgendwie sinnvoll genutzt werden wollten. Und im Grunde war es doch einer der Hauptgründe gewesen, nach Schweden zu gehen, nämlich dass ich hier in der wunderschönen Natur reiten wollte. Natürlich könnten wir auch hier in Schweden neue Pferde kaufen, aber wollte ich mir diesen Aufwand und diese Kosten momentan wirklich antun? Und was, wenn wir keine geeigneten Pferde fanden. Die Suche könnte Monate dauern. Hatten wir nicht anderes zu tun?

Nach erneutem langen hin und her Überlegen, kam ich zu dem Schluss, das Schicksal entscheiden zu lassen. Ich schrieb Anke eine Nachricht, ob sie nicht jemanden wüsste, der eventuell meine Pferde übernehmen wollte. Sie antwortete, sie würde sich gern für mich umhören. Und tatsächlich hatte sie nach ein paar Tagen jemanden gefunden, der sogar beide zusammen übernehmen wollte. Zuerst war ich erleichtert und freute mich, dass wir nun nicht nach Deutschland würden fahren müssen und dass den Pferden die lange Fahrt erspart werden würde. Abends im Bett überkamen mich aber wieder Zweifel, ob das wirklich die richtige Entscheidung wäre. Ich lag lange wach und betete um ein Zeichen, dass mir die richtige Entscheidung weisen würde. Dabei war ich das Zeichen selbst: Ich weinte und zitterte und fühlte mich, als ob ich drei Kannen Kaffee auf einmal getrunken hätte. Mein ganzer Körper war ein einziges Alarmsignal. Als mir das klar wurde, war ich plötzlich - und nun definitiv endgültig! - ganz sicher, was ich zu tun hatte. Meine Pferde waren meine Pferde - und würden es auch bleiben. Sie waren zwar nicht mehr die Jüngsten, aber beide gesund und fit genug, um nach Schweden umzuziehen. Strapaziöse Autofahrt hin oder her - da mussten wir nun alle einmal durch!

Natürlich hatte ich ein unfassbar schlechtes Gewissen Anke gegenüber, denn ich wusste natürlich, dass sie sich für mich ins Zeug gelegt hatte, um jemanden für die Pferde zu finden. Ich wusste, dass sie selber genug um die Ohren hatte mit all ihren Pensionspferden, Einstellern und ihren beiden Kindern. Ich war ihr so dankbar, dass sie jemanden gefunden hatte und ihre Zeit für mich geopfert hatte. Darum war ich auch nicht wirklich überrascht, als ihre Reaktion auf meine Nachricht, wir würden die Pferde nun doch holen, mehr als kühl ausfiel. Natürlich fühlte sie sich etwas veräppelt und dachte sicher, ich würde mit einer unmenschlichen Gleichgültigkeit und Selbstverständlichkeit ihre Zeit vergeuden. Auch mein Angebot, ihren Aufwand natürlich finanziell zu entlohnen, wollte sie nicht wirklich milder stimmen. Und ich konnte ihren Ärger vollkommen verstehen. Ich respektierte ihre Wut und entschuldigte mich mehrmals aufrichtig bei ihr – aber nicht bei mir, denn für mich war es ein klärender Grenzgang gewesen, der offenbar nötig gewesen war, um endgültige Gewissheit in dieser Sache zu erlangen.

Ich hatte in den letzten Wochen bemerkt, dass ich bereits aus den Leben einiger ehemaliger guter Bekannter aus Högel zu verschwinden schien. Menschen, die gesagt hatten, wir wollten auf jeden Fall in Kontakt bleiben, antworteten plötzlich nicht mehr auf Nachrichten und Emails. Scheinbar verloren wir an Bedeutung. Wir waren weggegangen und verblassten. Auch die letzte verbindliche Beziehung zu Anke, die für mich immer mehr als nur eine Bekannte gewesen war, neigte sich nun dem Ende zu. Würden wir noch in Kontakt bleiben, nachdem wir die Pferde bei ihr abgeholt hatten? Vor diesem Konflikt, der natürlich auf meine Kappe ging, war dies schon fraglich gewesen, jetzt wurde es immer unwahrscheinlicher. Vielleicht war ihre Reaktion aus Wut und Enttäuschung über mein in ihren Augen undurchdachtes und leichtfertiges Verhalten in Wirklichkeit mehr Triebfeder ihres Loslassens? Manchmal ist es einfacher, jemanden aus seinem Leben gehen zu lassen, wenn man wütend auf ihn ist.

Zwar merkte ich anhand unserer weiteren Nachrichten, dass Anke sich langsam etwas beruhigte, ganz schien sie mir die Sache aber nicht verzeihen zu können. So fuhr ich also letztendlich noch immer mit einem mulmigen Gefühl nach Deutschland, nicht nur wegen der Pferde, sondern jetzt auch noch, weil ich nicht wusste, wie Anke mir gegenübertreten würde. Noch eines war mir inzwischen klargeworden: Mein Unwohlsein hatte noch einen weiteren Grund, der sich mir vorher nicht offenbart hatte. Ich fragte mich, ob ein Besuch in der alten Heimat, wohl auch alte Wunden aufreißen würde. Ich überbrückte die letzten Tage damit, einen Termin mit dem Amtstierarzt zu machen, der die Transporttauglichkeit der Pferde bescheinigen musste, zäunte ein Paddock ab und baute gemeinsam mit Julian zwei geräumige Pferdeboxen in unserer endlich leergeräumten Scheune. Nun war alles bereit. Die Pferde konnten kommen!

Letztendlich war es wie so oft im Leben: Alle Bedenken waren im Grunde unbegründet gewesen. Julian und ich hatten eine ruhige Fahrt nach Deutschland und kamen pünktlich zum verabredeten Termin mit dem Amtstierarzt am Stall an. Als ich aus dem Auto stieg und die Tür hinter mir zuschlug, hoben meine Pferde ihre Köpfe und sahen sofort in meine Richtung. Sie spitzten die Ohren und kamen auf mich zu ans Gatter, um mich zu begrüßen. Dabei sahen sie aus, als hätten sie die letzten drei Monate nur darauf gewartet, dass ich endlich wiederkomme. Ich steckte meine Hände durch das Koppeltor und hielt sie Nasti und Micky zum Schnuppern hin. Beide drückten ihre warmen weichen Nüstern in meine Handflächen und begannen, sie abzulecken. Hätten sie es gekonnt, wären sie mir wohl auf den Arm gesprungen und hätten mit dem Schwanz gewedelt. Ich war gerührt. Ankes Begrüßung war, wie erwartet, nicht ganz so herzlich: Sie war freundlich, aber reserviert. Der Amtstierarzt kam, sah und stempelte die nötigen Papiere für die Überfahrt ab, und schon konnten wir uns auf den Weg zu unseren Freunden Heike und Marius machen, bei denen wir die Nacht verbringen durften. Die beiden hatten keine Kosten und Mühen gescheut, um uns zu zeigen, wie sehr sie sich freuten, uns zu Gast zu haben. Sie hatten aufwendig gekocht und einen noblen Wein mit besonderer Geschichte aufgetischt. Außerdem hatten sie zwei weitere gute Freunde eingeladen, und so wurde es ein wunderschöner, durchaus feierlicher Abend in alter trauter Runde.

Nach einer kurzen Nacht brachen wir früh am nächsten Morgen wieder zum Stall auf. Sämtliches Pferdezubehör hatten wir schon am Vorabend ins Auto geladen, wir mussten also nur noch die Pferde auf den Hänger bringen. Mein Herz klopfte, denn Pferdeverladung war nicht gerade meine Lieblingsaufgabe. Viele negative Erlebnisse hatte ich beim Verladen mit einem meiner früheren Pferde gemacht, und diese beiden hatte ich noch nie verladen. Ich wusste nicht, was auf uns zukam. Ich nahm zuerst Micky und ging beherzt auf den Hänger. Ohne auch nur eine Sekunde zu zögern oder zu zaudern, folgte mir das Shetlandpony, als stünde keine andere Möglichkeit zur Debatte. Auch die Haflingerstute hatte offensichtlich keinerlei Zweifel an der Notwendigkeit an diesem verregneten Julimorgen auf den Pferdeanhänger zu marschieren. Und so waren beide Pferde binnen weniger Minuten verladen und mampften zufrieden ihr Heu aus den Heunetzten. Uns fielen Steine vom Herzen. Glücklich und erleichtert fuhren wir ab. Zum vorerst wirklich letzten Mal verließen wir Högel, durchquerten Nordfriesland und kehrten Deutschland nun endgültig den Rücken. Ich fühlte mich frei und stellte befriedigt fest, dass der Anblick der alten Heimat keinerlei melancholische Zweifel oder irgendeine Form von Traurigkeit oder Verlust in mir ausgelöst hatte. Nicht einmal der Abschied von unseren Freunden war mir sonderlich schwergefallen. Ich wusste, sie würden immer Teil unseres Lebens bleiben, egal wie viele Kilometer zwischen uns lagen. Jetzt galt es nur noch, ohne Komplikationen die Grenzen zu Dänemark und Schweden zu passieren, und auch das schafften wir tatsächlich ohne Probleme. Wir wurden weder angehalten, noch kontrolliert und erreichten das schwedische Festland reibungslos und wiederum erleichtert. In regelmäßigen Abständen legten wir Pausen ein, sahen nach den Pferden und gaben ihnen zu trinken. Ohne irgendeine Spur von Aufregung oder Erschöpfung schienen die beiden Ponys die Fahrt tatsächlich zu genießen. So kamen wir am frühen Abend endlich von dieser scheinbar letzten großen Mission zurück nach Blankan. Die Pferde verließen den Hänger, wie sie ihn betreten hatten: Entspannt, locker und ohne Probleme. Wir ließen sie auf ihr neues Paddock und beobachteten, wie sie glücklich und zufrieden die ersten schwedischen Grashalme knabberten. Endlich waren sie Zuhause.

41

Dann kam der Juli, der Hochsommer, und mit ihm jede Menge Besuch. Bereits seit Mai hatte sich nach und nach so ziemlich jeder unserer Freunde und Familienmitglieder zu einem Besuch angekündigt. Nahezu nahtlos würden unsere Lieben ab- und anreisen, um unser neues Leben unter die Lupe zu nehmen. Teilweise verzeichnete mein Kalender sogar „Doppelbuchungen", wie ich es scherzhaft nannte. Selten lagen ein paar Tage zwischen den Besuchen. Als erstes kam Nicole, die wir damals am Anfang unserer Wohnwagenzeit in Niedersachsen kennengelernt hatten. Sie reiste für drei Wochen an und unsere Freude war riesig. Drei Monate lang hatten wir uns quasi nur über Whatsapp-Sprachnachrichten kennengelernt. Im Grunde kannten wir einander nicht, aber unser anfängliches Gefühl der Verbundenheit hatte sich in der Zwischenzeit noch verstärkt. Trotzdem waren wir auch nervös, weil die kommenden drei Wochen zeigen würden, wie gut wir uns auch im wirklichen Leben verstehen würden. Mit so vielen Menschen und Kindern auf so wenig Wohnraum zu leben, das würde eine wahre Herausforderung an die Toleranz aller Beteiligten sein. Nicole brachte ihren Hund, ihre drei Kinder und einen Freund des ältesten Sohnes mit. Die beiden Großen campierten in einem riesigen Wohnzelt auf der Wiese hinter unserem Haus. Nicole und die Kleinen schliefen die ersten Tage mit bei uns im Haus, bis wir nach und nach die kleine Hütte zumindest soweit fertiggestellt hatten, dass die drei dort übernachten konnten. Unser Badezimmer mussten sie weiterhin mitbenutzen. Und obwohl es natürlich hier und dort Streit und Unstimmigkeiten gab, hatten wir im Großen und Ganzen eine tolle gemeinsame Zeit. Wir redeten viel, gingen schwimmen, Bootfahren und Blaubeeren sammeln, und die Kinder spielten stundenlang zusammen.

Sogar unsere erste eigene Heuernte bestritten wir gemeinsam. Bisher hatten wir in Nordfriesland meist das Heu für unsere Tiere bei einem Bekannten im Dorf gekauft. Zweimal hatten wir auf unserer eigenen Wiese in Högel geheut, einen eigenen Traktor, geschweige denn die für eine Heuernte nötigen Maschinen hatten wir aber bisher nie besessen. Es war also eine Premiere, die uns nun bevorstand: Unser erstes Heu in kompletter Eigenregie in Schweden. Die nötigen Maschinen hatten wir mühsam und schnellstmöglich aufgetrieben. Allesamt uralte, zum Großteil verstaubte Maschinen, die seit Jahren oder Jahrzehnten nicht mehr benutzt worden waren. Das Gras auf unserer Wiese stand im Grunde schon viel zu hoch, denn eigentlich wird der erste Schnitt deutlich vor Mitte Juli gemacht. So war es also kein Wunder, dass wir uns mit einer ganzen Reihe von Problemen konfrontiert sahen: Nachdem wir die etwa 2,5 Hektar große Wiese zunächst einmal mühsam von alten herumliegenden Ästen befreit hatten, begann Julian diese mit unserem alten Volvo BM430-Traktor und dem mittelalterlichen Mähbalken zu mähen. Mehrfach brach dabei das Antriebsholz, eine Sollbruchstelle, die ihren Job hierbei allzu ernst nahm. Ein Grund dafür waren sicherlich all die kleinen Bäumchen, die in den vergangenen Jahren, in denen die Koppel nicht gepflegt worden war, überall gewachsen waren. Diese beanspruchten den Mähbalken natürlich über das normale Maß hinaus. Und auch mich, denn ich musste diese nach dem Schnitt allesamt aus dem langen Gras herauspflücken, damit sie später nicht die Heupresse verstopfen würden.

Nachdem Julian das Heu zum Großteil das erste Mal gewendet hatte – mit einem kombinierten Wende- und Schwadegerät, das einen mehr oder minder zuverlässigen Job machte, weil ihm ein Zinken fehlte, versagte plötzlich der Trecker. Er verlor quasi von einer Minute auf die andere seine komplette Leistung und ging immer wieder aus. Julian vermutete zuerst einen verstopften Dieselfilter. Nach einem Wechsel der Filter trat jedoch keinerlei Besserung ein. Daraufhin nahm Julian die Einspritzpumpe fast komplett auseinander und machte hierbei Bekanntschaft mit Dutzenden winziger Schrauben und Muttern, um am Ende zu sehen, dass auch dort alles komplett verdreckt war. Nachdem auch hier jedes Einzelteil mühselig gereinigt und wieder eingebaut war, schien das Problem vorerst behoben. Erst viel später erfuhren wir, dass der Trecker offensichtlich an der sogenannten Dieselpest erkrankt war, einem Phänomen, bei dem winzige Mikroorganismen, die nur in Dieselbenzin leben, den Kraftstoff verunreinigen. Oftmals passiert das, wenn alte Trecker lange ungenutzt herumstehen. Die Reparaturen dauerten tagelang. Während der gesamten Zeit bangten wir um unser Heu, das teilweise noch platt auf der Wiese lag, wobei es eigentlich schon mehrfach hätte gewendet werden müssen. Immerhin blieb es trocken und sonnig. Fast schon hatten wir die Ernte abgeschrieben, als der Trecker doch endlich wieder ansprang und Julian seine Arbeit fortsetzen konnte.

Als es endlich ans Pressen gehen sollte, kam es wie es kommen musste. Auch die Presse, die wir natürlich vorher aus Zeitgründen nicht hatten testen können, streikte. Der Knoter, der das eingesammelte Heu zu Ballen binden sollte, brachte nur wilde Gespinste aus blauem Band zustande und spuckte wild zusammengeknäulte Gebilde aus trockenem Gras aus, die alles andere waren als wohlgeformte Ballen oder auch nur Bündel. Viele Stunden und wüste Flüche und Verwünschungen später hatte Julian den Knoter zumindest soweit zur Kooperation genötigt, dass dieser wenigstens auf einer Seite halbwegs ordentliche Knoten machte. Es endete also damit, dass wir bis spät am Abend bei insgesamt über 300 Ballen jeweils ein Heuband manuell herumbinden und per Hand zuknoten mussten. Nicoles ältester Sohn und sein Kumpel, Noah, Julian, Nicole und ich fuhren also abwechselnd den Traktor oder knoteten Ballen, fingen die wüsten Erzeugnisse der Presse mit der Hand auf, damit sie nicht gleich wieder auseinanderfielen, holten die fertigen Ballen mit dem Pferdeanhänger von der Wiese und stapelten sie in der Scheune über den Pferdeboxen auf den Heuboden. Diesen hatten wir vorher auch noch in einer Hauruck-Aktion von Unmengen alter Bretter, Unrat und vor allem hunderte Jahre altem Staub befreit. Die ganze Zeit sah man in der Ferne eine nahende Regenfront heranziehen – eben ganz so, wie es sich für jede anständige Heuernte gehört. Im Angesicht des scheinbar drohenden Regens schwitzen, keuchten, schimpften, lachten und stöhnten wir um die Wette – kurzum: Dieser Tag ließ alle Masken fallen und jeder kam dazu, sein echtes Gesicht zu zeigen. Trotzdem hatten wir am Ende des Tages geschafft, was eigentlich keiner von uns mehr für möglich gehalten hatte: Als es dunkel wurde, schob ich das große, doppelte Tor unserer Scheune hinter mir zu, mit dem Wissen, das gesamte Futter für unsere Pferde unter Dach und Fach gebracht zu haben - mit Hilfe meiner Familie und meiner Freundin Nicole. Der Regen war ausgeblieben, in der Luft lag eine Stimmung von Sieg und Triumph. Ich war fix und fertig, meine Arme schmerzten, die Hände waren rau und blutig, aber ich war stolz und glücklich. Wir hatten es tatsächlich geschafft!

42

An einem Tag, kurz bevor Nicole wieder nach Deutschland zurückkehren würde, besuchten wir Bullerbü und Katthult. Ich war voll wilder Vorfreude, endlich die Orte zu besuchen, die meine Vorstellung von Schweden im Grunde seit meiner Kindheit genährt hatten. Als wir Bullerbü erreichten, schlug mein Herz schneller und die Uhren tickten langsamer. Voller Ehrfurcht für diesen quasi historischen Ort, der letztendlich meiner Fantasie die Kraft verliehen hatte, den Sprung nach Schweden zu wagen, durchschritten wir diesen scheinbar ganz normalen, im Grunde vollkommen unspektakulären alten Hof in der Nähe von Vimmerby und ließen uns von seiner sommerlichen Aura verzaubern. Alles schien fast genauso zu sein wie früher in den Filmen von Astrid Lindgren. Und fast erwartete ich, dass Lasse, Bosse, Lisa und die anderen Kinder von Bullerbü, sich plötzlich und ganz selbstverständlich zu unseren Kindern gesellen und mit ihnen die Lämmer oder Kaninchen streicheln würden. Der Ort strahlte Magie aus, ohne dass man die eigentliche Ursache dafür hätte benennen können. Die drei Häuser von Nordhof, Mittelhof und Südhof lagen friedlich nebeneinander in der Sonne, in den Gärten blühten Heckenrosen schüchtern neben anderen Sommerblumen, und an den hübschen Zäunen hingen kleine Schilder mit der Aufschrift „privat". In einer der alten großen Scheunen gab es ein kleines Café, wo man die typischen Zimtwecken und den obligatorischen Kaffee für seine „Fika", die täglich mehrmals zelebrierte und für die Schweden heilige Kaffeepause, kaufen konnte. In einer anderen Scheune konnten die Kinder vom Heuboden ins Heu hüpfen oder daneben in eine uralte hohle Esche klettern, die sehr an Pippi Langstrumpfs Limonadenbaum erinnerte. Mehr gab es nicht. Und trotzdem verbrachten wir hier Stunden. Selten zuvor hatten die Kinder so glücklich und selbstverloren gespielt. Selten war ich so ruhig und frei von irgendwelchen Gedanken. Und auch all die anderen Kinder und Eltern, die mit glücklichen und entspannten Gesichtern in der Sonne saßen oder herumpilgerten, schienen nur im Jetzt zu sein und alle Alltagssorgen für einen Moment vergessen zu haben. Wir waren in Bullerbü. Ich konnte es kaum glauben. Dies war der Ort, dem quasi all meine Hoffnungen entsprungen waren, ein Ort, dem seine Berühmtheit kaum anzusehen war. Überhaupt schienen die Schweden das Potenzial dieses Ortes entweder nicht zu erahnen oder sie nutzten es einfach nicht schamlos aus. Zwar konnte man einige Bullerbü-typische Souvenirs kaufen, aber es handelte sich bei weitem nicht um eine typische Touristenattraktion wie man sie aus Deutschland oder gar Amerika kannte. Sogar der Eintritt war frei. Nur eine lächerlich geringe Parkgebühr hatten wir für den Parkplatz bezahlt, der einige hundert Meter entfernt vom eigentlichen Hof lag. Nicht einmal ein Eingangstor gab es, geschweige denn unzählige Fressbuden oder andere Besucher-ziehende Attraktionen. Der Zauber bestand in der Schlichtheit, dem Wenigen, dem Einfachen. Wieder einmal war die Reduktion auf den simplen Kern offensichtlich das Zauberwort. Ich saß lange auf einem warmen Stein in der Sonne und sog Bullerbü in mich hinein. Im Grunde hatte in meinem Kopf und in meinem Herzen hier der erste Schritt unserer Reise nach Schweden begonnen. Und nun war ich plötzlich ein Teil davon.

Auch der Besuch von Katthult löste ähnliche Gefühle in mir aus. Alles war genauso wie in den Filmen, die ich seit meiner Kindheit immer wieder angesehen hatte. Immer wieder sah ich Michel zu seinem Tischlerschuppen flitzen, um dann festzustellen, dass es doch nur ein anderer Junge mit Michel-Mütze war, der hier ausgelassen herumtollte. Wir beobachteten die Schweine, die sich träge im Staub suhlten und streichelten die Kaltblutpferde, von denen eines tatsächlich so aussah, als wäre es der treue Lucas, der Michel und den kranken Alfred damals durch den Schnee zum Arzt gezogen hatte. Wir besuchten die Hühner und beobachteten, wie sie mit ihren Küken munter umherstreiften. Und wieder einmal wurde mir bewusst, dass auch hier der Ursprung meines Lebenstraumes als Selbstversorger liegen könnte. Astrid Lindgren schien mich viel stärker geprägt zu haben als mir bisher bewusst gewesen war: Das friedliche Gefühl von Bullerbü und die einfache Lebensweise von Katthult waren die Quintessenz meiner Ziele.

Nachdem Nicole schweren Herzens wieder abgereist war, kamen im August weitere Besucher: Freunde, Eltern, Geschwister. Zwischen all der Arbeit und dem vielen Besuch bemerkten wir kaum, wie der Sommer verging. Und obwohl wir die Zeit mit jedem unserer Besucher genossen, mussten wir doch feststellen, dass es in der Summe etwas zu viel des Guten war. Wohlmeinend hatte ich natürlich jeden in unser neues Zuhause eingeladen, der sich angekündigt hatte, denn natürlich war das ein Zeichen, wie wichtig wir unseren Freunden und unseren Familien waren, dass sie alle den weiten Weg zu uns nicht scheuten, um uns wiederzusehen. Das bedeutete uns viel. Und natürlich hatte ich auch an die Kinder gedacht. Jeder Besuch würde sie davon abhalten, sich einsam zu fühlen oder Heimweh zu bekommen. Diesbezüglich ging die Rechnung auch auf. Zeit für Heimweh blieb tatsächlich nicht, dafür herrschte einfach zu viel Trubel um uns herum. Und hatte ich damit gerechnet, dass ich sicher bei der Abfahrt eines jeden lieben Menschen würde weinen müssen, aus Abschiedsschmerz und Kummer darüber, dass er alleine in die alte Heimat abreiste, überraschte ich mich selbst:

Nicht eine Träne weinte ich jemandem hinterher. Nicht, weil ich sie nicht vermissen würde, sondern einfach aus purer Dankbarkeit, dass ich würde hierbleiben können. Ich hatte meinen Platz vorerst gefunden. Ich konnte die anderen des Weges ziehen lassen, ohne einen Hauch von Reue oder Heimweh dabei zu fühlen.

Erst Mitte September reiste unser letzter Gast ab. Mein Bruder hatte eine Woche lang beim Brennholzmachen, Zaunpfähle einrammen und beim Verladen der vorerst letzten Altmetallberge geholfen, die Julian mit dem Pferdeanhänger bei der Müllkippe gegen gutes Geld umtauschen konnte. Außerdem hatte mein Bruder mit mir aus all den herumliegenden rauen Planken zwei wunderschöne rustikale Zäune für die Pferde gebaut, die dem gesamten Hof eine persönliche Note verliehen und erkennen ließen, dass dieses Stückchen Land langsam zu unserem wurde. Mein Bruder war der erste, bei dem es mir wirklich schwerfiel, ihn wieder gehenzulassen – und das lag nicht nur daran, dass er uns mit seiner Tatkraft ein gutes Stück weitergeholfen hatte. So sehr ich jeden einzelnen Besuch herbeigesehnt und genossen hatte, so sehr ich die Zeit mit Freunden und Familie zelebriert hatte - nun konnte unser neues Leben in Blankan endlich richtig beginnen. Endlich würden wir die Zeit finden, uns auch auf unsere Umgebung einlassen zu können, neue Kontakte zu knüpfen - und neue Freude zu finden.

43

Monatelang hatte der Sommer in Schweden vor uns gelegen wie ein unbeschriebenes Blatt Papier. Alles war offen gewesen. Nun langsam neigte sich dieser Sommer unbarmherzig seinem Ende zu. Das Leben hatte wieder Konturen bekommen, was einerseits ein beruhigendes, andererseits ein beklemmendes Gefühl in mir auslöste. Wer einmal den Zustand schwerelosen Schwebens erlebt hat, tut sich umso schwerer damit, wieder in einem normalen Alltag zu landen. Beinahe völlig selbstbestimmt, ohne große Ablenkungen von außen, hatten wir die vergangenen Monate verlebt. Nun stand plötzlich wieder das wahre Leben vor der Tür und erschrocken hörte ich sein unbarmherziges Klopfen. In wenigen Tagen würde die Schule beginnen und damit wieder der immerwährende Trott aus Pflicht und Fremdbestimmung. Zwar hatte ich nach wie vor die Hoffnung, dass hier das Leben durch die Schule weniger stark beeinflusst werden würde als es in Deutschland der Fall gewesen war, dennoch brachte der Schulalltag immer eine Menge bestimmender Fixpunkte mit sich. Daran würden wir uns alle erst wieder gewöhnen müssen. Würde es uns nach diesen fünf Monaten Freiheit jemals wieder gelingen, in dieses Muster zu passen? Andererseits bedeutete ein gewisser Rahmen auch Führung, Struktur und Stabilität, was den Kindern nach dieser Zeit des Schwirrens vielleicht guttun würde. Sicher war es notwendig, dass sie wieder von außen gesetzte Aufgaben und Anforderungen erfüllen mussten. Und natürlich brauchten sie auch wieder regelmäßigen Kontakt zu anderen Kindern. Uns jedenfalls würde es auch wieder eine ganz andere Art von Freiheit geben – nämlich einen Freiraum, in dem wir agieren konnten, ohne andauernd unseren Elternpflichten nachkommen zu müssen oder ein schlechtes Gewissen zu haben, dass wir nicht genügend Zeit für unsere Kinder aufbringen konnten, weil wir nun wieder beinahe ununterbrochen in irgendwelchen Hofprojekten steckten. Trotz der Vorzüge fürchtete ich, den Zauber des ersten Augenblickes zu verlieren, dass die Magie des Neuen verfliegen und der Routine weichen würde, so wie eine junge Liebe oftmals zwangsläufig in einer routinierten, oft unglücklichen Beziehung endet, weil genau das, was man am Anfang als besonders reizvoll und verlockend empfand, einen später aufregt oder anödet. Der Hochsommer war jedenfalls eindeutig vorüber, der Zenit erreicht, der Höhepunkt überschritten. Ich sehnte mich zurück zu den ersten Tagen, als alles noch vor uns gelegen und in jedem kleinen Detail sich ein komplett neues Leben offenbart hatte. Noch nie waren wir so frei gewesen. Würden wir es je wieder sein? Oft dachte ich an Vetlanda. Das Leben dort war unschuldig und frisch gewesen, irgendwie richtungslos und doch zielstrebig und eindeutig. Dort wohnten inzwischen Urlaubsgäste in unserer Hütte und genossen ihrerseits die Stille meiner geliebten Waldlichtung. Ein wenig beneidete ich sie darum.

Ende August begann die Schule. Nach fast fünf Monaten Dauerferien begann für uns alle wieder der sogenannte Ernst des Lebens. Und insgeheim hatten wir wohl alle Angst vor diesem Tag gehabt. Nun aber hatte uns nach einer Ewigkeit zum ersten Mal wieder der Wecker geweckt, und wir fuhren um kurz vor acht Uhr gemeinsam Richtung Fågelfors zur Ugglemoskolan, um das erste Mal unsere Kinder in ihren neuen Klassen abzugeben. Ein Wurf ins kalte Wasser. Beide sprachen nach wie vor nur wenige Wörter Schwedisch. Sie kannten niemanden. Nur ein paar Stunden waren sie vor den schwedischen Sommerferien Anfang Juli zu einem Schnuppertag hier gewesen, um schon einmal einen ersten Eindruck zu bekommen und ihre zukünftigen Lehrerinnen und Mitschüler kennenzulernen. Nun rückte der Moment der Wahrheit unbarmherzig näher. Unsere Herzen klopften und unsere Bäuche kribbelten nervös. Gleich würden wir unsere Kinder in die Hände völlig fremder Menschen geben und sie in dieser fremden Welt alleine lassen müssen. Ich bekam weiche Knie. Hoffentlich würden sie den ersten Tag gut überstehen. Hoffentlich würde Mia nicht in Tränen aufgelöst an mir hängen und mich nicht gehen lassen. Auf das Schlimmste vorbereitet und etwas verschüchtert ging ich mit Mia zu ihrem Klassenzimmer, während Julian Noah zu seiner Klasse begleitete. Mit meinen paar Brocken Schwedisch begrüßte ich Eva, Mias Lehrerin, und bedankte mich für die Postkarte, die sie Mia in den Sommerferien geschickt hatte, um ihr mitzuteilen, wie sehr sie sich darauf freue, Mia kennenzulernen. Danach wechselten wir lieber ins Englische, um das Nötigste zu besprechen. Und dann klingelte es auch schon zum Unterricht. Die Kinder aller Klassen stellten sich im Flur vor ihren Garderoben auf und gingen nacheinander in ihre Klassenräume, wobei jedes einzelne Kind freundlich von der jeweiligen Lehrerin begrüßt und willkommen geheißen wurde. Scheinbar vom Strom der Geschehnisse erfasst und mitgerissen, stellte sich Mia an ihren Platz, ging mit den anderen Kindern in die Klasse – und war verschwunden. Etwas ratlos und unschlüssig stand ich mit den anderen Eltern im Flur. Von Deutschland kannte ich den ersten Schultag als etwas Großes und Besonderes, eine allumfassende Feierlichkeit, bei der die gesamte Familie dabei war. Hier aber war die Einschulung ein scheinbar eher nebensächlicher, eben vollkommen normaler Akt, dem keinerlei besondere Bedeutung beigemessen wurde. Wie ich gelesen hatte, feierten die Schweden nicht den Schulbeginn, sondern das Schulende jeden Jahres vor den Sommerferien. Nachdem ich einen Moment überlegt hatte, was ich nun tun sollte, traute ich mich noch einmal kurz in den Klassenraum, um mich von Mia zu verabschieden. Hier war es hell und freundlich und sah so gar nicht nach Schule aus. Das Klassenzimmer der Klasse Null erinnerte eher an ein freundliches Kindergartenspielzimmer: Überall standen Spielzeuge und Kinderbücher in Regalen, es gab ein kleines Sofa für die Kinder, und an der Wand hing eine riesige Leinwand. Es gab keine Einzeltische sondern einen großen Gemeinschaftstisch. Der Raum wirkte mehr als gemütlich und anheimelnd. Mia saß bereits im Kreise ihrer neuen Mitschüler und sah Eva an, die mit deutlichen Worten und Gesten die Kinder liebevoll begrüßte. Wie ich später erfahren würde, war in der kleinen Gruppe kein einziges schwedisches Kind. Neben Mia gab es drei weitere deutsche Kinder, die anderen kamen aus sämtlichen Ländern der Welt. Die beiden Lehrerinnen hatten eine besonders anspruchsvolle Aufgabe, den Kindern, die alle unterschiedliche Muttersprachen sprachen, Schwedisch beizubringen. Flüchtig verabschiedete ich mich von Mia, um den Ablauf nicht weiter zu stören, und verließ mit Julian die Schule. Zum ersten Mal seit fünf Monaten waren wir allein. Ich wusste nicht, ob ich lachen oder weinen sollte. Alles wirkte so fremd und unwirklich. Den gesamten Vormittag fühlte ich mich irgendwie schuldig und verloren. Ich fragte mich, wie es den Kindern wohl ergehen mochte. Hatten sie Angst? Fühlten sie sich verlassen oder gar ausgeliefert? Weinten sie? Jeden Moment erwartete ich, dass das Telefon klingeln und eine der Lehrerinnen Bescheid sagen würde, dass wir unsere Kinder abholen müssten. Aber das Telefon blieb stumm. Niemand rief an. Trotzdem war ich auf alles gefasst, als wir um 13 Uhr im Flur der Schule standen, um die Kinder wieder in Empfang zu nehmen. Umso erstaunter − und vor allem umso erleichterter, war ich, als mir nach Schulschluss zwei putzmuntere, fröhlich lachende Kinder entgegensprangen, vollkommen entspannt und scheinbar glücklich. Zwar hatte Noah einen feuchten Schimmer in den Augen, aber dieser rührte offensichtlich von der Erleichterung, dass er so eine nette Klassenlehrerin und eine ebenso nette Klasse bekommen hatte. „Das war der schönste Schultag meines Lebens!", hauchte er mir entgegen, als er mich selig umarmte. Und auch Mia schien vergnügt und unbeschwert. Ihre Lehrerin bestätigte diesen Eindruck. Alles war vollkommen problemlos verlaufen. Zuhause angekommen feierten wir die schwedische Einschulung mit leckerem Essen. Und Mia bekam noch eine kleine Schultüte, die wir extra aus Deutschland von Mias Oma hatten zuschicken lassen, um diesem ersten Schultag doch noch die nötige Besonderheit zu verleihen.

Die Wochen vergingen scheinbar wie im Fluge, und wir fanden schnell Anschluss in Fågelfors. Noah und Mia lebten sich nahezu problemlos in der Schule ein und gingen jeden Tag gerne zum Unterricht, obwohl sie anfangs natürlich vieles nicht verstanden. Sie freundeten sich mit den deutschen Kindern in ihren Klassen an, und auch ich verstand mich gut mit deren Müttern. Ein bis zweimal in der Woche trafen wir uns umschichtig nachmittags, damit die Kinder spielen und wir Mütter uns unterhalten konnten. Inzwischen hatten wir endlich wieder Hühner und freuten uns über die eigenen Eier, die neue Selbstversorgergefühle in uns aufkeimen ließen. Den passenden Hahn bekamen wir von Noahs Lehrerin geschenkt, denn sie hatte zu viele. Ich arbeitete viel im Garten, erntete die ersten Salate und Zucchini, renovierte unsere Küche und war rundum mit allem zufrieden. Die Kinder lernten jeden Tag ein bisschen Schwedisch, ohne es selber zu merken. Zwar fragte ich mich hin und wieder, ob es nicht doch notwendig sei, dass die beiden in irgendeiner Form Nachhilfeunterricht in der neuen Sprache bekämen, aber jeder, den ich fragte, winkte lachend ab. Das würde ganz von selber kommen. Wahrscheinlich war ich wieder einmal zu ungeduldig.

Julian hatte nach wie vor viele Gänge zu irgendwelchen Ämtern zu erledigen und absolvierte allesamt auf Schwedisch. Nach Wochen des Wartens flatterte nach vielen Absagen und Komplikationen die langersehnte Eintragung für unser Haus in den Briefkasten - nun gehörte Blankan auch offiziell endlich uns, und wir konnten die Bauanträge für unsere geplanten Ferienhäuser einreichen, die immerhin zukünftig unser Einkommen sichern oder zumindest maßgeblich unterstützen sollten. Zwar spielte wie geplant das Ferienhaus in Vetlanda schon einige Mieten ein, aber langfristig würde das natürlich nicht ausreichen, um unsere Einkünfte zu sichern. Auch die Genehmigungen für eine neue Kläranlage und unseren Wintergarten, den sogenannten Uterum, reichten wir ein. Zwar durfte man in Kalmar Län derzeit bis zu 15 Quadratmeter ohne Baugenehmigung anbauen, aber wir wollten doch auf Nummer sichergehen und es uns nicht gleich mit der Baubehörde verscherzen. Im gleichen Atemzuge erhielt Julian auch seine Jagdlizenz und konnte nun auch das Eigenjagdrecht auf unserem Grundstück nutzen.

Mit der Entrümpelung unseres Grundstückes waren wir fast fertig. Bei vielen Arbeiten war mir Pettersons Pfannkuchentorte in den Sinn gekommen: Immer hatten wir gefühlte tausend Dinge tun oder hin und herräumen müssen, bevor wir das eigentliche Projekt hatten angehen können. Immer hatte etwas im Weg gestanden und vorher beiseitegeschafft werden müssen. Aber inzwischen waren auch die Vorbereitungen für den Winter bereits fast abgeschlossen: Julian hatte die alten einfachverglasten Fensterscheiben von unserem Wohnhaus durch doppelt verglaste Isolierglasscheiben ausgetauscht und die Fassade gestrichen. Gemeinsam hatten wir Feuerholz gemacht und voller Begeisterung festgestellt, dass die alte Holzheizung von 1965 in unserer Küche, die rein äußerlich dem Untergang geweiht war, besser und sparsamer funktionierte, als jeder neue wasserführende Kaminofen, den wir bisher gehabt hatten. Überhaupt schien unser Holzhäuschen wesentlich besser gedämmt zu sein als der riesige Steinklotz in Högel. Wahrscheinlich lag es aber auch an der um die Hälfte geringeren Wohnfläche. Auch meine Sorge um den angeblich defekten Schornstein war unbegründet gewesen. Der Schornsteinfeger hatte ihn begutachtet und den weiteren Einsatz ohne Beanstandungen genehmigt. Die von mir gefürchtete nahegelegene Stromleitung hatte sich ebenfalls als vollkommen harmlos erwiesen. Wir bemerkten rein gar nichts davon und schliefen so gut und fest wie selten zuvor.

Inzwischen hatte ich die gesamte Koppel eingezäunt, und auch die Pferde schienen ihr neues Leben hier sichtlich zu genießen. Beide legten eine ganz neue Lebensfreude an den Tag. Hin und wieder ritt ich gemeinsam mit unseren Nachbarn vom Reiterhof oder alleine aus und genoss diese Ritte durch die Natur aus ganzem Herzen. Wie lange hatte ich davon geträumt! Zwar war ich anfangs etwas enttäuscht über die Reitwege, die auf den ersten Blick nicht ansatzweise so schön waren, wie die in Vetlanda, aber mit der Zeit entdeckte ich immer wieder neue Wege. Zum Teil führten sie durch den Wald, zum Teil direkt am Emån entlang durch die Felder. Bei einem gemeinsamen Ritt mit den Reiterinnen von nebenan, hatten diese sogar eine Handsäge dabei, um einen alten zugewachsenen Reitweg wieder freizulegen, nachdem ich gefragt hatte, ob es nicht mehr Wege direkt in den an unsere Grundstücke angrenzenden Wald gäbe. Vom Sattel aus sägte Elise einen Ast nach dem anderen mit dem Fuchsschwanz ab und legte dabei Stück für Stück den alten Pfad durch den verwunschenen Wald wieder frei. Ich war gerührt, dass Elise sich offensichtlich so ins Zeug legte, um mir den

Wunsch nach einem waldigen Reitweg zu erfüllen. Natürlich profitierten sie und die anderen auch davon, aber ich wusste ihren Einsatz sehr zu schätzen. Die befürchteten und im Februar bei unserem ersten Besuch in Blankan von Marcus angekündigten Scharen von Insekten blieben beim Reiten im Wald und auch auf unserem Grundstück größtenteils aus. Natürlich gab es hier und dort eine Fliege oder Bremse, aber im Vergleich zu Nordfriesland war es geradezu lächerlich. Nicht eine einzige Mücke hatten wir den Sommer über in unserem Haus gesehen. Und die Bremsenfalle, die wir vorsorglich aus Nordfriesland mitgenommen hatten, und die dort immer nach ein paar Tagen prallgefüllt gewesen war, blieb hier nahezu leer. Nur einige Schwärme von Kriebelmücken, die in Schweden Knott heißen, machten den Pferden an manchen Abenden das Leben schwer, aber das hatten sie ebenso in Högel getan. Wieder einmal hatte ich mich völlig umsonst verrückt gemacht. Alles war gut. Nun musste ich nur noch Schwedisch lernen. Inzwischen fand ich aber vormittags sogar häufiger die Zeit, um Vokabeln zu pauken. Alles schien einen gewissen Rhythmus entwickelt zu haben. Alles schien perfekt. Wir waren angekommen.

44

Trotzdem gab es natürlich auch Dinge, die uns weniger gut gefielen, und diese kamen unweigerlich mit der Zeit ans Licht. Es war, wie wir es im Grunde nicht anders erwartet hatten: Der Alltag lehrte uns Stück für Stück, dass auch in Schweden – unserem geheiligten Land - natürlich nicht alles perfekt war. Diese andere Seite zeigte sich nach und nach, scheinbar unbedeutend in kleinen Details. Da waren zum Beispiel die zahlreichen Bio-Nahrungsmittel, die wir regelmäßig in Deutschland mit

Leichtigkeit an jeder Ecke hatten kaufen können, die wir aber nun in Schweden weit und breit nicht auftreiben konnten. Zwar gab es viele Dinge in Bio-Qualität in den großen Supermärkten, aber richtige Bioläden mit dem uns bekannten Sortiment suchten wir vergebens. Stattdessen mussten wir notgedrungen auf konventionelle Produkte zurückgreifen, was wir natürlich um jeden Preis zu vermeiden suchten, oder ganz darauf verzichten und nach Alternativen suchen. Außerdem waren die Lebensmittel deutlich teurer als in Deutschland, was bei unserer ohnehin sehr besonderen Ernährungsweise schmerzlich zu Buche schlug. Aus dieser Not heraus importieren wir regelmäßig einige Lebensmittel aus Deutschland, beispielsweise unser glutenfreies Mehl, das wir hier nirgendwo in Bioqualität auftreiben konnten. Es gab zwar unzählige glutenfreie Produkte in den schwedischen Läden, aber diese in konventioneller Qualität zu kaufen, kam für uns nicht in Frage. Diesbezüglich befanden wir uns auch in einem chronischen Konflikt bezüglich des Schulessens. Zwar hatten wir bei der Anmeldung der Kinder freudestrahlend zur Kenntnis genommen, dass bei der täglichen Schulspeisung glutenfreies Essen angeboten wurde, aber uns wurde immer klarer, dass diese Speisen eben keine Bio-Lebensmittel waren. Trotzdem ließen wir die Kinder vorerst weiterhin an der Schulspeisung teilnehmen, denn wir wollten weder negativ auffallen, noch unsere Kinder zu Außenseitern machen. Wir mussten einen diplomatischen Weg finden, um keine unnötigen Probleme heraufzubeschwören.

Jedenfalls bestellten wir etwa einmal im Monat die Dinge, die wir hier nicht bekommen konnten, zu Julians Mutter nach Ratzeburg. Diese verpackte dann alles in einem großen Paket und schickte es uns nach Schweden. Lieferzeiten von bis zu zwei oder drei Wochen waren dabei keine

Seltenheit. Briefe und Pakete von Schweden nach Deutschland erreichten ihre Empfänger zwar deutlich schneller, aber das Porto für ein normales Paket oder Päckchen betrug schnell einmal umgerechnet 60 Euro. Dementsprechend versuchten wir es natürlich möglichst zu vermeiden, Pakete nach Deutschland zu schicken. Dafür war der Strom hier etwa 40 Prozent günstiger als in Deutschland. Der Preis für Gas aber wiederum war etwa doppelt so teuer. Das hatten wir das erste Mal bemerkt, als wir in Vetlanda kleine Gaskartuschen für unseren Campingkocher gekauft hatten, bevor diese bald darauf für den gesamten Sommer ausverkauft gewesen waren. Das war ein weiteres Phänomen, das uns häufiger auffiel: Dinge, die man wochenlang hatte kaufen können, waren plötzlich aus dem Sortiment verschwunden. Umso wichtiger war es für uns, unsere Selbstversorgung schnellstmöglich wieder auf die Beine zu stellen. Leider waren Julians langersehnte Jagdversuche auf unserem Grundstück bisher relativ erfolglos verlaufen: Das Wild wagte sich überwiegend nachts in sein Jagdrevier. Tagsüber hielten sich Kaninchen und Rehe vom Trubel auf unserem Hof verständlicherweise fern. Auch der Fischfang ging nun im Herbst deutlich zurück. Zwar hatten Noah und Julian den Sommer über viele Hechte und Barsche gefangen, nun aber war die Strömung auf dem Emån plötzlich viel stärker, so dass das Angeln immer schwieriger wurde. Die Ernte aus dem Gemüsegarten würde über kurz oder lang ebenfalls zur Neige gehen. In den ersten Monaten hier hatten wir die Herbst- und Winterversorgung einfach noch nicht gewährleisten können.

Leider war es schwer bis unmöglich, gebrauchte Dinge in Schweden zu kaufen - und für uns vor allem zu verkaufen. Wie es schien, kauften die Schweden nicht gern bei

Deutschen und wenn, dann nur für die schaurigsten Tiefpreise. Andererseits verkauften viele Schweden offensichtlich auch nicht ohne weiteres an Deutsche. Diese Erfahrung mussten wir leider häufiger machen. Hatte Julian endlich einmal ein begehrtes Teil auf der im Ansatz mit Ebay-Kleinanzeigen vergleichbaren schwedischen Internetplattform blocket.se gefunden, war der ersehnte Gegenstand bei Anruf oder Mail laut Verkäufer plötzlich schon verkauft - oder sollte angeblich überhaupt erst in ein paar Monaten verkauft werden. Oder auch gar nicht mehr. Die Anzeige blieb erstaunlicherweise oft aber weiterhin bestehen.

Zwar gab es relativ viele Secondhand-Läden, sogenannte Loppis, aber diese waren fast ausschließlich in sozialer Hand, was bedeutete, dass man dort Sachen nur umsonst abgeben, also spenden konnte. Der Erlös dieser Dinge kam dann gemeinnützigen Projekten zugute. Dagegen war im Grunde nichts einzuwenden, aber es erschwerte uns unsere bisher immer praktizierte Lebensart, gebrauchte Dinge zu verkaufen und auch Secondhand einzukaufen. Immerhin hatten wir uns noch nicht wieder ein festes Einkommen aufgebaut, sondern lebten mehr oder weniger von unseren Ersparnissen. Darum war gebraucht kaufen und verkaufen für uns noch immer ein wichtiger Punkt. Natürlich fanden wir hier und dort ein schönes oder nützliches Teil, aber gerade Kleidung, die wir in Deutschland nahezu ausschließlich gebraucht gekauft hatten, war hier nur sehr spärlich zu finden. Kleidung wollten wir jedoch - bis auf ein paar Ausnahmen - schon alleine aus ökologischen Gründen, auf keinen Fall neu kaufen. Noch hatten wir zum Glück alles, was wir brauchten, aber sobald die Kinder einen Wachstumsschub machen würden, würden wir diesbezüglich vor einem Problem stehen.

Was uns in den Monaten bisher noch aufgefallen war, war die Tatsache, dass nicht alle Schweden so umweltfreundlich und naturschonend waren, wie es immer dargestellt wird. Die Missstände schienen sich allenfalls auf einer größeren Fläche mit weniger Bewohnern besser zu verteilen und fielen darum nicht so sehr auf. Aber auch hier gab es stellenweise Müllprobleme: Ob am Straßenrand oder an Zufahrten zu Wäldern, ja sogar an einer scheinbar von Anglern gern genutzten Brücke am Emån, lagen wild verstreut, achtlos zurückgelassene Verpackungen, Dosen und Tüten. Oft sahen wir Höfe, ob bewohnt oder verfallen, auf denen sich Berge von Gerümpel, Müll und Altmetall stapelten. Vor allem alte Autos lagen hier und dort im Gebüsch oder verschwanden langsam und heimlich im hohen Gras, ohne dass es irgendjemanden auch nur im Geringsten zu interessieren schien.

Obwohl in Schweden die Kühe überwiegend auf weiten Koppeln gehalten werden, sahen wir auch hier hin und wieder große Mastställe, die mehr Agrarfabrik als Bauernhof waren, und die - wie sollte es auch anders sein - ebenfalls ihre Felder mit Glyphosat spritzten und unverhältnismäßig viel mit Gülle düngten. Natürlich war es kein Vergleich zu dem, was wir aus Deutschland kannten, aber es war auch hier ein anzutreffendes Problem. Wir registrierten diese Tatsachen und versuchten sie so gut es ging zu ignorieren, ja sogar zu rechtfertigen. Trotzdem mussten wir uns eingestehen, dass es eben auch hier vieles gab, was uns nicht gefiel. Glücklicherweise gewehrte die Größe unseres Grundstückes uns einen gewissen Mindestabstand und schaffte eine Pufferzone zu den üblichen landwirtschaftlichen Feldern.

Was uns nicht wirklich störte, aber doch auffiel, war die Tatsache, dass viele Schweden richtige Stubenhocker zu sein schienen. Hatten wir immer erwartet, dass die Bevölkerung dieses wunderschönen Landes hauptsächlich aus sportbegeisterten Outdoor-Aktivisten bestehen müsste, erlebten wir nun das genaue Gegenteil: Nur selten sahen wir Schweden außerhalb ihrer vier Wände, der Schule oder von Geschäften. Egal wie gut das Wetter war - die meisten Schweden schienen lieber hinter heruntergelassenen Gardinen darauf zu warten, dass der Winter kam, damit sie endlich einen guten Grund dafür hätten, nicht mehr vor die Tür gehen zu müssen - allenfalls um ihren Volkssport, das Skifahren, zu praktizieren. Natürlich gab es Ausnahmen, aber der Gesamteindruck bestätigte sich mehr und mehr, und auch unsere neuen Freunde in Fågelfors, die schon seit vielen Jahren hier lebten, konnten nichts anderes berichten. Die meisten Schweden schienen sich in ihren Häusern zu verstecken, und wir fragten uns, wovor. Sogar die Kinder blieben scheinbar lieber im Haus vor dem Fernseher, anstatt im Sommer an den See zum Baden zu gehen. Wir wunderten uns darüber, aber wirklich erklären konnten wir es uns nicht.

Ebenso waren wir erstaunt über die geringe Polizeipräsenz in Schweden. Schon in Vetlanda war uns aufgefallen, dass es dort kein Polizeirevier gab. Aber auch hier im nächsten größeren Ort fehlten die Ordnungshüter komplett. Einmal in der Woche, so wurde uns gesagt, käme eine Art Polizeistreife im PKW vorbei, dort könne man Meldungen und Anzeigen machen. Wir vermissten zwar nicht gerade die Anwesenheit der Polizei, fragten uns aber schon, wer im Falle eines Falles hier für Recht und Ordnung sorgen würde.

Dass die Schweden alles ein wenig langsamer angehen lassen, hatten wir mehr als einmal gehört und gelesen. Das war für uns auch eher ein vermeintlicher Pluspunkt gewesen. In Deutschland war immer alles so stressig, keiner hatte Zeit, jeder war in Eile. Hier zeigten die Schweden uns wirklich, dass es auch anders ging: Sieben Wochen hatte es gedauert, bis wir unsere Personennummern bekommen hatten. Fast fünf Monate hatte es gedauert, bis unser Haus beim Lantmäteriet auf unsere Namen eingetragen worden war. Etwa zehn Wochen hatte Julian auf seine Waffenlizenz gewartet. Oftmals dauerte es zwei bis drei Wochen, bis ein Brief oder Paket aus Deutschland endlich den Weg zu uns fand. Anfangs beschlich uns der Verdacht, dass die Schweden alles nicht so genau nehmen. Aber weit gefehlt: Dieser Eindruck täuschte! Die Schweden nehmen es mit allem sehr genau. Alles muss seine Richtigkeit haben. Pünktlichkeit wird großgeschrieben, obwohl wir immer vom Gegenteil gelesen und gehört hatten. Als ich einmal wegen einer Kleinigkeit zum Arzt musste, weil ich ein Rezept brauchte, fuhren wir zum allerersten Mal zur Hälsocentral nach Högsby. Julian hatte vorher einen Termin gemacht und wir kamen pünktlich an. Allerdings begriffen wir zuerst nicht, dass man sich hier an einem Automaten anzumelden hatte. Und so kam es, dass ich meine Personennummer etwa zwei Minuten nach dem vereinbarten Termin in den Computer eingab, um meine Anwesenheit zu bescheinigen. Anschließend saßen wir über zwei Stunden auf dem Flur der Hälsocentral. Nicht nur die Kinder wurden immer ungeduldiger, als wir sahen, wie jeder einzelne Patient, der nach uns gekommen war, nun vor uns aufgerufen wurde und im Behandlungszimmer verschwand. Hilfesuchend sahen wir uns nach jemandem um, den wir hätten fragen können, und natürlich wollten wir nicht gleich beim ersten Arztbesuch negativ auffallen, denn schließlich wussten wir ja, dass man in Schweden geduldig ist. Aber nirgendwo konnten wir eine Krankenschwester oder einen Arzt erblicken. Nachdem wir kurz davor waren, einfach wieder zu gehen, weil der Flur sich inzwischen geleert hatte, und nichts weiter mehr passierte, erschien plötzlich doch noch eine Krankenschwester und fragte uns mit strengem Gesicht, was wir denn wollten und wer wir waren. Etwas verschüchtert erklärten wir ihr, dass wir lediglich ein Rezept brauchten, und dass wir zu spät gesehen hatten, dass man sich an dem Automaten anmelden musste. Ungnädig und missbilligend sah sie uns an und verschwand wieder im Schwesternzimmer. Nach einer weiteren geraumen Zeit kam sie mit einer Ärztin zurück, die uns mitteilte, das Rezept läge nun in der Apotheke für uns bereit. Etwas verwirrt fuhren wir also, ohne wirklich mit einem Arzt gesprochen oder ein Behandlungszimmer von innen gesehen zu haben, zur Apotheke. Kein anderer Kunde war dort. Von zwei Schaltern lächelten uns zwei nette Apothekerinnen entgegen, auf die wir hoffnungsvoll zugingen. Am Schalter angekommen sagte die eine, wir müssten bitte eine Nummer ziehen. Wir sahen uns um – in der menschenleeren Apotheke - und erblickten am Eingang ein Gerät, dass Zettelchen mit Nummern ausspuckte. Also zogen wir eine Nummer - und wurden prompt bedient.

Und wirklich überall musste man eine Nummer ziehen – beim Bäcker, bei der Post, in der Cafeteria, an der Käsetheke, beim Skatteverket - und Termine auf die Sekunde genau einhalten. Einmal kam Julian etwa fünf Minuten zu spät zum vereinbarten TÜV-Termin in Oskarshamn, weil das Auto nicht angesprungen war. Und obwohl kein anderer Kunde zu sehen war und der zuständige Mitarbeiter offensichtlich nichts weiter zu tun hatte, als seinen Kaffee zu trinken, wurde Julian freundlich darauf hingewiesen, dass er zu spät gekommen und der Termin somit ungültig sei. Er möge doch bitte einen neuen Termin machen. - Ordnung musste eben sein! Und ein bisschen Erziehung zu mehr Pünktlichkeit konnte Julian wohl auch einige Tage nach seinem 40. Geburtstag nicht schaden.

Im Gegenzug wurde Julian dafür aber auch prompt und pünktlich aufgerufen, als er zu seinem ersten Zahnarzttermin in Schweden musste, weil ihm eine Plombe herausgefallen war. Auf den Termin hatte er „nur" etwa sechs Wochen warten müssen. Und dass nur, weil er wahrheitsgemäß bei der telefonischen Anmeldung zum Termin auf die Frage der Arzthelferin geantwortet hatte, ob er denn Schmerzen habe. Nein, die habe er nicht. Dann sei erst ein Termin in sechs Wochen frei. Aber was waren schon sechs Wochen mit einer fehlenden Plombe, wenn man dafür kaum eine Minute im Wartezimmer des Arztes warten musste, bevor man behandelt wurde? Und auch die Behandlung erfolgte schnell, kompetent und schmerzlos - und kostete 2700 Kronen, umgerechnet etwa 270 Euro. Sicher ein fairer Preis für 20 Minuten Zahnreparatur.

Überhaupt lief hier alles über Nummern: Personennummer, Telefonnummer, Kfz-Zeichen: Sobald man eines davon hatte, konnte man scheinbar problemlos alle anderen Informationen zu seinen Mitmenschen mit Leichtigkeit einsehen. Auch wir waren jetzt Teil einer Gesellschaft, in denen der gläserne Bürger etwas ganz Normales zu sein schien, zumindest für die Schweden. Für uns war es noch immer sehr befremdlich - und würde es wohl auch bleiben -, dass zum Beispiel der Mechaniker in der Autowerkstatt nur unsere Telefonnummer einzugeben brauchte, um sofort sämtliche Informationen zu unserer Kfz-Versicherung zu bekommen. Bei Selbständigen reichte die Abfrage des Nummernschildes, um alle Daten über das betreffende Auto und seinen Halter herauszufinden: Adresse, Telefonnummer, ja sogar die Bank, die das Auto finanziert hatte. Und wenn man den Namen eines Mitbürgers im Internet eingab, erschienen dort wiederum neben Adresse und Telefonnummer auch Angaben zu

Arbeitsstelle und sogar das Jahreseinkommen. Die Schweden schien das nicht zu stören, ganz im Gegenteil, alles war einfach und durchschaubar. Niemand hatte etwas zu verheimlichen. Aber würden wir uns daran gewöhnen können? Ebenso standen wir des Öfteren vor einer scheinbar komplett automatisierten Maschinerie aus anonymen Querverbindungen. Selbst am Telefon sprach Julian meist mit einer Computerstimme, bestenfalls mit einem Callcenter-Agenten, der im Grunde nur darauf geschult war, einen hinzuhalten. Und auch am Telefon musste man quasi überall seine Personennummer angeben, die dann der betreffenden Stelle alle relevanten Informationen ausspuckte.

Der absolute Beweis dafür, dass in anderen Ländern nun einmal andere Sitten herrschen, kam eines Tages in Form eines Briefes vom schwedischen Transportstyrelsen, dem schwedischen Verkehrsamt: Dort wurde uns mitgeteilt, dass wir unseren Mercedes Jeep, den wir vor einigen Wochen bei einem Schweden gekauft hatten, nicht mehr fahren dürften, weil der Vorbesitzer die Steuern für das Auto nicht gezahlt hatte. Wir hielten das zuerst für einen schlechten Scherz oder einen Irrtum. Was konnten wir denn dafür, wenn der Vorbesitzer seine Steuern nicht bezahlt hatte? Aber ein Anruf beim Transportstyrelsen stellte schnell klar: Alles hatte seine Richtigkeit. Es fiel uns wie Schuppen von den Augen, und das erste Mal wurden wir wirklich wütend über diese anderen Sitten. Glücklicherweise hatten wir in der Zwischenzeit noch ein weiteres Auto, einen Suzuki Jeep, erstanden, weil wir den Mercedes wieder verkaufen wollten. Denn diesen hatten wir damals eigentlich nur als Übergangslösung aus der Not heraus gekauft, weil wir auf dem schwedischen Gebrauchtwagenmarkt so schnell nichts anderes gefunden hatten. Unser deutsches Auto konnten und wollten wir hier aus verschiedenen Gründen nicht länger behalten. Hätten wir also momentan nicht eher zufällig einen Zweitwagen gehabt, hätten wir vor einem wirklich ernsthaften Problem gestanden. Später erfuhren wir von einem Bekannten, dass sogar Strafzettel beim Verkauf eines Autos auf den neuen Halter übergehen. Das erschien uns wie ein Schildbürgerstreich und ließ uns erstmalig ernsthaft am schwedischen Sinn für Gerechtigkeit zweifeln. Auch der Sinn für schwedische Rechnungen ging uns manchmal abhanden: Hatten wir ja bereits nach Julians teurem Zahnarztbesuch mit den Ohren geschlackert, ging es uns bei der Ummeldung unseres in Deutschland gekauften Pferdeanhängers nicht besser. Da wir ihn noch nicht ein Jahr lang oder länger besaßen, konnten wir ihn nicht als Umzugsgegenstand deklarieren, sondern mussten eine komplette Neuabnahme durchführen lassen, die sogenannte Registrierungsuntersuchung. Der freundliche und kompetente Ingenieur, der diese Handlung durchführte, berechnete für 20 Minuten umgerechnet etwa 240 Euro. Insgesamt schlug die gesamte Ummeldung des Anhängers mit umgerechnet etwa 500 Euro zu Buche.

Trotz der länger werdenden Mängelliste liebte ich Schweden nach wie vor. Und jeden Tag ein Stück mehr. Wenn diese Abstriche der Preis waren, den ich bezahlen musste, um hier leben zu dürfen, dann war ich gerne bereit, ihn zu zahlen. Die Natur mit all ihrer Schönheit umgab mich und ließ mich jeden einzelnen Tag etwaige Fehler verzeihen und vergessen. Jeden Quadratmeter Erde um mich herum wollte ich am liebsten küssen und lobpreisen. Nie wieder wollte ich dieses Land verlassen.

45

An dieser Stelle könnte nun der vielgenutzte Satz stehen: „Und wenn sie nicht gestorben sind, dann leben sie noch heute" - glücklich und zufrieden in ihrem Haus am Fluss. Aber das Leben ist nun mal kein Märchen, das immer mit einem Happy End endet, sondern eine Aneinanderreihung von Ereignissen, Erlebnissen, Erfahrungen und Erkenntnissen. Vielleicht hatte es Vorzeichen gegeben, vielleicht hatte ich sie nicht gesehen. Wahrscheinlich aber hatte ich sie nicht sehen wollen. Mehrfach schon hatte Julian Andeutungen gemacht, die darauf hinwiesen, dass er Deutschland doch irgendwie vermisste. Trotzdem fiel ich aus allen Wolken, als er mir eines Tages gestand, dass er richtiges Heimweh hatte. Nicht nach Högel oder Nordfriesland, aber nach Deutschland an sich. Und dann sprach er tatsächlich das Unaussprechliche aus: Er sagte, er könne nicht ausschließen, dass er irgendwann wieder zurück nach Deutschland wollte. Dieser Satz kam einem totalen Knockout gleich. Ich spürte einen mentalen Schlag in den Magen, dann wurde mir schlecht und schwindelig. Eine Welt brach für mich zusammen. Das konnte er doch wohl nicht ernst meinen! Nachdem *er* seit Jahren von Schweden gesprochen und uns letztendlich alle hierhergeschleppt hatte, wollte *er* zurück? Alle, inklusive mir, hatten sicher erwartet, dass *ich* Heimweh bekommen und zurückkehren wollen könnte. Und nun war es genau andersherum. Ich wusste nicht, ob ich ihm eine Ohrfeige geben oder ihn trösten sollte. Da ich aber grundsätzlich niemanden schlage, und da ich die Tränen in seinen Augen ahnen konnte, entschied ich mich jedenfalls gegen die Ohrfeige. Zum Trösten reichte meine Kraft aber auch nicht. Die Frage, was genau er denn vermisse, konnte er nicht beantworten. Es sei so ein Gesamtgefühl, dass es ihm nicht ermögliche, sich hier Zuhause zu fühlen. „Du hast doch immer gesagt, dein Zuhause ist da, wo deine Familie ist...", versuchte ich verzweifelt etwas entgegenzusetzten, aber er sagte nur: „Ja, ich weiß. Da habe ich mich getäuscht." Wahrscheinlich dachten wir in diesem Moment beide an die Worte unseres alten Freundes Johannes, der jahrelang in Norwegen gelebt hatte, und dann mit seiner Frau doch nach Deutschland zurückgekehrt war. Er hatte uns damals, lange vor unseren konkreten Auswanderplänen, gesagt: „Zuhause ist dort, wo deine Muttersprache gesprochen wird." Sollte er damit Recht behalten? Konnte all die Schönheit und scheinbare Perfektion des neuen Lebens in einem fremden Land nicht genug sein, um einem das Gefühl von Heimat zu vermitteln?

Natürlich fand auch Julian alles wunderschön und im Grunde perfekt. Und er hatte ein sichtlich schlechtes Gewissen angesichts seiner Gefühle. Ich versuchte ihm verständlich zu machen, dass er kein schlechtes Gewissen haben müsse, denn seine Gefühle suchte man sich ja nicht aus, aber so ganz konnte ihn das offensichtlich nicht freisprechen von den Schuldgefühlen, uns erst hierher gebracht zu haben und nun nicht versprechen zu können, dass wir unser neues Leben hier auch führen würden – unser neues Leben, für das wir so lange und so hart gekämpft hatten und für das wir so viel zurückgelassen hatten. Und bei aller Liebe und allem Mitgefühl, das ich natürlich für seine Misere empfand, bemerkte ich doch einen in mir aufkeimenden Trotz. Ich würde hier nicht so schnell wieder weggehen. Noch nie zuvor in meinem Leben hatte ich mich so glücklich gefühlt, noch nie so wohl. Das würde ich nicht kampflos wieder aufgeben. Dann würde ich eben alleine hierbleiben, sagte ich mir. Ich würde nach Vetlanda in unsere Waldhütte zurückkehren und dort alleine glücklich werden. Aber natürlich wusste ich, dass ich genau das nicht tun würde.

Nachdem wir beide einige Tage niedergeschlagen und mehr oder weniger ohne miteinander zu sprechen, nebeneinander hergelaufen waren, jeder in einen Dunst aus trübseligen Gedanken und grauen Zukunftsvisionen gehüllt, fanden wir doch unsere Sprache wieder und konnten uns darüber unterhalten. Wir einigten uns darauf, dass wir mindestens ein Jahr hierbleiben würden, um zu sehen, wie sich alles entwickeln würde. So einfach aufgeben wollte Julian zum Glück auch nicht. Im Gegenzug versprach ich, auch andere Möglichkeiten wieder in mein Bewusstsein rieseln zu lassen. Aber so richtig gelingen wollte mir das nicht. Vor meinem geistigen Auge sah ich uns schon wieder Koffer und Umzugskartons packen. Trotzdem sagte ich mir, dass, egal wie das hier ausgehen würde, die Erfahrungen, die wir in der Zeit in Schweden machen durften, für immer bei uns bleiben würden. Nichts und niemand konnte uns das nehmen. Nicht einmal wir selbst. Voller Dankbarkeit genoss ich jeden Tag, den ich hier leben und erleben durfte. Ich atmete tief durch, schloss die Augen und vertraute darauf, dass alles gut werden würde. So wie es bisher immer gewesen war, solange wir nur zusammenhielten.

46

Vorerst widmeten wir uns also weiterhin dem Alltag auf dem Hof und den weiteren Renovierungsarbeiten – fast so, als wäre alles noch immer wie zuvor. Manchmal fühlte es sich auch genauso an, und an manchen Tagen war ich sicher, Julian würde sich schon noch einleben. Vielleicht hatte ich diese Phase, in der er nun gerade zu stecken schien, schon mit meinen Gefühlsschwankungen damals in Högel abgearbeitet. Damals, als er die meiste Zeit keinerlei Zweifel gehabt zu haben schien, hatte ich diese Unsicherheit und Unentschlossenheit gefühlt. Vielleicht musste er diese Gefühle jetzt noch nachholen. Bestimmt würde er sein Heimweh überwinden können, wenn auch er hier erst einmal Kontakte und neue Freunde gefunden hätte. Und Kontakte ergaben sich nach und nach ganz automatisch. Das Prinzip der Anziehung funktionierte auch hier in Schweden. Meine neue Bekannte in Fågelfors erzählte mir von einer anderen Deutschen, die noch ein Dorf weiter einen Ziegenhof mit eigener kleiner Meierei hatte. Mein Herz fing an zu glühen, als ich davon hörte, und noch am selben Tag schrieb ich Yvette eine Email und fragte sie, ob wir uns mal treffen wollten. Kurz darauf fuhr ich also mit den Kindern nach Fagerhult, um Yvette und ihre Ziegen kennenzulernen.

Auf einem wunderschönen småländischen Bauernhof wohnten Yvette und ihr Mann Mario mit ihrem Sohn Niklas und ihrer Tochter Alexandra, die etwa ein Jahr älter war als Mia. Dort hielten sie eine Herde Ziegen der schwedischen Landrasse. Von der Milch machten sie die verschiedensten Käsesorten. Schon bei der Begrüßung schwappte gegenseitige Begeisterung über. Ich konnte es kaum fassen, dass hier im hinterletzten Winkel von Schweden, nur wenige Kilometer von uns, eine Gleichgesinnte wohnte. Eine andere Ziegenfrau! Das hatte ich in all den Jahren in Nordfriesland vergebens gesucht. Sofort verfielen wir in angeregte Gespräche über Ziegen. Die Kinder waren sofort in vollkommener Harmonie Richtung Ziegenkoppel entschwunden. Und natürlich zog es auch mich dorthin. Yvette zeigte mir ihre Herde mit den Jungziegen und die mit den Milchziegen. Ich war sofort hin und weg. Eine bunte Schar langhaariger, robust anmutender Ziegen in den unterschiedlichsten Farbschlägen zeigte mir, dass es die ideale Rasse für raue Gegenden offensichtlich doch gab. Diese Tiere der Svensk lantrasget sind im Körperbau deutlich kleiner als die Weißen Deutschen Edelziegen oder Saanen-Ziegen, die wir in Deutschland überwiegend gehalten hatten. Und durch das lange Deckhaar waren sie ganz offenkundig deutlich besser an raues Klima angepasst. Bei dieser herbstlichen Witterung hätte ich meine Ziegen nicht mehr nach draußen bekommen. Immer hatten sie bei niedrigen Temperaturen sofort gezittert und wieder in den Stall gewollt. Bei Wind und Regen hatten sie keinen Fuß vor die Tür gesetzt. Offensichtlich der Preis der auf hohen Milchertrag gezüchteten Rasse.

Es war ein typischer Spätherbsttag im Oktober, aber diese Ziegendamen hier zeigten keine Spur von Unwohlsein. Im Gegenteil: Munter sprangen sie über die Wiese, kletterten auf die flechten- und moosüberzogenen Steine und knabberten zufrieden an dem kargen Herbstgras. Ich war hingerissen von dieser Rasse. Noch als wir ins Haus gingen, fragte mich Yvette, ob wir denn hier in Schweden nicht auch wieder Ziegen haben wollten. Ich antwortete, dass ich noch nicht ganz sicher sei, und dass wir in jedem Falle bis zum nächsten Jahr warten würden, bis wir welche anschaffen wollten. „Es sei denn", sagte ich, „das Schicksal würde mir jetzt direkt welche vor die Füße spucken. Dann würde ich wohl nicht nein sagen." Yvette lachte verschmitzt. Und ich wusste, dass das Schicksal genau in diesem Moment im Begriff war, mir Ziegen vor die Füße zu spucken. Drinnen beim Tee in Yvettes Küche erzählte sie mir von Bekannten, die sechs weibliche Ziegen hätten und diese relativ dringend loswerden wollten, weil sie sich aus persönlichen Gründen nicht ausreichend um die Tiere kümmern konnten. Die Bekannten würden die Ziegen sogar umsonst abgeben, da war Yvette sich sicher. Und natürlich könnte ihr Bock die Ziegen noch in den

nächsten Wochen decken, immerhin war gerade Brunft-
zeit. Ich schluckte und bekam Herzklopfen. Sechs Ziegen.
Jetzt. Sollte ich das tun? Was würde Julian dazu sagen?
Was, wenn wir tatsächlich wieder nach Deutschland zurückkehren würden, weil Julian sich weiterhin nicht richtig wohlfühlen konnte? Ich sagte Yvette und Mario, dass
ich darüber nachdenke und mit Julian sprechen würde.
Wir unterhielten uns über alles Mögliche, und es wurde
schnell offensichtlich, dass wir in vielen Dingen die gleichen Ansichten teilten. Wir fanden viele gemeinsame
Gedanken und Überzeugungen und freuten uns dankbar,
dass wir einander hier getroffen hatten.

Als ich mit Yvette in den Stall zum Melken ging, holte
die kleine Alexandra gerade die Herde mit den Jungziegen in den Stall. Noah und Mia halfen ihr tatkräftig, die
muntere Bande, die in alle Richtungen davonstob, wieder
auf den richtigen Kurs zu bringen. Bei diesem Anblick
wurde mir ganz warm ums Herz. Als wir in den Melk-
raum kamen und ich hörte, wie die Ziegen mit ihren kleinen Füßen über den Boden trappelten, als ich sah, wie sie
nacheinander auf den Melkstand sprangen, wie ihre kleinen Schwänze aufgeregt wedelten, als jede ihren Kopf
durch das Fressgitter steckte, um ihr Futter zu vertilgen,
als der Geruch von Heu und Stroh und Ziegen und war-
mer Milch in meine Nase drang, zog sich mein Hals zusammen und Tränen stiegen in meine Augen. Gab es etwas Schöneres? Das Schicksal hatte mich nicht umsonst
hierhergeführt. Alles hatte einen Sinn. Ich glaubte nicht
an Zufälle. Alle Zweifel lösten sich plötzlich in Wohlgefallen auf – irgendwo zwischen dem leisen Bimmeln einer
Glocke am Halsband einer Ziege, dem zufriedenen
Schmatzen und dem Anblick der buntgescheckten Zie-
genpopos, die mir auf dem Melkstand entgegenleuchteten,
als ich Yvette half, die Melkgeschirre anzulegen. Ich

würde wohl nie Veganerin werden, jedenfalls aber ganz sicher nicht jetzt, dafür liebte ich all dies hier zu sehr. Die Nähe zu den Tieren und die Arbeit mit ihnen. Es würde mir immer schwerfallen, meine eigenen Tiere zu töten, aber wie viele wundervolle Momente würde ich verpassen, wenn ich mir selber all das nahm, was mit Tierhaltung einherging? Natürlich war es oft harte, mühevolle Arbeit, die wieder auf mich zukommen würde. Ich würde wieder abhängiger werden, mich an Milch-, Futter- und Ablammzeiten halten müssen. Aber ich wollte all das noch einmal wagen, allem noch eine zweite Chance geben. Die Ziegenfrau in mir triumphierte.

Es war spät geworden, später als geplant. Morgen war wieder Schule, draußen war es dunkel und kalt. Schweren Herzens verabschiedete ich mich von Yvette, Mario und den Ziegen und fuhr aufgeregt mit den Kindern nach Hause. Auch Noah und Mia waren total begeistert von den Ziegen. Den gesamten Nachmittag hatten sie gemeinsam mit Alexandra auf den Koppeln verbracht und mit den Ziegen fangen gespielt, waren zusammen auf die Felsbrocken geklettert und ebenso wild herumgehüpft wie diese. „Ich will auch wieder Ziegen haben!", sagte Noah. „Ja", sagte Mia, „wir brauchen wieder Ziegen!"

Zuhause angekommen konnte ich kaum an mich halten und erzählte Julian freudestrahlend von dem Nachmittag und den neuen Optionen. Obwohl ich mir eigentlich sicher war, dass Julian mir einen Vogel zeigen würde, wenn ich jetzt mit der Idee käme, noch vor dem Winter Ziegen anzuschaffen, überraschte er mich mit seiner Reaktion. Er lachte nur und sagte: „Wenn ich dich nur angucke, weiß ich doch, dass die Ziegen quasi schon hier sind!" Innerlich und äußerlich hüpfte ich vor Begeisterung und Euphorie, trotzdem wollte ich noch eine Nacht über die Entscheidung schlafen. Das war leichter gesagt, als getan, denn vor Aufregung konnte ich lange Zeit nicht einschlafen.

Am nächsten Morgen hatte ich mich jedoch einigermaßen wieder beruhigt und besprach mit Julian noch einmal in Ruhe die Details. Wir kamen zu dem Schluss, dass es wirklich mehr als unvernünftig wäre, jetzt sechs Ziegen zu übernehmen und einigten uns auf zwei. Diese beiden könnten quasi als Nachbarn mit den Hühnern wohnen. Diese bewohnten den Großteil der einen verfallenen Ferienhütte, die zu keinem anderen Zweck mehr getaugt hatte, nun aber einen großzügigen optimalen Hühnerstall abgab. In dieser Hütte würde es durch relativ geringe Umbauarbeiten möglich sein, dort auch zwei Ziegen gut unterzubringen. Natürlich müssten wir noch einen größeren Auslauf bauen, aber das passte eigentlich recht gut, denn der Freilauf der Hühner war nicht der allergrößte. Die etwas geringe Größe fand ihre Begründung in der Tatsache, dass wir hier den Auslauf komplett Raubvogelsicher eingezäunt hatten, und das war eben nur auf einer begrenzten Fläche möglich. Da ich aber gesehen hatte, wie im Juni der Rotmilan ein junges Eichhörnchen direkt vor meinen Augen vom Boden gesammelt hatte, wagte ich es nicht, unsere Hühner unter freiem Himmel ohne Netz laufen zu lassen. Nun dachte ich darüber nach, ob man wohl Hühner und Ziegen gemeinsam weiden lassen könnte, damit die Ziegen die Hühner beschützen könnten. Natürlich nicht aktiv, aber rein durch ihre Anwesenheit, so dachte ich, müssten sie doch Raubvögel eventuell fernhalten. Recherchen im Internet bestätigten diese Theorie und so würden die Ziegen einen doppelten Sinn machen: Sie würden nicht nur Milch liefern - von der täglichen Freude, die Ziegen machten, mal ganz abgesehen -

sondern auch unsere Hühner beschützen. Zumindest theoretisch, ob das auch praktisch funktionieren würde, müsste die Zeit zeigen. Und so sagte ich Yvette, dass wir gerne zwei Ziegen übernehmen würden.

Bis die Ziegen dann endlich zu uns kamen, dauerte es allerdings noch ein paar Wochen. Die vorigen Besitzer waren offensichtlich doch noch nicht ganz so überzeugt, dass sie die Ziegen weggeben wollten, und ich hatte die Hoffnung fast schon aufgegeben und mich wieder mit dem Gedanken angefreundet, doch keine Ziegen zu haben - zumindest nicht jetzt, so kurz vor dem Winter. Es war ja auch wirklich zu verrückt, sich im November oder Dezember Ziegen anzuschaffen, sie durch den Winter zu füttern und zu hoffen, sie seien vielleicht trächtig. Aber irgendwann kam die Sache doch in Schwung. Ich fuhr gemeinsam mit Yvette los, um die Ziegen anzusehen und mit dem Vorbesitzer zu besprechen, wann die Übergabe sein könnte. Noch diese Woche würde er die sechs Ziegen zu Yvette und Mario bringen, dort würde deren Bock die Damen hoffentlich decken. Vier der Ziegen würde Yvette übernehmen, damit sie nicht zum Schlachter müssten. Zwei waren immerhin erst in diesem Sommer geboren worden. Diese und ein Mutter-Tochter-Gespann würden bei Yvette bleiben, die beiden anderen beiden, ebenfalls Mutter und Tochter und zwei- und dreijährig, würden unsere werden. Ich war sofort verliebt in die beiden. Trotzdem prüfte ich noch ihren Pflegezustand, um später keine bösen Überraschungen zu erleben. Aber sie standen gut im Futter, die Klauen waren in Ordnung, das Fell war dicht und glänzend, die Euter hatten eine gute Größe, was wichtig fürs Melken sein würde, sie waren munter und hatten klare Augen.

Nun ging es also darum abzuwarten, bis die Ziegen gedeckt worden wären, einen Stall zu bauen und Zäune zu ziehen. Wir hatten es bereits geahnt, aber der Schafdraht in Schweden war - wie so vieles hier - deutlich teurer als in Deutschland. Und so mussten wir ziemlich tief in die Tasche greifen, um vorerst zumindest 125 Meter Drahtgeflecht zu kaufen. Immerhin sollte auch die Maschenweite unten relativ eng sein, damit bei der Wohngemeinschaft zwischen Ziegen und Hühnern letztere nicht entwischen könnten.

Inzwischen war es Ende November, und so kam es, wie es kommen musste: An dem Tag, als wir endlich alles beisammenhatten, um den Zaun zu bauen, fing es an zu schneien. Julian schimpfte ein wenig vor sich hin, wie man denn bei so einem Wetter auf die verrückte Idee kommen könnte, Zäune zu bauen. Aber dann half er mir doch, und wir rammten gemeinsam die Zaunpfähle in den leicht gefrorenen Boden und schlugen mit klammen Fingern Krampen ein, um den Draht zu befestigen. Trotz der widrigen Wetterverhältnisse glühte ich vor Eifer und Vorfreude. Zwar kam mir ab und zu der Gedanke, dass all dies vielleicht eine Schnapsidee und alle Mühe umsonst sein könnte, wenn wir nächstes Jahr doch wieder nach Deutschland gehen würden, aber ich verdrängte diese Möglichkeit und hielt es ganz nach dem Motto von Martin Luther: „Auch wenn ich wüsste, dass morgen die Welt zugrunde geht, würde ich heute noch einen Apfelbaum pflanzen." In diesem Sinne dachte ich mir: Auch wenn ich wüsste, dass wir nächstes Jahr zurückgehen, würde ich heute noch eine Ziege anschaffen!

47

Oft frage ich mich, ob das Beste nun vorbei ist – oder ob es erst noch bevorsteht. Ist unsere Reise vielleicht noch gar nicht zu Ende, sondern hat gerade erst begonnen? Vieles hat sich seit unserer Abfahrt in Högel geändert, innerlich und äußerlich, im Kern aber sind wir wohl dieselben Menschen geblieben. Natürlich hat uns unsere Reise freier gemacht, leichter, unabhängiger und selbstbewusster – ja, vielleicht sogar ein kleines bisschen weiser. Trotzdem sind unsere Fehler, Macken und unsere ganz eigenen Unzulänglichkeiten bei uns geblieben. Wenn man genauer hinsieht, sind sie vielleicht etwas verblichen. Oder aber im Angesicht meiner über alles geliebten schwedischen Natur erscheinen alle Fehler weniger schwerwiegend und bedeutsam. Vor dieser Kulisse lassen sich Entscheidungen leichter treffen und Missetaten leichter verzeihen – sich selbst und anderen.

Wir wissen nicht, ob Blankan unser endgültiges Zuhause sein wird, oder ob wir – aus welchen Gründen auch immer – irgendwann weiterziehen werden. Entweder weil die äußeren Einflüsse es vielleicht wieder nötig machen – oder weil wir eines Tages doch feststellen, dass wir bereit sind für den nächsten Schritt - in welche Richtung auch immer. Im ersten Moment überkommt mich bei diesem Gedanken ein Schauer tiefgründigster Wehmut. Dann aber besinne ich mich auf das, was ich im letzten Jahr gelernt habe: Es kann sich lohnen loszulassen, was man scheinbar am meisten liebt, denn oftmals stellt man erst mit einem Blick über die Schulter fest, dass einem im Grunde die gesamte Welt zu Füßen liegt und dass man jeden wunderschönen Ort erreichen kann, wenn man nur den Mut fasst, loszugehen. Wir wissen, dass wir fast überall unser Glück finden können, denn hierfür scheint es mehrere Wahrheiten zu geben. Und allein diese Tatsache, zu wissen, dass wir nicht an einem Ort bleiben müssen, um unser Glück zu finden, eröffnet zum ersten Mal die Option, doch für immer bleiben zu können. Auf den ersten Blick mag das paradox klingen, unverbindlich, nach Unentschlossenheit oder Bindungsschwierigkeiten – wir aber empfinden es als Freiheit. Unser Glück ist nicht mehr abhängig von einem bestimmten endgültigen Ort, sondern wir wissen, es liegt in uns selbst. Es lässt sich an verschiedenen Orten entfalten, aber man selber muss es dorthin mitbringen – wenngleich dies an einigen Orten leichter fallen mag, als an anderen. Im Moment sehne ich mich nach dem Ankommen, aber mein Herz weiß nun auch um den Zauber und die Magie des Aufbrechens und des Loslassens, auch wenn dieser Prozess immer mit Schmerzen verbunden ist.

Es ist Dezember geworden. Bald ist Weihnachten. Die Tage sind kurz. Morgens taucht die Sonne die gefrorene Koppel in ein magisches rosafarbenes Licht. Abends wallen dichte Nebel vom Flussufer langsam über die Wiese heran und hüllen alles in einen Schleier aus Melancholie und Abschied. Jeden Tag waren sie dichter gekommen, und jeden Tag hatten sie ein Stück Sommer mit sich genommen. An manchen Tagen bleibt nun das Glitzern auf dem Fluss aus, weil die Sonne nicht mehr ihren Weg durch den grauen Himmel findet. Wehmütig nehme ich zur Kenntnis, dass der Winter da ist, und mir wird ein bisschen schwer ums Herz, weil ich die dunkle Jahreszeit fürchte. Doch dann fällt mir ein, was George damals am Goldrike gesagt hat: „Echtes Gold erkennt man daran, dass es auch glänzt, wenn keine Sonne darauf fällt!"

Die kommenden Monate werden zeigen, ob Blankan auch ohne den warmen Schimmer der Sommersonne weiter glänzen kann...